U0041619

就 位

從平庸到卓越的關鍵練習，
每天30分鐘，
養成心流、持續力及精確度同時到位的高效習慣

Everything in
Its Place

The Power of Mise-en-Place to Organize
Your Life, Work, and Mind

Dan Charnas

丹・查納斯 ———— 著 林憶珊 ———— 譯

臉譜書房 FP2279

就位：
從平庸到卓越的關鍵練習，每天30分鐘，養成心流、持續力及精確度同時到位的高效習慣

Everything in Its Place : The Power of Mise-en-Place to Organize Your Life, Work, and Mind

作　　　者	丹・查納斯（Dan Charnas）
譯　　　者	林憶珊
編 輯 總 監	劉麗真
責 任 編 輯	許舒涵
行 銷 企 畫	陳彩玉、陳紫晴、薛綸

發　行　人　涂玉雲
總　經　理　陳逸瑛
出　　　版　臉譜出版
　　　　　　城邦文化事業股份有限公司
　　　　　　台北市民生東路二段141號5樓
　　　　　　電話：886-2-25007696 傳真：886-2-25001952
發　　　行　英屬蓋曼群島商家庭傳媒股份有限公司城邦分公司
　　　　　　台北市中山區民生東路二段141號11樓
　　　　　　客服服務專線：886-2-25007718；2500-7719
　　　　　　24小時傳真專線：02-25001990；25001991
　　　　　　服務時間：週一至週五上午09:30-12:00；下午13:30-17:00
　　　　　　劃撥帳號：19863813　戶名：書虫股份有限公司
　　　　　　城邦花園網址：http://www.cite.com.tw
　　　　　　讀者服務信箱：service@readingclub.com.tw
香港發行所　城邦（香港）出版集團有限公司
　　　　　　香港灣仔駱克道193號東超商業中心1樓
　　　　　　電話：852-25086231或25086217　傳真：852-25789337
馬新發行所　城邦（馬新）出版集團
　　　　　　Cite（M）Sdn. Bhd.（458372U）
　　　　　　41-1, Jalan Radin Anum, Bandar Baru Sri Petaling,
　　　　　　57000 Kuala Lumpur, Malaysia.
　　　　　　電話：+6(03)-90563833　傳真：+6(03)-90576622
　　　　　　讀者服務信箱：services@cite.com.my

一版一刷　2019年9月

城邦讀書花園
www.cite.com.tw

ISBN 978-986-235-771-2
版權所有・翻印必究（Printed in Taiwan）
售價：NT$ 380
（本書如有缺頁、破損、倒裝，請寄回更換）

國家圖書館出版品預行編目資料

就位：從平庸到卓越的關鍵練習，每天30分鐘，養成心流、持續力及精確度同時到位的高效習慣 / 丹・查納斯（Dan Charnas）著；林憶珊譯. -- 一版. -- 臺北市：臉譜，城邦文化出版；家庭傳媒城邦分公司發行, 2019.09
　面；　公分. --（臉譜書房；FP2279）
譯自：Everything in its place : the power of mise-en-place to organize your life, work, and mind
ISBN 978-986-235-771-2（平裝）

1.生活指導　2.成功法

177.2　　　　　　　　　　　　　　108012861

吾誠摯冀望
君終其一生、竭盡全力
履行其道
——道元禪師

目 錄

第三道料理 —— 俐落工作的生活方式

來自作者的一段話

想像一下，如果在學校學習或是剛進入職場時，我們就已經學會一套系統，幫助我們有效組織自己、安排工作，那會對我們帶來什麼影響？不管我們在哪裡工作、做的是什麼；不管你是工人、老師、銷售員還是醫生，我們都可以把這套系統帶著走，有了這套系統，我們的行為就有所依據，也能利用技巧有效發揮自己的精力、想法和情緒，這一套系統也能讓我們在面對嚴峻的工作量時，依舊交出漂亮的成績單。

在許多職業和公司文化裡面，都可以看到這個系統背後理念的影子，許多組織化的方法也蘊含了這系統中的某些部分。

但是談到如何做事，唯有一個專業領域發展出一套精緻的理念和全面的系統，那就是廚藝，而該理念和系統就叫做「**就位**」（mise-en-place）。

這個詞的原文是法文，意思是「就定位」。在廚房裡「就位」意味著將烹飪所需的食材和工具準備好、安排就位，然而對許多料理職人而言，這個詞所蘊含的意義更加深遠，「就位」是專心致志和循規蹈矩的一種傳統，是為人處事的方法，許多廚師更把它視為一種生活哲學。

專業廚房中的工作系統與眾不同在哪裡？過去兩個世紀以來，世界各地的主廚和廚師，面對著廚房裡林林總總的獨特需求和限制，不約而同發展出一套不成文的規則，而這套規則引導著他們的價值觀和

行為。因為特殊的工作環境，這些主廚和廚師創造了一套獨一無二的做事方法。

為什麼這套方法可以應用在廚房之外？一個主廚能給一位律師什麼樣有智慧的建議 —— 即便兩者的工作性質相差甚遠？簡單來說，因為律師並沒有被迫創造一套系統，而廚師別無選擇。這套廚師所發展出來的系統，蘊含了各種價值觀和行為，也不再只關乎**做菜**那麼單純的一面，而涉及了追求**卓越**。現在的人常把忙碌當作藉口，口口聲聲說自己已經將才能發揮到極致，但是廚師很清楚，「努力工作」和「俐落工作」完全是兩碼子事。

或許「就位」在廚房之外能派上用場；或許一如廚師所料理的食物餵養我們的身體，他們的工作態度同樣也能滋養我們的心靈。我寫這本書的用意就在這裡。

本書將「就位」以三道料理的方式呈現。第一道料理為「俐落工作的力量」：首先，我們會直搗一間令人肅然起敬的廚房，我們會在這間廚房待上一整天，觀察「就位」的運作法則，看「就位」是如何幫人在混亂中保持專注。接著我們會轉移陣地，到一間辦公室 —— 也觀察一整天，看看沒有「就位」的工作模式是什麼樣子、一探何以一般人備受工作折磨。我們也會發現，即便工作場域性質不同，「就位」依舊可以應用在辦公室工作中。另外，我們也會學到三大俐落工作的要素：準備、程序、臨在。

到了第二道料理「俐落工作的材料」，我們會將「就位」拆解成十種特定行為並分章闡述，每個章節都會以一則故事開頭，故事的主

角會是一位主廚，透過他／她的生命經歷，看他／她如何學會該行為。接著我們會檢視主廚和我們行為處事的方法有什麼差別，章節的最後則會列出一些實際練習和建議培養的好習慣，幫助你將這些行為帶到廚房以外的工作中。

第三道料理「俐落工作的生活方式」會將第二章的材料結合成一組可以天天實踐的配方。首先我們要將「就位」的要素和行為稍加變形、進一步應用到我們的生活當中，並善用俐落工作的系統來組織我們的工作流程。接下來，我們會一起想像某個確實有俐落工作的日子，連同這本書最想強調的好習慣：進行三十分鐘「今日彌思」（**也就是養成固定會安排一切就緒的規畫習慣**），將先前學習到的要素和行為，一起嵌入這普通的一天中。

俐落工作可以改變你的人生，而這本書就是要教你如何有效地實行。

隨著全球經濟型態的改變，現代人的職涯愈來愈類似料理界的人：不再是線型的，反而是流動的。很多時候一開始的方向就不對，處處是驚喜、成功和失敗。餐廳一家一家開了又關，但因為「就位」工作術，主廚和廚師在一般人容易受到摧折時，反而顯得柔軟有韌性。一個人若懂了「就位」的學問，便是習得了堅毅，靠著實踐就能將它在不同的工作場域和機會中表現出來。「就位」讓我們在轉換工作和環境時，依舊能處之泰然，因為我們理解到成功來自於自我引導，未來無論開啟了哪扇門，我們都能保有「就位」習慣好好前進。

以下是閱讀本書正文前的注意事項。

- 本書作者職業是記者，而非主廚。我沒有在專業廚房內工作過，我之所以對「就位」感興趣，並不是因為我熱衷烹飪，而是從一個「圈外人」觀點來看，我發現這套系統蘊含著某種非常優雅、美麗的精神，其本質已經超越了廚房內的大小事，所以我以三種方法來研究這個專題。首先，身為記者的我善用專業：訪問超過一百位在廚藝界工作的職人，其中包括主廚、二廚、廚藝學校的學生、指導主廚、餐廳業者等，並在他們工作的廚房觀察好幾個月。第二，身為行政主管和經理，我也將我在企業、學術圈和新創公司的工作經驗帶入，其中當然包括我職涯中的成功經驗，以及能從中汲取教訓的失敗經歷。第三，身為一位大學教授，同時也教授超過二十年的身心靈學科：瑜珈，我發現主廚同樣志在傳道授業，而廚師的哲學：「就位」和許多心靈傳統都有共同之處。

- 我致力於忠實呈現所有的採訪對象，也尊重他們的熱誠、經驗和專業。本書所描述的主廚、廚師的故事、想法、感受和文字，都是客觀呈現，個人觀點並未介入其中。書中的對話若以引號呈現，即為逐字的原話；若以粗體呈現，則是概括的內容。

- 我將先前提到的「就位」視為一種**哲學**（主廚所信仰的）和一種**系統**（主廚實踐的），稍後在書中「就位」也會被視作一種道德準則。「就位」具備多重意義 —— 對廚師而言「就位」是工作台上排列好的食材；是他們安排好的**工作環境**（例如：那傢伙的湯汁把我「就位」好的地方滴得到處都是）；是他們為自己或其他廚師所做的**各種準備**（例如：如果你能每天準時報

到、確實做好自己的「就位」，我就讓你料理食物）；也可以是說一個人的**思路**清晰，知道如何規畫和行動（例如：她「就位」得很不錯）；「就位」可用來指涉上述這些事。

- 即便有的人覺得「主廚」和「廚師」這兩個詞意義相近，而有的主廚也謙虛自稱為廚師；有的廚師則自信地稱自己為主廚，在本書中我堅持不混用這兩個詞。本書定義：主廚引領一群廚師，而廚師為主廚效力。為了方便閱讀，主廚和廚師也包含烘焙師。

- 這本書是為了廚藝門外漢寫的，但是我也希望這對目前正在研讀、或有心朝廚藝發展的讀者有所助益。書中大多的建議主要適用於工作場域，但同樣可以應用在家庭生活。另外，雖然這些建議多是針對在辦公室工作的人，你仍舊可以在教室、醫院或是其他工作場域實踐「就位」工作術。

- 為了拆解「就位」，我採訪並觀察在高級餐廳工作的職人，這樣的選擇並不是因為小餐館或是連鎖餐廳不存在「就位」這件事，而是因為在高級餐廳的廚房裡，這套哲學更加精準、演化地更完全、更明顯，也表現得更到位。

- 我採訪的主廚遍布全北美，但是特別提出來的案例中，談的幾乎都是駐紐約的主廚。我之所以這麼選擇是為了串聯起師出同門的主廚，以及他們所談內容的語境脈絡，特別是書中三位分量十足的大師級主廚 —— 讓–喬治・馮格里奇頓（Jean-Georges Vongerichten）、艾夫列・柏特（Alfred Portale）和查理・帕爾默（Charlie Palmer）——門下徒弟的故事。

- 最後，我會寫這本談「就位」的書，正是因為在市面上看不

到此主題的出版品。不過，這本書的出現必須歸功於兩個人——邁可·魯曼（Michael Ruhlman）以及安東尼·波登（Anthony Bourdain），是他們將「就位」這個概念帶入大眾意識裡。《主廚的養成》（暫譯，*The Making of a Chef*）一書是魯曼精采的自傳，講述他如何進到美國廚藝學院（Culinary Institute of America）就讀，然後一步步成為主廚的歷程，該書出版於一九九七年，他也是當代第一個把「就位」同時視為個體文化和專業文化的人。閱讀波登在二〇〇〇年出版的回憶錄《安東尼·波登之廚房機密檔案》（*Kitchen Confidential*），嬉鬧反叛的字裡行間裡談的卻是「就位」的概念，如同在混亂無章的暴風圈中，進入那沉著、令人肅然起敬的暴風眼一樣，波登也曾多次把「就位」稱作他的宗教信仰。如果你把這些原則拆解開來，並且細看主廚們如何虔誠地實踐這些原則，「就位」的智慧便浮現了。波登觀察的就是這個世界裡的「就位」之道，身為主廚，他比許多記者都更像記者；而身為一位記者，他為這一代年輕廚師所帶來的影響，是一個主廚畢生也達不到的。我只有和邁可在電話中談過一次話，多年前到波登的餐廳用餐時，也只和波登握過一次手，但若沒有這兩位大師，這本書便不可能問世。我致力撰寫本書，以向他們的成就致上敬意。

也許更進一步地把「就位」視為一種心靈修行有點奇怪，畢竟談到心靈，一般人直接想到的就是平衡，有些主廚和廚師的私生活卻非常失衡。不過「就位」哲學談的就是如何開始行動；如何貫徹始終；

如何掌握步調的快慢；如何接受某些東西；又如何拒絕另一些事物等。一旦有意識地去練習「就位」，這套哲學就能有效創造出平衡。

　　我不會、也無法向你保證俐落工作是件簡單的事，它一點也不簡單，主廚和廚師花了大半輩子的職業生涯，不斷在精進這些原則，但是我可以向你保證：俐落工作的你，就可以成就最好的自己。

第一道料理

俐落工作的力量

▎專心致志 ▎

從就位開始

主廚杜恩・利普瑪（Dwayne LiPuma）的廚房員工才剛全體離職，他就得面臨今天四十位客人預約的午餐，隔天還有一場一百四十人份的宴會料理要準備。為了製作這些餐點，利普瑪的上司給了他十九個新聘的廚房員工，但其中有些人甚至沒有在高級餐廳工作過。除了利普瑪的助手和一位糕點師傅，其餘的人完全不知道餐廳的菜單上有什麼菜色，更不用說如何準備這些擺盤講究的美味佳餚了。

但是，到這一天餐廳關門休息為止，來用餐的每位客人都將心滿意足地離開，其中有些客人為了造訪利普瑪主廚的這間餐廳 ── 美豐盛（American Bounty），甚至好幾個月以前就已經預約好座位。神奇的是，這些客人壓根不會發現餐點是由一群新進廚師準備的。

這是奇蹟嗎？非也。其實這對利普瑪主廚來說是例行公事，三個星期後他將訓練出一批有自信又有實務能力的廚師，緊接著又會有另一批新人取代他們，這個循環每三個星期就會重複一次 ── 這其實是即將從美國廚藝學院（Culinary Institute of America）畢業的學生，在畢業前的倒數第二堂課。

如此不可思議的訓練節奏之所以可能成立，並不是什麼奇蹟，而全要歸功於一套工作系統，那就是「**就位**」。

學習烹飪、學習做事的方法

　　美國廚藝學院像一座城堡一樣，坐落在紐約市北方約一百六十公里處的哈德遜河岸邊，校名一本正經地簡稱作 CIA。但裡面的人比起間諜活動，更講究飲食。這個學院每年平均有兩千四百名學生、一百四十位全職教職員，校園內有四十九間廚房和四家由學生擔任員工的餐廳，CIA 是全球頂尖的烹飪學校，在德州、加州北部和新加坡都有分校。

　　從進到學校的第一天到離開學校前最後一天，CIA 的學生會不斷、重複聽到「就位」（mise-en-place，法語發音類似「me's on plahhs」）這個詞，CIA 的校長堤姆‧萊恩（Tim Ryan）在和新生打招呼的時候，更不時把這個詞掛在嘴邊。有些學生在入學以前就已經聽過這個詞，可能是高中或是畢業後在某個餐廳打工時聽到的；有些學生是從料理教科書《專業大廚》（The Professional Chef）學到的，該書把這個詞英文化為「put in place」（就定位），並解釋為「將所有食材、烹飪工具、餐具、餐盤和某道菜或出餐服務需要的特殊工具，全部準備就緒」。學習「就位」的第一步包含了數個基本的法文字和用詞，學生必須在烹飪入門、基礎訓練等課程中，熟記這些法文字詞，像是 mirepoix（調味蔬菜）、brunoise（切細丁）、tourner（削橄欖型）、arroser（油淋法）、fond de veau（小牛高湯）、roux（奶油炒麵糊）以及 consommé（牛肉清湯）等等。隨著學生一點一點學習烹飪的基本技巧，並以其為基礎繼續更高階的課程，如刀工、製作高湯、醬汁、料理蔬菜和肉類等，他們也會慢慢體會到「就位」蘊含著一套令人意想不到的重要技巧，背後的道理和哲學不僅僅是將食材和料理

工具準備好這麼簡單。

　　不管是要學生將砧板和工作台清理乾淨，還是將自己的工具在使用前和使用後都擺在特定的位置；不管是學生動作太慢還是太急；不管是學生做過頭還是做得不夠多；不管是學生太早開始動作還是太慢完成工作；不管是學生話太多還是溝通不夠頻繁；不管是學生忘了運用他們的感官：眼、耳、口、鼻、觸感，還是忘了運用常識 —— 指導主廚都會將「就位」搬出來對他們耳提面命。隨著課程一天又一天發展下來，指導主廚會開始談到「就位」更深一層的概念，也就是心境上的「就位」，學生的心境若還沒有就緒，就無法將實物的準備工作做好。CIA從流程入手，主廚要求學生準備並熟諳自己的「CIA時程表」，每堂課開始之前，學生必須列出他們這天需要的工具、食材和當日應完成任務，他們必須按照時程來安排工作，準確地規畫每個階段該做的事情。課堂中如果有學生慢半拍、或是漏掉步驟，主廚就會檢視該學生的時程表，這時候主廚通常可以在表上發現學生規畫時思考上的錯誤，順著找到執行面出問題的原因。就這樣，學生會逐漸將時程表銘記在心，學習邊做事邊盤算著下一步，他們開始有辦法專心且行雲流水地完成一個又一個任務。一段時間過後，「就位」的真面目終於揭曉，這是一套讓學生學會「自我管理」的價值觀：不只是準時，而是提早到教室準備；處事心無旁騖；態度不怠慢；隨時保持警覺；追求完美。

　　「就位」這個概念本身就是一堂重要的課，它也慢慢出現在廚房以外的地方：學生開始在睡前將明天要用的書包和服裝準備好、確實燙平自己的白廚師服、擦亮自己的皮鞋。時程表不再只是烹飪課程中會出現的東西，他們也開始利用時程表規畫廚房以外的學業，安排讀

書的時間。他們的桌面、衣櫃和房間變得整潔有序，有的人甚至把「就位」運用到社交生活上，將休息時間利用到極致。

一學期過去，學生第一次放假返鄉，他們會發現自己看世界的眼光變得很不一樣。

或許，有的人會像學生亞歷山卓・堤巴茲（Alexandra Tibbats）一樣，看著自己的父母在家慌亂尋找總是不見的車鑰匙，心想著車鑰匙每次用完都應該物歸原處。或是和高中朋友約好了，時間到了卻不見半個人影。或許，有的人會像凱特琳・尼古（Kaitlin Ngo）一樣，發現自己的媽媽竟然看自己開行李箱看傻了眼，因為在過去，行李箱會像地熱噴泉一樣直接炸開，但是現在去購物中心閒逛成了次要的事情，待在家裡有系統地整理行李箱，竟然成了優先任務。

接著，這些學生回到CIA為自己的同儕料理一道又一道的點餐式早餐、午餐和晚餐，同窗學習一年後，他們會開始所謂的「校外實習」，在真實的世界、真正的餐廳裡工作十八週：有的人開始料理食物，有的人開始接受廚房助手的訓練，像是備料和廚房整潔等。他們會很訝異，訝異身邊的人的動作又快又有效率，發現自己要學習的地方還很多。而到了第二學年快結束時，他們會被分派到CIA四間頂尖的餐廳，實習的身分被拿掉，正式成為廚房的一員，而其中有些人就會被分配到「美豐盛」的廚房，受到笑臉迎人的主廚杜恩・利普瑪的迎接。

只是，利普瑪主廚的任務並不是評估他們的烹飪技巧，這些在學校都已經評測完了。利普瑪主廚最重要的任務，就是在這間廚房裡教導、測試這群學生在實際面、精神面和職業道德上的「就位」技巧，因為這一部分如果做不好，擁有再好的廚藝也無法應用在專業場域裡。

歡迎來到「美豐盛」

　　「美豐盛」大廳吧台旁有個鋪了木質地板的員工專用餐廳，十九位學生穿著乾淨的白色廚師服在裡頭等著，現在是早上七點四十五分，利普瑪主廚走進餐廳，開始第一堂課。接下來的七十五分鐘，他會口頭為學生說明一遍今天的工作時程表、廚房裡的規則、檢視今日每一道菜色，並講解自己的評分方式，利普瑪身高不到一百七十公分卻十分精幹，頂著一頭尖刺的棕髮、戴著一副金屬邊框的眼鏡，他說起話來很快、非常快，快到像喝了一杯雙份濃縮咖啡的導演馬丁·史柯西斯（Martin Scorsese）。

　　「歡迎來到美豐盛，」利普瑪說，「我們馬上就要陷入一場漩渦，你的焦慮程度會破表，除了我以外，沒有一個人例外。」

　　利普瑪很沉著，因為他有自己的「就位」之道。為了確保新的一批學生可以成功完成今天的任務，他已經事先做好萬全的準備，他早讓之前那批學生準備好大量食材，是接下來好幾天的份量，這樣新學生就不需要耗費體力處理實物的「就位」，只需要安排好食材的位置。利普瑪告訴他們，想要降低恐懼，就要學會「掌握地形」，直截了當地說就是掌握一張計畫圖，或是法文裡說的「地圖」。**在腦海中畫出所有東西各得其所的圖，熟悉食譜，每天都要帶著時程表報到。**利普瑪警告他的學生：「如果你忘了帶時程表，成績直接扣百分之二十。」他很清楚，等到這些學生進入專業的職場後，他們不再需要寫時程表，屆時他們會有能力內化工作排程。

　　「我不會教你怎麼切紅蘿蔔，」利普瑪說，「我會教你們如何組織自己。」

　　能夠運用料理技巧並完整端出一道菜不容易，但是要重複同樣的動作，同時兼具速度和準確度，那又是另一個層次了。利普瑪認為透過組織技巧，學生就能達到廚房工作所講求的速度，而這個速度來自大腦的基底核，基底核記住了不斷重複而鞏固的肌肉記憶，若要速度快，這些記憶的單位就必須愈小愈好。因此在**工具的選擇**上就要格外注意，「這道湯需要用到哪一個湯勺？」利普瑪問，「八盎司的湯勺，為什麼呢？因為湯品一例就是八盎司。」如果學生拿了一個二盎司的湯勺，就必須盛四次，而非一次。確實**安排好工具的位置**也可以爭取速度，「你應該要做到蒙著眼睛也能做料理，」利普瑪說，「如果我說『拿起你的夾子』，你應該不用看也知道位置，湯勺在哪、油在哪都了然於心。」然後，正確地**安排好食材的位置**，又能再加快速度，利普瑪要求學生將食材分區，同一道料理的食材就應該擺在同一區，利普瑪說：「雙手動得愈少，效率愈高。」

　　「你會發現，」利普瑪又說，「透過組織工作，一切會變得更有效率，效率也變高，這樣子一天可以運用的時間就變多了。時間一多，你就能夠更從容，也就能以清晰、準確、流暢的動作去完成手邊的工作。」利普瑪向他的學生保證，等到他們離開這個廚房，他們做事會變得和他一樣沉穩、流暢。

　　利普瑪說：「就像一滴油滴在玻璃上一樣。」

第一天

　　學生每天早上九點進入廚房，他們有一個小時的時間準備「示範料理」——也就是試做菜單上每一道他們負責的料理。每位學生會負

責兩到三個菜單上的品項，比較困難的品項則是由兩人一組去完成，準備示範料理讓學生在出餐服務開始前，有機會再練習一次，也讓利普瑪有機會實際見識他們的實力，判斷他們到底能不能端出這道料理。

上午十點整，學生完成自己的示範料理後，一起休息片刻，享用由三位學生準備的「家庭餐」。利普瑪這時會把學生趕出廚房，不到十一點不准回來。「他們需要抒壓，」利普瑪主廚說，「他們太緊張了，有時候你必須離開那個讓人感到緊張的環境。你會覺得：天啊，**要做的事情太多了**！這時候你可以退一步，吃點東西、重整思緒，然後再回到那個環境，壓力好像就沒那麼大了。再說了，他們也需要吃點東西，就是這麼簡單。不注意的話，他們會跳過進食這件事，離開廚房後，再吃東西就得拖到晚餐了。」

學生們在餐廳暫時釋放壓力時，利普瑪就在廚房裡面**整頓**他們剛才的表現，他不想他們錯過午餐，所以給他們足夠的時間休息。然而就如同料理一樣，學習廚藝的學生也需要經過火一般的試煉才有可能成熟，所以利普瑪也必須「料理」他的學生。

趁著學生用餐時，利普瑪和他的受訓中的二廚們，開始動手調整學生的「就位」狀況，在不鏽鋼的工作台上，以油性的黑色簽字筆寫下各種提醒：「你的香葉芹焦了」、「歐芹底下要墊紙巾」、「刷上一層橄欖油」等等。十一點一到，學生們回到廚房，在第一張午餐點單出現前，他們還有四十五分鐘的時間。

這一整個早上，學生馬不停蹄地動作。利普瑪也沒閒著，他來回檢視廚房裡的各個流水線──烤箱、火爐、烤架，學生花最多時間在這些工作區，多數食物也是在這些區域烹飪。

有的學生用錯了工具，例如柔依拿了太大的平底鍋、用了太多油去製作馬鈴薯煎餅；艾力克斯把太多奶油南瓜放進一個太小的鍋子，利普瑪說：「會燒焦的。」過了一會兒，艾力克斯拿了一張紙巾，把義式烤麵包上多餘的特級初榨橄欖油吸乾，「不要那樣做，」利普瑪低聲吼，「用**刷子**。」凱特琳發現上一批學生準備的馬鈴薯泥被錯置在一個狹長的塑膠容器，導致重量不均、馬鈴薯泥油水分離，利普瑪看著她說：「你要不要乾脆做一條項鍊算了？」凱特琳識相地準備新的馬鈴薯泥完成料理，但卻把那些馬鈴薯泥放到同一個容器中，重複同樣的錯誤。

有的學生沒去檢查上一批學生為他們準備的食材，比方說拉米，他把義式烤麵包送進烤箱，但卻沒注意到上面根本沒刷橄欖油，「他們準備得如何不重要，」利普瑪表示，「是你要把事情做對。」

第一堂課讓人格外驚慌失措，許多學生動作過於急促。「璜！」看到烤架上躺著四塊牛排，主廚利普瑪質問，「你現在把這些牛排**一口氣**放下去煎是什麼意思？你什麼時候才應該上烤？」上烤的意思是在牛排進烤箱以前，先用大火將肉汁封住，煎出一層酥脆的表面，然後在烤架上煎出格紋。璜回答：「用完家庭餐之後。」利普瑪點點頭說：「那現在煎完這**一塊**就好，不要想偷跑，滑頭滑腦的。」等到璜和其他學生用完家庭餐後，他們回到工作台繼續操之過急，打亂各種事物的順序，過了一會兒，肉品都還沒熟透，太早煮好的配菜就已經放到冷掉。「我們這是單點現做，各位！」利普瑪對著廚房裡的廣播器大聲說，「蔬菜和澱粉類的配菜都是要出餐了才開始做」，而非拿到點單就煮。換句話說，一接到點單，肉品就要立刻上火，**等到**主廚喊出餐，**才開始**準備蔬菜和澱粉類，因為這類東西料理時間比較

短。有的學生把還是生的肉品從烤箱拿出來。「除非問過我，誰都不准擅自從烤箱取出肉品」，利普瑪一聲令下。有的學生連料理都還沒準備好，就提前把加熱燈下的盤子取走，最後放到盤子都涼掉了。「誰敢再把熱的食物放在冷盤子上，今天就拿零分！」利普瑪怒喊，「聽到沒有？」全體人員齊聲大喊：「是的，主廚。」

　　有的學生則是動作太遲鈍——因為肉類需要花最多的時間烹飪，一塊生肉煮到七分熟需要足足二十分鐘的時間，所以有的廚師會先「預煮」肉品至一分熟，這樣點單進來時，就可以縮短煮到所需熟度得花的時間。料理肉類的技巧之一，就是永遠比點單多出一份預備肉品，但是很多學生都搞不清楚這個概念。廚房一開始接單，利普瑪就必須不斷提醒二廚，立刻開始料理肉品。一接到羊肉的點單，利普瑪便大喊：「馬上熱鍋！」羅納拿出羊肉，開始調味，利普瑪立刻走向他，說：「**如果調味前不把鍋子放上火爐，等你調味好了，又要再花時間乾等鍋子熱好。**」利普瑪繼續追問：「請問你這是省時間，還是在浪費時間？」羅納回答：「浪費時間。」語畢立刻將一個平底鍋送上火爐。

　　柔依接到一份豬肉點單，利普瑪湊過去。

　　「豬肉進烤箱了？」他問。

　　「是的，主廚。」她回答。

　　「那你現在是不是該備一份新的了？你已經煎好另一塊了嗎？」

　　「等這一塊烤好我就會煎下一塊。」

　　利普瑪一臉錯愕地問：「你說什麼？」

　　柔依結結巴巴地說不出話，她不知道為什麼她不能等這塊肉煮好了，再去準備下一塊。

「你現在**應該**開始熱鍋，等到肉品調味好了，鍋子也剛好夠熱。」

柔依並不是毫無準備。她一早就到廚房報到，帶著她用各種顏色做記號的時程表，詳列了各種食材和工具。什麼時候該做什麼事她也都寫得清清楚楚，她是有計畫的，但是她不知道每一項任務中，還內含了其他的順序，她不知道那組順序是什麼，但這就是利普瑪要傳授給他們的──空間的順序、時間的順序。

有的學生動作太多──拉米一口氣拿了一堆蒜頭、洋蔥、西班牙香腸和馬鈴薯，全部拿到了火爐邊，放進一個燒熱的平底鍋，加入油和高湯，準備為清蒸淡菜做湯頭。「你覺得把平底鍋拿到食材那邊容易，還是把食材拿到平底鍋這邊容易？」利普瑪質問他。「是的，主廚。」拉米應聲回答。利普瑪不斷挑著面帶微笑的拉米料理動作中的毛病。拉米開始晃動鍋子，利普瑪見狀說：「還不需要**搖**成這樣，先把所有的食材加進去，到時候你想怎麼搖都可以。」

有的學生動作不夠多──準備家庭餐的學生們圍著一鍋白飯，不時就攪拌一番，「你們是要照顧那鍋白飯到什麼時候？」利普瑪對他們大喊：「鍋蓋蓋著，去做別的事！」利普瑪說：「**他們沒搞清楚：每次開蓋攪拌米飯，米飯就又涼掉一些，這樣會拉長烹飪的時間，之所以不斷去檢查是因為他們很緊張，再加上煮白飯很簡單，這麼做會帶來安全感，但這樣是在浪費寶貴的時間，你大可以把時間拿來準備接下來幾天的食材。**」利普瑪問羅納：「你在做什麼？」羅納說：「在處理蘑菇。」利普瑪又說：「現在蘑菇在烤箱烤，你想**看**也**看**不到！滾，找點事情做！去把辣椒裝袋！」利普瑪經過柔依身邊，他問：「你鬆懈了嗎？柔依？不要**鬆懈**，還有很多事在等著你！」

有的學生溝通得不夠──廚房接到一份羊肉點單，利普瑪對著

羅納大吼：「把羊肉送進烤箱！」沒有回應，他咬牙切齒，又再喊了一次：「把羊肉送進烤箱！」「是的，主廚！」羅納回應他，這回利普瑪表示：「這才像話。」但是利普瑪並不滿意這些此起彼落的「是的，主廚！」如果他要求某個數量的品項，他想聽到的是他們接收到他的訊息，並且大聲複誦：「兩份魚、一份豬肉！」

　　有的學生話說得太多 —— 糕點主廚已經喊了兩次出餐了，送餐的服務生還在交頭接耳，「嘿！你們，出糕點了！」利普瑪大喊，「閉上你的嘴，專心一點！」這群後場的服務生不應該如此懈怠，畢竟他們就是上一批在廚房料理的廚師。

　　學生們把一堆東西堆在砧板上 —— 像是會燙壞砧板的熱鍋、還有會從底部沾上砧板表面汁液與食物碎末的乾淨盤子。他們不知道肉品的溫度，也不懂得判斷，而且沒有一個人的工作台是乾淨的。這整個出餐的過程中，只見利普瑪不斷把礙事的鍋子推開，或是把鍋子拿到洗碗工那裡。出餐工作進行到一半，利普瑪握著廣播的麥克風吼道：「我們今天要學的就是**組織技巧**，仔細看看你四周，油炸鍋上的韭蔥橫七豎八、所有的工作台都是髒的、器具都是油的。」不過，這其實都在利普瑪的預料之中，所有問題都來自於緊張和經驗不足。

　　現在時間是下午一點三十分，出餐服務告一段落，利普瑪說：「我現在要教你們如何拆解每項任務：把你負責的肉品交給切割廚師；把所有的醬汁裝到尺寸合適的容器，然後泡在冰水裡面，記得貼上標籤；所有髒的器具 —— 深鍋、平底鍋，全部轉移到洗碗工那邊。」一聲令下的十五分鐘後，整個廚房清潔溜溜，剛剛的出餐服務像是沒發生過一樣。

　　下午兩點整，所有人集合起來回顧上午的表現，「該吼的早上都

吼了，現在是放送愛的時間，」利普瑪溫和地問，「你們今天表現得如何？只能算勉強過關對吧？**不要緊**，五天後很多東西都會更得心應手，因為你會變得很有組織；你會有系統地做事；你會學會管理好自己的工作台；你會讓你的料理變得更加完善。等到你學會了組織技巧，就會發現可以省下很多時間。這就是所謂的人體工學，找到對的方法去料理、去烹飪，學習做事情正確的程序和步驟，豬肉進烤箱、熱鍋下馬鈴薯、加入蘋果、加入菠菜。」利普瑪把這個境界稱為**心流**。「一旦你找某道料理最佳的執行系統，就要持續地實踐，不斷重複同樣的手法和步驟，直到訓練出肌肉記憶，然後愈做愈有效率。」利普瑪引領著學生迎向明天，屆時他們會學習如何有效溝通、如何正確回應主廚。

這些都是他們需要學會的技能，明天他們的工作量會增加三倍。等到這三個星期的訓練結束後，他們不僅能夠掌握身心靈的「就位」，還能幫下一批新進廚師，備好可以用上好幾天的食材。

一輩子的「就位」功課

CIA 的學生花二至四年的時間學習烹飪，但這只是廚藝教育的一半。另一半同樣也很重要：CIA 的隱藏版課程 —— 學習如何**做事**。一個人如果不懂得做事方法、不懂「俐落工作」—— 以最節省時間、空間、動作和思考的方式去工作 —— 那麼他便永遠無法成為專業廚師。

到了畢業的那一天，「就位」會成為每一位學生的箴言，畢業生致詞代表艾力・米蘭達（Eli Miranda）將「就位」和他在美國海軍服役時所學到的道理相比擬，他說：「想要成功，你就必須就定位、朝

成功努力，並做好萬全準備。」與他同期的一些學生，有的甚至選擇用更貼近個人生命的方式來表達他們對「就位」的熱忱，他們在廚師袍底下的皮膚上刺了「就位」的字樣。未來，他們會收到校友刊物《就位》，這些於廚藝界各處努力的校友會回憶起曾經在 CIA 學習的日子。

　　不管這些畢業生去了哪裡、無論他們在什麼樣的廚房工作，「就位」會是一種共同的語言。即便到了一個不使用法語的 mise-en-place 來溝通就位概念的地方，他們依然會被要求得具備「就位」的行為和態度。在日本的廚房或許聽不到 mise-en-place，但是日本主廚會把「準備」（就緒、事前預備）和「整理」（分類、安排）這些概念視作廚師和廚師學徒的本分。主廚高山雅方（Masayoshi Takayama）在紐約市經營了一家同名日式餐廳「Masa」，十分受人景仰。高山主廚會將他的計畫記在紙上，而且不是逐項列表，他會在紙上畫下一個盤子和菜色，然後在開始準備食物以前，他會真的把他畫的盤子做出來，高山主廚不僅是廚師，也是一位出色的陶藝家 —— 簡直將「就位」發揮到高深莫測的境界。不管是規模不大的餐廳、家庭餐館、餐車還是路邊攤，只要有按部就班的「就位」，一、兩個人一天內也有辦法餵飽好幾打客人，有時候甚至上百人。再看到國內的連鎖餐廳或是大型的外燴服務，「就位」更是管理了數百名男男女女的行動、價值不斐的器具和食材，為數千名食客端出美食。主廚拉夫‧史甘馬德拉（Ralph Scamardella）管理的餐廳「TAO 拉斯維加斯店」，是全國營收數一數二的餐廳，他的工作同時也包括監督、管理 TAO 集團遍布在全美二十幾間餐廳的廚房。在紐約，他管理兩間二十四小時不打烊的廚房，為兩間高級飯店的客房服務以及兩間餐廳 ——「TAO 紐約

店」和「黑酒廠」（Bodega Negra）提供料理。光是在「TAO紐約店」他就聘請了一大群專業的壽司主廚、燒烤大師和餃類專家，以每天四輪（翻桌四次）的效率，為一千兩百位食客供餐。主廚麥可‧古力耶羅（Michael Guerriero）面對的則是另一種挑戰，他也是CIA校友，工作的地方是位於紐約西點的美國陸軍軍官學校，他管理的是大型廚房，光是中餐就得在十五分鐘內填飽四千位軍校生的肚子。

　　在這些廚藝畢業生的生涯中，有的人也有可能踏入毫無組織、骯髒、效率低落的廚房，但是多數人會努力向上，爬到「食物鏈」的頂端。在那裡等待他們的是極致完善的「就位」系統。有的人有機會到主廚湯瑪士‧凱勒（Thomas Keller）位在加州揚特維爾（Yountville, California）的餐廳「法國洗衣坊」（French Laundry）見習（原文為法文：Stage；發音為 Staahj，意指暫時的、試用的工作）。這間餐廳被許多美食評論家譽為全世界最棒的餐廳，「法國洗衣坊」的廚房看似平靜、一塵不染，但裡面的氣氛可說是世界上少有的緊繃。主廚凱勒在廚房時鐘底下擺了一個牌子，上面寫著大大的「急迫感」，他親自指導廚師們如何鬆、綁塑膠袋、如何正確開關冰箱門，他講求以完美的方法完成每件事。這種程度的控制狂，如果換成出現在其他工作場域，可能會被下屬厭惡，甚至被譏笑成「微管理」。但是在凱勒的廚房裡，眾人對他的指導卻是求之不得，因為他們渴望在他旗下學習。這種相輔相成的風氣，讓這個團隊超乎卓越，他們成就的不只是料理的極致表現、職業上的成功，更是彰顯了自己的專家身分以及身為人的極致價值。

廚房須知

古老的時代主廚曾是禪師。

日本禪宗裡，負責廚房齋膳的總廚（或稱為「典座」）是禪林職位的六大知事之一。西元一二三七年，日本一位名為永平道元（Eihei Dogen）的和尚，寫了《典座教訓》一書，講述廚藝的修行之道。《典座教訓》意指給典座的指導，描述了道元禪師／主廚平日的職責，強調身為典座，維護紀律和整潔的重要性。他認為唯有修行足夠的和尚才能擔任典座一職。道元論述的是廚師的工作，但是更深一層來說，他從中揭示了凡人該如何以恭敬的心意面對俗世中的事務。

論準備，道元寫道：明日始於今，午時應完備明日齋粥之物料（「打翌日齋粥之物料」）；道元談「淨潔洗灌」（清洗筷、湯勺和各種器具等，以精誠之心清洗飯碗和湯鍋）；道元也詳述各種任務，他注重空間的有效利用（「彼此可安高處安於高處，可安低處安於低處，高處高平，低處低平」）；注重舉止（「不虛棄……護惜之如眼睛」）；珍惜食材（明眼親見不費一粒）；注重時間的運用（所謂「當職經一日夜，調辨齋粥，無虛度光陰」）。

上述教誨充斥在道元深刻的訓示中，而且全都指向一個根本：臨在（Presence）。道元闡釋：「典座親見飯量羹，調辨處在，或使行者，或使奴子。」意指不管是典座親自動手，或是有他人協助，典座都必須親臨當下。道元強調心靈的臨在和身體的臨在一樣重要，臨在來自覺知，如眼睛保持注視；臨在來自溝通，如同他建議典座需向其他五位知事，商量齋食和物料之事；臨在也來自接納。道元花了很大的篇幅，論述無論拿到什麼物料（食材），都應以精誠的心去準備，

因為這是身為典座的職責所在。

對典座而言，臨在就是專注和精誠所在，並將工作變成一種修行，**坐著的時候就專心坐著，料理的時候就專心料理，除了手邊的工作以外，不做他想**，道元寫道：「吾誠摯冀望君終其一生，竭盡全力，履行其道。」道元把全然投入視作一種與天的連結，他說：「如此觀達之心乃喜心也。」這種苦其心志、勞其體膚卻能帶來喜悅的說法，十分耐人尋味，更與許多現代主廚和廚師的心境了有所共鳴。

最後，道元把典座無止盡的職責，當成個人成長的途徑，**以寬容大度的心、喜悅的心、為人父母的心去服務他人**，道元的教誨是，**這些所作所為都是在精進自己**。對道元來說烹飪料理不應該軟弱、謙遜，他反倒建議典座應和自己的導師競爭，他說：「若以往那些偉大的導師，以少量的蔬菜做出平淡的湯，我們必須努力用同樣的份量，做出美味的湯，誰說我們不能超越前人？我們必須追求至高的理想，虛心行事切勿傲慢。」道元的廚房是個自我精進的修道場，他更是個孜孜不倦、在俗世事務上與心靈上追求卓越的典座。

視野來到地球的另一邊，在歐洲皇家的議事會上，比起僕人，廚師更像是奴隸，廚師的位置不是在國王的右手邊，而是在充滿煙灰的地窖裡默默地勞動著。如果有廚師創造了一道出名的料理或是醬汁，如貝亞恩醬（sauce Béarnaise）、貝夏美醬（sauce Béchamel）、羅斯查爾德舒芙蕾（soufflé Rothschild）等，這些創作的命名全和廚師的老板有關，廚師絲毫沾不上邊。

然而兩個歷史轉捩點，改變了歐洲廚師的命運。

第一個轉捩點出現在法國大革命之際，餐廳的興盛 —— 因應中產階級的興起，廚師開始提供因應顧客需求單點的菜單，而且菜色是

廚師和顧客討論出來的，不再是哪個王公貴族心血來潮想出來的料理。

第二個轉捩點，要從一位少年喬治・奧古斯特・艾斯可菲（Georges Auguste Escoffier）說起，一八五九年艾斯可菲才十三歲，他開始在舅舅位於尼斯（Nice）的餐廳工作，一直到他過世的一九三五年，艾斯可菲活了八十八歲，被譽為全球法式料理的權威，傳奇的一生更把廚師的地位提升至幾乎神聖，眾人景仰的高度。

年輕的艾斯可菲想成為一位雕刻家，但為了生活，迫不得已到舅舅的餐廳做事，和其他廚房的員工一樣，每天得承受舅舅的肢體和言語暴力，但是艾斯可菲仍舊十分正向，他在自傳中寫道：「雖然這不是我選擇的生活，但既然我在這了，我就要竭盡所能，提升我的專業能力。」

一八六五年，艾斯可菲搬到巴黎，進入「小紅磨坊」（Le Petit Moulin Rouge）工作，這是當時一間專為有錢人和歐洲貴族服務的晚餐俱樂部，這群人對法式料理的狂熱，絲毫沒有因為法國當時大環境的衰敗而減退。艾斯可菲待過廚房各個不同的流水線，辛勤工作的同時還是保有他藝術家的靈魂，面對名人顧客提出的各種要求 —— 無論是創造新的菜色，還是製作客製餐點 —— 他都樂在其中。

一八七〇年七月，德國軍隊侵略法國，艾斯可菲加入了萊茵守軍（the French Rhine Army）第二師，夏末時，全軍在梅斯（Metz）的邊境遭德國軍隊團團包圍。艾斯可菲在廚房習得的備料能力派上用場，因為他早已籌備好軍官和士兵的存糧，整整兩個月的時間，法國市民和軍隊遭德軍圍困、完全孤立無援。情勢每況愈下，飢餓的騎兵部隊開始屠宰戰馬，同年的十月二十五日，艾斯可菲的存糧用盡，三天後

法國放棄守梅斯，艾斯可菲也成了階下囚。

　　法國戰勝後，艾斯可菲獲釋，但是軍旅生活的這段經歷似乎重整了他的思想，當艾斯可菲有了自己的廚房，他開始改革人事結構，將烹調區域和廚房員工的位階劃分得更加嚴謹，他開始了有如管理軍隊般的**廚房職位分級**系統（brigade de cuisine），更為現代全世界的廚房底定工作流程的架構：廚房的**主廚**（chef de cuisine，總主廚或行政主廚）位置最高；接著下一層級是**副主廚**（sous-chefs）；緊接著是**部門主廚**（chefs de partie），負責管理不同的料理區域，並可以按照職責詳細劃分為**冷盤廚師**（garde-manger，負責配膳或冷盤）、**熱炒廚師**（sauté，負責火爐料裡）、**醬汁廚師**（saucier，製作醬汁）、**糕點師**（patissier，負責甜點）、**燒烤廚師**（rôtisseur 或是 grillardin，負責各種燒烤肉類料理）、**魚類廚師**（poissonnier，負責魚類的烹調）以及**炸物廚師**（friturier，負責油炸料理）。整個廚房團隊還會搭配上**叫菜員**（aboyeur，負責傳送點單）、**洗碗工**（plongeur，負責清洗餐具用具等），以及其他數個職位共同組成。在工業時代全盛時期，這套廚師制度成了可以複製的廚藝生產線。

　　一九〇三年，艾斯可菲出版了《料理指南》（*Le Guide Culinaire*）一書，這本篇幅長達九百頁的曠世之作，將上一代大師 —— 如馬利－安托萬・卡漢姆（Marie-Antoine Carême）—— 留下的繁複鋪張之料理傳統，加以簡化、現代化、有系統地編撰，發展出平易近人的廚房語言以及料理程序，也因此鞏固了法國料理在全世界的地位。這些經過組織化的廚藝標準開始在大英帝國和美國城市落地生根，部分可歸因於艾斯可菲把單點式（à la carte）系統帶進了第一代世界級大飯店，如倫敦的薩伏伊飯店和卡爾頓飯店、巴黎的麗茲飯店、紐約的皮

埃爾飯店，另外也帶上了往返於歐洲和美國的高級遠洋郵輪。在此同時，他也開始秉持類似典座的服務精神，不分富貴貧賤替大眾效力。他援助倫敦當時的安貧小姊妹會，可說是公益性食物捐助的濫觴，更在做慈善的過程中，減少企業食材的浪費。

多虧了這兩個西方世界——基本上幾乎都算法國——的創新：餐廳的興起、艾斯可菲的指導方針和系統，使得主廚的職業內容成了一套無國界、無語言隔閡的嚴謹做事方法。在紐約、巴黎高級餐飲界廚房裡的運作系統，和莫斯科、孟買的沒什麼不同，這些特定的準備方法和組織行為變成料理人的共通語言，更逐漸演化成一套主廚教導廚師的原則，然後再由這些廚師傳承給學徒。主廚成了當代的典座，一位幾近完美的獨特導師，傳授的技巧不僅關乎烹飪，更關乎**人生**。

大師作風

「Esca」每到星期四晚上總是格外忙碌，這是曼哈頓一家距時代廣場不遠的餐廳，從下午五點三十分到晚上七點三十分，優雅的用餐區裡坐滿了食客，個個想盡快飽餐一頓，好趕上附近百老匯八點開演的表演。服務生懂得安撫顧客，一些舉措足可證明他們很能同理顧客緊張的心情——幫忙注意顧客必須離開的時間、建議應避開哪些烹飪時間較久的料理、上菜和服務時乾脆俐落、送上咖啡和甜點時更把帳單一併帶上。

紐約市餐飲界把這段慌亂忙碌的時間稱做「趕秀高峰」，但是戴夫・帕斯特納克（Dave Pasternack）在這段時間卻從容不迫。

帕斯特納克的行事作風和我們想像的截然不同。身材魁武、頭頂

光光的他，看起來像個保鑣，說話則像個計程車司機，但他卻是紐約最受尊敬的主廚之一，更與艾瑞克‧瑞伯特（Eric Ripert）等人齊名，被譽為海鮮專家。帕斯特納克的工作往返於兩家餐廳之間，一間是「Esca」——他和馬利歐‧巴塔利（Mario Batali）合夥經營的餐廳；另一間則是即將在雀兒喜區開幕的分店。帕斯特納克穿著汗衫和牛仔褲，活像個魚販。

　　洗淨雙手、換上白色的廚師工作服後，帕斯特納克站在廚房的工作台前，以胖嘟嘟的手指頭將一片片**義大利生魚薄片**（crudo，軟嫩、新鮮的生魚片），藝術感十足地擺在冷凍過的盤子上。接著這道料理會被送到食客面前，每一小片魚要價十塊美金。擺盤完畢後，他有條不紊地密封好放置生魚的容器，並收到工作台底下的冷藏櫃，接著他拿出一條白色毛巾，將砧板擦拭乾淨。

　　帕斯特納克工作台上方的架子上，有著一台小型列印機，吱嘎作響地印出一捲又一捲的白色紙張，只要有新的點單進來，主廚就會重複同樣的程序：首先他會喊「義式烤麵包」，也就是由烤麵包、新鮮番茄、橄欖油和香料做成的**開胃小品**（amuse-bouche），這道小菜必須馬上送到客人的桌上。其實他喊的並不是「義式烤麵包」，而是「接單」，然後加上數量（二！或是四！）。負責開胃菜區的廚師就會回應「是的，主廚！」並立即著手準備相應數量的義式烤麵包，以最快的速度交由餐廳的傳菜員出餐。緊接著，夾雜著通風扇的嗡嗡聲，他對著廚師們大聲喊印出的點單：「一份細扁麵、一份雞肉、一份**多寶魚**！」負責義大利麵、火烤和熱炒區的廚師便依序應聲：「是的，主廚！」

　　來了第一份**義大利生魚薄片**點單，之後還會有更多人點，畢竟這

道菜是餐廳的招牌，而帕斯特納克是全美國第一個端出這道料理的人，基本上就是義大利版的生魚片。主廚伸出他的右手，從工作台下的冷藏櫃拿出盤子，如果盤子不夠冰，他就會操著一口長島口音的法語，對說西班牙語的洗碗工抱怨個沒完：「C'est chaud! Il faut froid!」（意思是：盤子是熱的！應該要是冷凍的！）他打開另一個冷藏櫃，拿出一盒盒透明容器，裡頭裝了預先切好的生魚薄片。他將生魚薄片朝著同一個方向擺放，然後伸出左手，從一打較小的容器裡面，拿取裝飾的配菜，他捏取開心果、碾碎的杏仁，或是從一排美食鹽中捏取一小撮，這些鹽可能是海苔鹽、夏威夷紅鹽、加斯佩鹽、灰鹽、鹽之花等等。主廚的橄欖油選項也很豐富，他會在冷盤送出去前，優雅地淋上橄欖油、完成最後的擺盤。最後，容器又依序放回冷藏櫃，乾淨的白色毛巾登場，主廚懷著敬意將砧板擦拭乾淨。

站在帕斯特納克對面的是副主廚葛雷格・巴爾（Greg Barr），他負責的是菜單上幾乎人人會點的主食，他的動作俐落卻流暢，「料理對我來說很有禪意，」巴爾說道，「你的精神會處在當下，過去的事物不會出現在這裡 —— 沒有下午兩點時用過的東西、沒有今天早上留到現在的東西，所有的東西都清理掉了。我的刀具每把都清潔溜溜，砧板也是乾淨的。乾淨的工作環境、乾淨的思緒。」

巴爾和其他廚師的動作都很快速、俐落、身手很好，但是所有的料理都必須經過帕斯特納克的檢驗，才能送到客人桌上，主廚有時候會催促他們：「馬鈴薯好了沒？快點啊、各位，拜託一下好嗎？」有時候他也會稍微提點他們：「細扁麵不要收得那麼乾，可以嗎？加把勁，老兄！」他的雙眼掃視著夾在眼前架上的點單，心裡盤算著時間，決定每一桌進入下一道菜的時機。帕斯特納克工作台上的時鐘快

了十五分鐘，他廚房裡所有時鐘都快了十五分鐘，帕斯特納克從來不遲到，至少在廚房裡從來不會。

接著帕斯特納克離開廚房，他走進用餐區和一桌客人坐下來聊了幾句，今天這桌客人是他的親友，他很常這樣，帕斯特納克把待客的熱忱看得和料理一樣重要。

幾分鐘過後，點單機又印出幾張紙。過了一下，又印出更多單，吐出的單子開始捲了起來，垂在帕斯特納克清空的工作台上，**時間一分一秒地過去……**

這個晚上，有兩個人緊盯著帕斯特納克的一舉一動，一個是副主廚布萊恩・普蘭特（Brian Plant），他今天的工作是「尾隨」（trailing），也就是觀察帕斯特納克的做事方法，這樣主廚開始要花更多時間坐鎮在新開的餐廳時，他便可以接手這裡的工作；另一個人就是我，挨著牆面，站在普蘭特和垃圾桶之間，看著點單機不斷吐出新的單，我納悶為什麼普蘭特不為所動——應該說，沒有半個人跳出來「叫菜」（expedite）：負責對不同區的廚師喊出點單品項、決定出餐速度。眼前的情況是主廚不在廚房，料理作業完全停擺，等待似乎永無止境，我終於按耐不住問普蘭特：「現在是什麼情形？」

「不管有多忙，這是屬於**他的**空間，」普蘭特說，「他的地方、他的空間、他的步調。」

「那新的點單怎麼辦？」我不解地問他，那些需要被烹飪、需要各個工作區聯合起來完成、送到客人桌上的料理怎麼辦？

「他心裡有數，」普蘭特繼續說，「**廚房內外的情況他都知道，等他準備好自然就會回來了。**」

他的地方、他的空間、他的步調。

那個當下，我看到的不是**停滯**的服務，反而更像一種平靜 ——
時間和空間的定格。這股寧靜似乎源自主廚深厚的功力 —— 源自專
注 —— 一種很少被人讚頌的「主廚力」。主廚自有盤算，因此在何時
要發生何事是他來決定。

幾分鐘過後，主廚帕斯特納克回到廚房，不疾不徐地，又開始喊
起了義式烤麵包、喊出點單內容、裝飾著遠近馳名的生魚薄片冷盤。
食客們開心地享用餐點、準時離開、皆大歡喜。

跟著主廚的腳步

主廚發號施令。

法文的主廚（chef）這個字，意思相當於英文的**領導**（chief）。
就和巴黎廚師一樣，從一位擔任軟體工程師的巴黎人嘴裡，也可能
說出「Oui Chef —— 是的，老闆」這句話。在英文語境裡，料理界
使用的**主廚**（chef），就是簡化自法文的頭銜：**料理領導**（chef de
cuisine），即廚房裡的首領。另外，很多廚藝相關的用詞都和法文
脫不了關係，例如「**餐廳**」（restaurant）這個詞，它的字面解釋很有
趣：一個讓人恢復的地方（place of restoration），因為餐廳問世初
期，都有販售「恢復元氣的肉湯」（法文：restaurants）。此外，經營
餐廳的人（法文：restaurateur）就是那個為他人提供滋養、療癒他人
的人，而主廚便是讓「療癒」成為可能的人。

主廚身負重任，餐廳經營者給予我們元氣，主廚負責幫助我們恢
復元氣，而這樣的定義：一位負責幫助我們恢復元氣的人，在英文裡
有個相對應的詞，那就是「導師」（mentor）。

　　各行各業幾乎都有優秀的導師，不少職業更把「導師－學徒制」視為重要的核心，醫生可以指導實習醫生；水電工也有徒弟。但是這種學徒制的文化在廚藝界裡最根深柢固，廚師學徒（chef-apprentice）付出勞力與心血，為的就是從主廚身上學到知識和經驗。不僅如此，面對廚房中各方面餘裕的不足，以及工作性質的繁複，好主廚必須認真看待並精進自己的工作職掌。我們也看到了，在廚藝教育裡，有關烹飪的部分只占了一半；另一半同樣重要的是組織能力、行動、規畫、可靠度、溝通等。換句話說，就是「就位」之道。

　　由此可見當代社會中，教導組織能力最有效、經驗最豐富、責任最大的專業人士，非主廚莫屬。

　　世界各地的學徒已經向自己的主廚學習多年，現在換我們有這個學習的機會。在當代廚藝學校出現以前，不管是從最底層的洗碗工做起，還是有點經驗的廚師尾隨主廚 —— 如同廚師普蘭特尾隨主廚帕斯特納克那樣 —— 想要學習廚藝獨門的技能和知識，只有到廚房實際工作才有可能。

　　接下來，我們要開始另一種「尾隨」，我們要學的不是如何烹飪，而是如何工作：如何有意識、有效率地「**俐落**工作」，我們會探索「就位」這個系統，並在廚房以外的世界、這個迫切需要這套價值的世界 —— 實踐這些行為。

▎混亂 ▎

沒有「就位」的模樣

傑瑞米推開辦公室的玻璃門，瞥了牆上的鐘一眼，九點半，**時間剛剛好！**

這可不是什麼「小確勝」，今天早上傑瑞米沒聽到七點的鬧鐘，因為他前一天晚上把鬧鈴音量調得太小，太太一個小時之後把他叫起床，他一邊嘟囔一邊洗澡，從烘乾機裡拿出要穿的衣服、匆促地親了太太和九歲兒子的臉，連早餐都沒吃就衝出門了。臨走前他太太提醒他，今天換他去接兒子亞當，帶他參加傍晚的足球比賽。

「好，」傑瑞米回答，「六點前到家。」

七個月前，傑瑞米被一家金融公司聘請，開始負責該公司技術部門的創意服務，傑瑞米十分忙碌，忙到根本沒空陪伴家人，因為這是他第一次在大公司工作，第一次負責這麼大的工作量，他想要好好表現。前一天晚上他熬夜看了新聘人員的候選人履歷，為了今天的動腦會議（brainstorming），他也事先檢視過團隊提出的行銷提案。

他的待辦事項應用程式上的列表，長到看了比不看更令人傷腦筋，也因為這個早上他沒空寫下簡要的待辦事項，神經緊繃的他只好在開車去公司的路上，把今天必須完成的事硬是在腦中列出來：

- 把老闆史蒂芬要給新客戶的簡報做好，最慢下班前就要給他。
- 幫新的網站挑選素材照，然後寄給設計師。
- 聘請網站文案人員，打電話給她交待工作須知。

傑瑞米必須在很短的時間內架設好新網站，可是他現在的進度落

後，好多事情耗費的時間比他預估的還要久，因為在這個新職務上，他管理的事還有很多，而且新網站必須趕在下星期以前上線，否則公司就會流失顧客。

傑瑞米算了算，離十點的會議還有一點時間，他可以先看過簡報然後印出來。午餐過後，他可以處理網站的素材照、聯絡新的網站文案人員，搞不好還有時間**終於**能清理一下桌面。但是就在他開進停車場的時候，他想起來還沒完成人資部今天要的評鑑表，所以他得擠出一兩個小時做這件事，清桌面的事情只好之後再說了。

不管是在大學還是上一份工作，他的桌面一向很亂，但現在已經是亂到丟臉的程度了。他是一個新進人員，又在開放式辦公室工作，每個人都可以看得清清楚楚。底下那些為他做事的人，桌子一個個比他整齊，傑瑞米安慰自己，這是因為他要負責的事情太多了，所以可以整理環境的時間太少。他往自己的座位走去，遠遠就看見快滿出來的文件盒，一堆備忘錄、牛皮信封、雜誌和包裹。

他拉開椅子，看到一張紙。**太好了！**是米雪兒留的——她是傑瑞米和行銷部門約翰的共同助理——她將新網站的估價單整理出來了，傑瑞米將估價單放在一堆紙上，點了一下電腦的鍵盤，螢幕馬上跳出一堆新的信件通知，從昨晚到現在總共三十幾封信，大多都是應徵新聘職員的履歷。他一封封瀏覽過。

「嘿，傑瑞米，我需要你幫個忙！」設計師羅伯特的電腦出了問題，傑瑞米總是以自己熱心助人為豪，所以只好硬著頭皮幫忙，修到一半他才發現這比想像中還花時間，所以傑瑞米請米雪兒幫他把網站的素材照列印出來。

二十分鐘後，傑瑞米回到座位，米雪兒已經將印好的照片扇狀排

開放在他的桌上。正當他在檢視照片時，總機小姐經過，順手就把他的信件疊在照片上，傑瑞米有點不高興，但沒說什麼。他伸手把信件放到滿到搖搖欲墜的文件盒上，不一會兒，所有的東西全倒在桌子上，傑瑞米只好開始收拾桌面，耳邊卻傳來老闆史蒂芬的聲音。

「好啦，各位！」是十點的員工會議。傑瑞米找了找他的筆記本，結果沒找到，他只好隨手抓了枝筆和印表機上的白紙，起身去會議室。在會議開始前，史蒂芬對傑瑞米微微笑，並和員工們問好。

但是傑瑞米魂不守舍，他打算在會議前完成的事情，一樣都沒完成，滿腦子想的都是接下來堆積如山的網站工作。

「……傑瑞米，你那邊可以嗎？」

太尷尬了，傑瑞米沒聽到老闆說什麼，但還是硬著頭皮點了點頭。輪到傑瑞米報告新網站的製作進度，史蒂芬問：「租用伺服器和儲存數據的成本是多少？」

「我有一份估價表，」傑瑞米回答，「等我去拿一下好嗎？」

傑瑞米奔到他的桌子前……**可惡，估價單去哪了**？他記得就放在桌上啊。米雪兒把網站的素材照放在估價單的上面，肯定是在文件盒倒下來後，不知道跑哪裡去了，現在也沒時間慢慢找。

傑瑞米只好無功而返，史蒂芬又問：「銷售提案準備如何了？」

簡報！傑瑞米本來應該在會議前就要把簡報校對好，然後上傳到印刷店印出的。

「差不多了。」傑瑞米撒了謊。

「很好，」史蒂芬繼續說，「那我們四點的時候一起看一下，動腦會議之後可以嗎？」

接下來的會議傑瑞米都坐立難安，他心想著，如果他可以在中午

以前校對完簡報，就有辦法在四點以前拿到複印的版本。

會議一結束，傑瑞米馬上衝到自己的座位，他告訴自己，簡報沒完成以前，不管什麼事、什麼人都不能干擾他。米雪兒跟他說了一些關於網站編輯的事，他含糊應了一聲，繼續埋頭苦幹。他花了十分鐘的時間，就為了找一封電子信件裡一張投影片上的相關數據。然後他發現另一封信件提醒他：下午三點以前要繳費，他萬萬不能忘了報帳，因為他和太太替亞當報名了夏令營，需要這筆錢。時間來到中午十二點，他還得校對完所有的簡報投影片……

「傑瑞米，可以麻煩你來一下嗎？」史蒂芬把傑瑞米叫到一個三方會議裡，另一個人是業務部的艾倫，他說：「我必須先拿到模特兒的肖像使用同意書，才可以通過拍攝工作的預算。」聽到這句話，傑瑞米的腦門瞬間充血，因為**他把攝影需要的同意書忘在家裡**。這是新手才會犯的錯誤，但是傑瑞米不是新手，他坦言自己的失誤，也看見了史蒂芬驚訝又失望的神情。艾倫問：「如果沒有同意書的話，下星期哪來得及讓新網站上線？」

「我今天會處理好。」傑瑞米回答。

「別忘了，要在三點以前！」艾倫說。

沒錯，傑瑞米心想，**三點以前還要報帳**。

現在他用最快的速度校對簡報。中午十二點半的時候，他請米雪兒把簡報拿到印刷店，拜託他們盡快印製。

「我正要幫約翰處理事情。」米雪兒回答。約翰嘆了一氣，揮揮手示意米雪兒先去忙傑瑞米的事。傑瑞米和他說了聲謝謝，但臨時找不到他的隨身碟，米雪兒拿自己的來救急，匆匆趕往印刷店。

好的，現在來報帳。他翻找著文件盒，把出差的收據一一找出

來。真的該好好整理這個文件盒了，整理資料非常累，因為傑瑞米必須不斷地轉身、彎腰，把文件分類到背後的櫃子，光用想的就累了。他記得要找出桌上的一份資料，找了五分鐘後才意識到一定又忘在家裡，他只好把手邊收集得到的收據拿去報銷，比原先應該報銷的還少了一半。

　　傑瑞米開始找手機，好打電話給模特兒經紀公司，但是他的手機也不知道去哪了。找了一分鐘後，他發現手機在外套裡，竟然還是靜音模式，更漏接了米雪兒兩通電話，電話那頭的她說印刷店最快只能在五點前完成印刷和裝訂，而且急件要多付百分之五十的費用，傑瑞米必須跟史蒂芬說東西會晚一點準備好。

　　下午兩點，傑瑞米完成所有報帳，然後按了電腦上的「列印」，沒吃早餐的他，心想著是不是要去吃點東西，但是接下來的傑瑞米浪費了十五分鐘：他走去影印室以前，去了一趟洗手間，出來卻忘了去拿列印的文件，直接就走回座位，他只好再次起身走去影印室，這次卻忘了把釘書機一起帶去。

　　下午兩點三十五分，傑瑞米在排隊等外帶，感覺到手機在震動，**還是**忘了把靜音切成響鈴模式，米雪兒問他有沒有要來兩點半的動腦會議。**會議！**他為了動腦會議準備了那麼多資料，偏偏忘了把這個活動記在手機行事曆上，他趕緊衝回辦公室，走進會議室的時候史蒂芬頭也不抬一下。傑瑞米昨晚已經看過所有人的創意提案，本來要早起做個筆記卻睡過頭，整場會議他都鬱悶地沒發表意見。

　　會議後，他拉拉史蒂芬外套一角，並告知簡報五點才能印好，傑瑞米問史蒂芬**是不是能以防萬一**，延到五點半再一起排練簡報。

　　「可以，」史帝芬說，「但是我六點有個晚餐，今晚還要趕紅眼

航班。」

真是多事的一天。傑瑞米拿起電話，打給新的網站文案人員珍奈，花了三十分鐘討論新網站，電話掛掉前，珍奈問傑瑞米她什麼時候可以拿到合約，「下班以前，」傑瑞米回答，然後猛然想起蜜雪兒提醒他的事。**對了！**他必須填好表交給艾倫，好讓他製作合約。下午四點，他把表格寄給艾倫，但為了確保艾倫有收到信，他親自去了艾倫的辦公室，辦公室黑漆漆的，沒半個人影，他的助理也不在。

「他今天有事先走了喔，」財務部一位員工表示，「他今晚和史蒂芬搭同個班機出差。」

人事部的主管雪瑞絲看到傑瑞米，拍了拍他的肩膀問道：「評鑑表好了嗎？」

回到座位，傑瑞米要米雪兒去印刷店拿簡報。

「我在忙約翰的東西。」米雪兒說。

「不能待會再做嗎？」他問，「我得在這裡趕人事評鑑，也包括你的。」

傑瑞米話才說出口就後悔了，但是他真的忙壞了。

約翰站了起來，看起來很不高興。

「老兄，你是在威脅她嗎？」約翰問。傑瑞米否認，道了歉。

「找別人去吧。」約翰說。

傑瑞米一時心慌，竟然自己跑去拿，評鑑的事只好再等等了。

下午五點半，傑瑞米抱著一大疊的簡報，走進史蒂芬的辦公室，總共二十本。史蒂芬很急著要走，但公事優先。

「我們明天可以從經紀公司那裡，拿到模特兒的同意書嗎？」史蒂芬問。

天啊，他本來要打電話給經紀公司的，卻因為回了米雪兒的未接來電所以忘了。

「我盡量，」傑瑞米吐了一口氣，緊張地問，「可以麻煩你通知艾倫一聲，請他幫我處理網站編輯的合約嗎？我不知道他今天早退。」

史蒂芬不敢置信地看著他說：「你是在開玩笑嗎？」

「不是，」傑瑞米回答，「我四點去了他辦公室，他人已經走了。」

「你**到底**是不是在開玩笑啊？」史蒂芬說，「員工會議的時候艾倫問你，三點前能不能給他表格，所以他離開前可以弄好合約，我問你：『傑瑞米，你那邊可以嗎？』你坐在那裡點頭如搗蒜，現在跟我說你不記得？」史蒂芬嘆口氣，拿起簡報，一頁一頁地翻，「我要你改的東西呢？」他看著傑瑞米問道，「我不是叫你改掉一些東西嗎？」

傑瑞米一心想著校對簡報資料，完全忘了史蒂芬寄了封電子信件給他，說明要增修的內容。

「可惡。」傑瑞米搖頭嘆氣。

「沒錯，可惡。而且裡面還有拼錯字。」

史蒂芬放下簡報本，深深地吸口氣，站了起來、一把抓起外套，時間是五點四十五分。他說：「我有晚餐約會要趕，我要你重做簡報，你現在就去印刷店，做到好為止。我本來是想帶上飛機看的，但如果你今晚可以寄快捷到飯店，至少我明天早上可以收到。」

史蒂芬看著桌上這一堆裝釘好的簡報。

裝訂的費用至少兩百美金吧，傑瑞米心想。

「真是浪費，」像是讀懂傑瑞米的心思一般，史蒂芬問，「這些花了我們多少錢？」

史蒂芬走出辦公室，留下傑瑞米一人，並丟下一句，「把事情處理好！」

傑瑞米的手機又在震動了，他拿出一看，六點了，是太太的來電。**亞當的球賽**！今天讓傑瑞米傷神難過的對話已經多到數不清了，他還是得接起這通電話。

他希望明天一切會更好。

傑瑞米的問題

在許多在辦公室工作的人眼裡，傑瑞米的故事並不陌生。或許我們沒有過**這麼糟糕**的**一天**，但對於大多數得處理文字、影像和數字工作的人來說，工作負荷量往往很大，溝通總是出問題，也難免犯了許多和傑瑞米一樣的錯誤。

傑瑞米的個性沒問題。他的想法令人尊敬：想當一個好丈夫、好爸爸，為家庭付出、在新工作上好好表現、創造更好的產品、認真工作、讓上司滿意、贏得同事的尊重。在公司，就算會占用他的時間，他也願意幫助同事解決問題。此外，即便他的職位給予他權力糾正總機小姐的行為，他還是得饒人處且饒人。

他的問題不是在職業道德上的瑕疵。他馬不停蹄地工作；不會偷閒摸魚、八卦別人，或是偷玩電腦遊戲、上社群網站等。真要說偷，他偷的也是自己的午餐時間。就連他在會議裡心神不寧，都是因為他滿腦子是工作。

他的問題不是出在自我約束,他有能力,也有意願專心致志。

他的問題不是出在專業表現。他懂得創造好的網站設計,也知道怎麼運用好的視覺方式傳遞資訊,否則當初老闆也不會聘他了。

傑瑞米的問題是:他缺乏一套**哲學**和**系統**來幫助他完成所有的事。他具備了工作技能,但是他不知道如何應付**工作量**。他花了上千美金的學費學習藝術、設計和程式語言。他花了好多年的時間,學習撰寫程式、摸索網路世界、實踐想法、累積經驗。但是這些正規教育從來沒有教他如何組織並掌控**工作流程**。等到他正式投入職場,學習的機會和動機已微乎其微。內在的自我約束力讓他願意增長工作時間、變得更努力。但是他的外在卻毫無章法可言:若沒有一套原則和行為標準,即使有強大的意志力和才能也無處發揮。也因為這樣,傑瑞米無法展現他的專業,總是感到沮喪、恐慌。他也不懂得如何處理這些情緒,所以他做了許多妨礙工作的決定,也說了許多傷害人際關係的話語。

就和傑瑞米一樣,我們可能滿懷才幹、能量和資源,但是卻無法勝任被交付的工作量,而這種無力感有很大一部分是因為從來沒有人教我們如何**組織管理**自己的工作。甚至連醫生和律師都坦言,許多職場上需要的重要技能,在學校是學不到的。而他們最需要的技能之一(也是我們最需要的),就包括準備的能力、創造秩序的能力,還有安排手邊工作優先順序的能力。

現代的工作大多都會要求自我組織的能力。反觀我們工作之外的生活,這半部分的人生就關係著個人的人際關係——在此我們更是缺乏訓練。我們一長大成人就必須踏入職場,兼顧私生活領域,沒有人給我們建言,卻希望我們做到兩全其美。感情出了問題,至少還有

心理醫生可以說說話，但在職場上若受到責罵，甚至遭到革職，我們能靠的只剩下自己。正規教育中缺乏組織規畫的訓練，我們必須自己想辦法。

求生系統

「問題對我來說分兩種：急迫的和重要的。」這是美國總統艾森豪（Dwight D. Eisenhower）於一九五四年時，引用一位不具名的大學校長所說的話，艾森豪總統在演說中點出，他認知到現代人的兩難是「急迫的事情不重要，重要的事情永遠不急迫」。

艾森豪的智慧對當時才剛嶄露頭角的企業時代（the corporate era）而言，領先得太多了。而與個人組織能力相關的商品和述作，也是一九八〇、一九九〇年代才開始出現。美國首位生產力和時間管理大師史蒂芬·R.柯維（Stephen R. Covey），就時常將艾森豪總統的想法收編到自己的著作中。一九八九年開始，上百萬讀者買下柯維的《與成功有約：高效能人士的七個習慣》（*The Seven Habits of Highly Effective People*），這本書講述了一個以特定原則為核心的方法，教導人應該怎麼創造秩序和組織。柯維認為，如果人人都能用更開闊的視野，去看待我們的生活和我們想要創造的東西，那生活中瑣碎小事所帶來的壓力就會變得比較小。一九九四年他

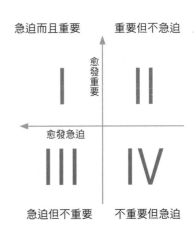

出版了《要事第一》（*First Things First*，簡體中文版書名），將艾森豪總統的想法整理成一個矩陣（見第四十九頁圖），用以分類任務並進行組織管理。矩陣的兩軸分別是「重要」、「急迫」，兩條軸線的交叉產生了四個格子（象限）。柯維建議讀者，不要一味被急迫的事情綁住，我們應該要先做重要的事情。

　　二〇〇一年，大衛・艾倫（David Allen）出版《搞定！》（*Getting Things Done*）一書，這本書更全面地介紹了一套管理日常任務的系統。他也提出一個非常強大的概念：優先順序——不管是什麼任務，都要聚焦在「下一步」是什麼。在千禧年來臨之前，柯維和艾倫皆已創立大型的工作力訓練公司，他們為在學校學不到這類能力的公司和個人，提供解救的途徑。

　　我們都知道，美國人每年花幾十億美金在自助（self-help）相關產品上，包括組織工作術的書、工具、研討會和軟體等。數位時代來臨，照理說應該要加快我們的腳步、減輕我們的負擔，但是實際上卻適得其反。我們的注意力被分散到網路上大量的資訊中、我們奢望多工並進，而且工作職務合併後，身上的工作量變得更沉重。那些原本能幫助我們提高工作效率的工具，都一一被這些東西淹沒。現在在網路上到處可見「生活妙方」的資訊，宣傳最新流行的方法和概念，號稱可「拯救」現代人的生活，而這些「救星」也如洪水般氾濫。

　　這些技巧多半缺乏全面性的方法，單一策略不能成為一套完整的**系統**。或許某種方法可以教我們如何利用空間，但是卻無法引導我們善用時間。就算有一套相對健全的系統，它也很有可能忘了把實踐系統的「人」考量進去。組織規畫不只關於我們怎麼安排周遭的物件——不只是討論東西該放哪、任務該怎麼解決。「組織」也必須處

理到我們的內在環境。組織能力並不是什麼智力訓練，我們必須學會處理心理、情緒和體能上的各種挑戰和阻力。換言之，我們需要的不只是策略和系統，面對生活的各種面向，我們缺乏的是一套可以依循的準則，若生活缺乏了可依據的指導原則，我們就可能身處泥淖。

這一套原則其實是存在的。它在歷史中舉足輕重，實踐它更能帶來廣大的助益。它是一套知識，它就是「就位」之道。

廚房 vs 辦公室

那些在最優秀的廚房工作、被視作藍領階級的廚師們，有著一套充滿禪意的工作習慣，和所謂的白領階級形成了強烈的對比。後者的世界充斥著浪費、凌亂的桌面、無止盡的會議、沒完沒了的電子郵件對話串和各種半途而廢，連最出色的公司也是這種情形。

然而，把辦公室和廚房拿來比較，真的公平嗎？

廚房和辦公室有幾個共同點，不管你在哪邊工作，都需要面對大量的任務，承受著巨大的時間壓力，時常有資源不夠的問題，兩邊的環境和工作者，都有持續不斷的新資訊和需求，處理的時間非常短，同一個時間需要專注的任務太多。

而就和廚師會告訴你的：廚房和辦公室是兩個不同的世界，廚房展現出高度一致性。廚師日復一日重複各種大同小異的任務；菜單不會有太多變動；製作料理的程序不會改變；工作排程和前置準備工作 —— 什麼時候發生什麼事 —— 幾乎如出一撤。廚師不需要邊炒菜邊回電子信件，他們的準備工作也不會突然被一個兩小時的會議打斷。辦公室則充滿了不一致，我們的職銜不變，但是每天需要做的事

情卻一直在變，有時候更是每個小時就有新花招。早上我們開會、接電話；午後我們撰寫電子信件，或是學習一個新的軟體。我們的行程和準備工作會不斷波動：今天在辦公室工作，明天可能去參加研討會，後天可能又搭上飛機出差去。所以相比之下，廚房的工作比較容易整治、規畫成流水線。廚房比較好掌控，辦公室太多突發狀況了。

體力活占廚房工作很大一部分，幾乎都是勞力輸出 —— 切菜、炸東西、擺盤、研磨食材、搬重物、清潔等等。對比辦公室的作業，幾乎都是腦力活 —— 說話、寫字、閱讀等，廚房的工作又熱、又艱苦、又髒，而在辦公室工作則比較偏心境上的辛苦。

主廚和廚師經手的資源有時效性，所以他們的決定、行動和時間感，全都受到長針短針左右。主廚和廚師在工作中體現的是一種迫切性。在辦公室工作的人，期限通常在不遠的未來，因此工作步調是受到任務排程所牽動，所以時間的調度上較有彈性。

在廚房，工法比創意重要。廚師是工匠，不是創意人，即使主廚和廚師三不五時會研發新的菜單和技巧，但是素日工作所要求的，仍是細膩地再現原有的食譜和技巧。雖然辦公室也有很多講究技術與熟練性的工作，但充斥於辦公室文化的，更多是創造新事物的自由 —— 同時亦是重擔。

最後，廚師工作時間長歸長，但他們也不可能把工作帶回家。然而對於我們這些為小型公司、企業、學術場域或是某種專業職場效力的人來說，工作似乎可說如影隨形。

考量到這些差別的存在，「就位」之道看起來彷彿與辦公室格格不入，主廚和廚師好像也無法教我們什麼。而事實上，兩者愈是迥異，愈讓人想探索辦公室裡該怎麼「就位」。正因為廚房處理的是有

時效性的資源、時間壓力極大，所以能發展出一套精緻、完善的組織哲學。這套系統痛斥任何形式的虛耗，也因此發展出獨特的方式杜絕浪費。正因為辦公室不需拿出和廚房一樣的效率，在辦公室工作的人，自然沒有發展出一套哲學或系統。即便是最優質的企業環境，對浪費的縱容 —— 時間、空間、才能、個人精力和資源上的浪費 —— 都比廚房文化中過分了許多。看看傑瑞米的做事方法，換做是在廚房，就算他立意再好、當下工作量負擔再大，都不能被拿來當藉口。他事前規畫得不夠、沒有考量自己的行程、易被各種打岔搞得心煩意亂、一堆事情都只做到一半。他不懂得管理、安排個人空間、他心不在焉、他把進行到一半的溝通放在一旁不管，又忘了確認給出去的訊息。他慌張行事、莽撞行動、不斷重複一樣的錯誤。或許有的人覺得辦公室生活又乾淨、又值得嚮往，而廚房則是能力較差、沒有自制力的人待的地方。然而，事實擺在眼前，傑瑞米的所作所為，或許讓他的上司和同事失望、生氣，但是這些作為連在最好的企業中都會出現，即使他不改正這些缺點，他仍舊可以在事業上得到不錯的成就。若今天他是在最頂尖的廚房裡工作，他早就得捲鋪蓋走人。

　　現在我們來假設傑瑞米曾受過一點「就位」的訓練，假設他曾經在廚房中工作過，時間長到夠他培養出一些好習慣。不管辦公室工作的本質是什麼，這些價值觀和習慣都能徹底改變他的生活。傑瑞米在工作的某些面向上，有沒有可能類似帕斯特納克那樣的主廚？或至少變得像在主廚手下工作的廚師呢？就算傑瑞米沒有成為一名創業家或老闆 —— 先不談掌控大局，就只談控制好自己的空間、行程和工作 —— 他有沒有可能擁有自己的主控權？如果把「就位」之道從廚房帶出來，會發生什麼事？如果這世界每個人都擁有「就位」的能

力，那會是何種光景？不是廚師也能學會「就位」的工作術嗎？

榮譽準則

　　記者兼作家邁可‧魯曼過去就曾想過自己也來當個好廚師看看。

　　魯曼很好奇普通的家庭料理人和專業的廚師有什麼不一樣，所以他在一九九六年寫了一本關於主廚養成的書，他說服 CIA 的行政單位，讓他以學生的身分入學，跟著一群想取得學位、追求職業目標的學生，實際參與一整年中大多時間的課程。

　　這本後來名為《主廚的養成》，整本書最關鍵的時刻，是魯曼要參加一場重要考試的前一晚。那天暴風雪來襲，從學校開車回家的魯曼甚至還在冰凍、積雪的路上打滑，有驚無險地回到了太太唐娜和寶貝女兒在等著的家中。隔天早上雪還是沒停，魯曼打電話給他的主廚導師 —— 麥可‧帕德斯（Michael Pardus），告訴導師他不想冒險出門，反正他不是真的學生，所以考試不是他的義務。主廚用禮貌卻帶了點指教外行人的口吻，向他點出廚師和一般人最大的不同之處。主廚的答案直接切中魯曼原先撰寫這本書的動機，他說：「**主廚無論如何都會想辦法『到場』。**」

　　魯曼在難堪、憤慨中發動了車子、勇闖暴風雪、完成考試，最後還**高分通過**。回想那一天，魯曼說在那個當下，他清楚體認到自己想要成為一位廚師 —— 不是放棄寫作，也不是從此要進到廚房工作 —— 而是要遵從廚師賴以為生的守則，像個廚師那樣過日子。換句話說，就是依循「就位」的原則來生活。

　　後來，魯曼完成他在 CIA 的觀察報告，然後和家人回到克里夫蘭

的家。唐娜告訴他，剩下的存款只夠他們生活四個月，接下來他們就要面臨──照魯曼的說法是──沒錢付帳單、房子被沒收、傾家蕩產。想要有收入，魯曼就必須生出書稿。

在此之前魯曼是寫過書的。如果沒有CIA這一段歷練，他會認為四個月內寫出一本這種規格的書，根本不可能。

「但我的思維變了，」魯曼說，「我已經是個廚師了。」

因此，魯曼開始運用在CIA所學：回溯式規畫。他的合約要求字量為九萬字，他算了算，如果一天可以寫一千四百個字，每星期工作五天、星期六修訂、星期日休息，這樣一來就可以在四個月內完成整本書的初稿。

他振筆疾書，像在廚房裡工作一樣，努力在書桌前堅守他的計畫，不管假日或是病痛照樣執行，挺過了各種婚姻和照顧小孩所帶來的挑戰。最後，他在期限內完成了初稿，成功拿到版權的預付金。

「書最後賣得還不錯。」魯曼說。

「就位」徹底改變了魯曼在廚房以外的人生。他開始**活躍**於四面八方、善用每分每秒。他永遠記得在廚房習得的道理：無論眼前是時間、空間、成功或失敗，都要堅定不移地誠實以對。好的主廚和廚師都害怕失敗，魯曼則把這股恐懼和激憤化作正向的動力來源，因為面對懶散和脫序，這兩個東西會讓你保有品格。離開在CIA的短暫學習後，魯曼曾到廚房工作一陣子，他每天都親眼目睹他人選擇走上比較輕鬆的道路，在那些路上的人做事的方法和CIA教的不一樣：不去管高湯被煮沸變得混濁、送出馬虎做出的菜色、在草率凌亂的工作台上料理；一旦你妥協了一件事，其他事情也會逐一失守。

魯曼的下一本書，是與某些人譽為世界上最棒的廚師：湯瑪士‧

凱勒一起合寫的。他們一起在加州「法國洗衣坊」餐廳共事的那段時間，魯曼在凱勒和他的團隊身上，看到了「就位」的概念是怎麼發揮到極致的。而這些表現都源自一個理由：廚師們渴望成為真正的大廚（其中，如格蘭特・阿卡茲〔Grant A chatz〕就真的做到了）。

魯曼問凱勒：**「要怎麼樣變得卓越？」**

凱勒回答：「工作台隨時保持乾淨。」

魯曼遲疑了一下，對這個簡單的回答感到既吃驚又不解，他追問道：「然後呢？」

「然後繼續做接下來該做的事。」凱勒表示。

對凱勒來說，俐落工作並不只是維持整潔、秩序或是極簡主義，這種工作模式是要實踐某種價值：**你的標準是什麼？是什麼樣的習慣讓你成功？這個世界充滿誘惑、做錯事不一定會有立即的後果，在這樣的情況下，你堅持住好習慣的意志力有多強？即便周遭凌亂無序，你能保持專注的意志力有多高？**

這就是俐落工作的真諦。

有了這層理解，我們就要來檢視「就位」工作術的組成元素，看它如何應用在各種地方。這套工作方法其實是一套價值觀，也是由其衍生出的一套行為模式。

「就位」的三大核心要素

「就位」由三個要素組成：準備、程序、臨在。這三個平凡無奇的詞，一旦經過優秀主廚的巧妙發揮，就被賦予了深度。從典座出現的時代一直到今日，這三個詞儼然形塑了廚師的核心工作態度，至今

也持續驅策著當代主廚的生活方式。 而這些要素所帶來的副產品，可能是財富、可能是生產力，但最終我們最追求的目標無他，正是卓越。

準備

　　主廚的生活有很大一部分圍繞著準備這件事。這種準備不是錦上添花式的，也不會是事後諸葛。想成為一名主廚，就得認清一個事實：你必須事先規畫很多事，主廚很清楚「思考與準備」和「實際烹飪」一樣重要。對於主廚而言，料理有先後，而先發生的就是準備。

　　看重「準備」這件事就表示：主廚和廚師心理有數這是他們分內之事。因此，在大多數情況下他們都樂在其中，準備工作也做得十分萬全。他們會「提前」開始準備，而非時間到了才做準備。也因為如此，他們行事不倉促慌忙，而準備更是無時無刻在發生 —— 大大小小的準備皆然。

　　對在廚房工作的人來說，晚餐服務六點開始，就算你還沒準備好也不能延後開門。雖然在廚房以外的地方，我們沒有準備和規畫的迫切性，即便如此，我們依舊可以提取這樣的工作精髓，並從中獲得助益，最後終將成就一個我們可極致發揮所有資源與優勢的人生，還能享受萬事具備的踏實感，一步步朝卓越前進。

　　擁抱「準備」這件事，表示我們不能視其為「微不足道、不值得去做」。每一個主廚都必須承受「準備」的嚴苛考驗。在「就位」之道中，「準備」是女王，而身為主廚，你剛好是那個為女王效力的人。但「準備」同時也對你有好處，你的「準備」—— 以及在心智層

面上與它密不可分的「計畫」── 會慢慢變成一種心靈的修煉，使人練習著謙遜、練習孜孜不倦、練習不妥協。

程序

光是準備和規畫還不足以帶來卓越表現。主廚必須精湛地實現事前準備好的計畫，所以在幾乎每件事情上，他們會堅持追求最佳的做事程序，以確保其執行力的卓越。

主廚的站姿、一舉一動都很獨特，他們深思熟慮後決定出工具和食材的擺放位置，這些決定讓工作變得更簡單、更好、更快。他們創造料理，熟記最佳的料理程序，並用最合適的方法使用各種設備。而最成功的主廚，更是找到了管理團隊的最佳方式。至於尚未內化的程序，主廚會善用一種外在的記憶體 ── 檢查清單。主廚明白成功就是一次把事情就做對，然後一再重複那個過程。優秀的主廚會不斷雕琢做事程序，使其更臻完美，而錯誤的出現，正是修正的良機。「犯錯沒關係。」維利·迪弗雷納（Wylie Dufresne）表示，他是「wd-50」餐廳的老闆兼主廚，他也說了：「但是同樣的錯誤不要犯第二次」。

嚴謹對待程序，並不是一味服從僵死的步驟和規定。程序的存在，並非要把人類變成高效率的機器人；正好相反，程序能讓你變成行事很有效率的人，也因而將變得更快樂。好的程序不能只是讓工作變得更好，它也必須讓**你**變得更好，不斷地精進自己的工作程序，隨之而來的就是卓越。必須問自己：**怎麼做會更好？更不費力？或是浪費更少資源？**追求程序的完美就如同準備工作，是永無止盡的修煉。

臨在

主廚處在當下，而身處當下之道可能平凡無奇，也可能相當崇高。

滿懷抱負的廚師若決定把廚房工作做為職涯志向，大多都會有覺悟：「這輩子凡事都要早別人一步」。「遲到絕對免談」，這關乎的不只是「到了沒」，更關乎「待不待得住」，因為廚師的工作時間很長，無法請病假，也沒有假期。

經年累月地做重複的準備工作和程序，廚師習得的是更深一層的「臨在」——與工作合而為一，投入工作彷彿投入某種冥想。工作變成一種修行，但是在這種專注中，廚師不能渾然忘我。「廚房覺知」要求的不只是與自己的工作同在，更要與團隊和他們的工作同在，外在和內在的覺知缺一不可。

這種覺知並不是心思要千頭萬緒；相反地，這是一種接近東方傳統所說的「**正念**」（mindfulness）。許多冥想追求的就是這個能力：專注在一個物體、聲音、想法或是行動上，但仍舊可以察覺周遭的一切動靜。主廚追求的就是當下的專注，但**同時**保持感官開放。

最後，致力於處在當下，就表示主廚要能明確切割：他們能清楚劃分工作和私人領域，像是有個開關一樣，工作的時候就全神貫注地工作；玩樂的時候就不惦記著工作。人在哪裡，心思就在哪裡。

臨在以各種形式存在：前往、停留、專注、開放、劃分界線 —— 不管是哪一種 —— 都能幫助我們在面對變化無常的外在時，保持處變不驚，還能隨之調整我們的工作準備和程序，就像乘風破浪的衝浪好手一樣。

這三項要素：準備、程序、臨在，都不是拿來佩服或叫好用的。

無論是誰、在何時何地都必須 —— 也都有能力 —— 將其付諸實現。

　　我們可以透過十種特定行為，練習實踐上述要素。就把這些行為稱做「就位」的**材料**吧！在接下來的第二道料理中，我們會分別檢視這些行為；看主廚們如何在廚房與生活中實踐「就位」；聽他們詳述這些行為蘊藏的細節智慧。最後我們會建議幾個特定、有效的方式，幫助你將這些行為實際應用在廚房以外的世界。

第二道料理

俐落工作的材料

第一個材料

關鍵在於準備

主廚的故事：隻身一人的公園管理員

上天應該常被凡人所做的計畫給逗笑 —— 利普瑪主廚原本打算當個公園管理員。

他想像自己每天騎著駿馬、呼吸著新鮮空氣，迎接燦爛的早晨，在這幅想像畫面裡，他和馬兒馳騁的是紐約市中央公園，周圍還有年輕淑女投以愛慕眼光。對一個生於七〇年代，住在布朗克斯（The Bronx）的義大利裔美國小孩來說，這就是他以為的公園管理員工作。

利普瑪對未來的想像，把他一路帶到了遠在阿布奎基（Albuquerque）的新墨西哥大學，在林業學課堂中他終於認清事實：天啊，跟他想像的差太多了。他從沒想過要在沙漠中踩著沙土和灌木叢長途跋涉、收集爛泥中的土壤樣本，然後帶回實驗室用顯微鏡研究。

利普瑪逃回紐約，開始了煎漢堡肉、做三明治的打工生活，一邊賺錢餬口、一邊等待機會。做了幾份工作後，利普瑪認真了起來，申請到CIA就讀。一九八六年，他畢業後的第一份工作是在一家叫做「河水咖啡廳」（The River Cafe）的餐廳，這個餐廳小歸小，影響力卻極大。「河水咖啡廳」創立於七〇年代晚期，餐廳店址原先是布魯克林一處年久失修的碼頭，創業當初幾乎沒有銀行肯融資借款給老闆。但是餐廳成立後，憑藉著得天獨厚的曼哈頓美景，以及想法新穎

的主廚料理，「河水咖啡廳」一炮而紅。利普瑪畢業後就進入傳奇主廚查理‧帕爾默的廚房工作，這個經歷值得他人另眼相看，畢竟他的上一份工作，是在市郊一間毫不起眼的餐廳「孤兒安妮」（Orphan Annie's）。

那時和利普瑪共事的，有許多當時的重量級人物和後來成名的明星主廚，如大衛‧柏克（David Burke）和蓋瑞‧海登（Gerry Hayden）等人，但是利普瑪總是跟不上別人。他每天的備料都不夠用，不管是生的食材還是要預先烹飪過的都不夠，晚餐服務到一半，他的同事常常被迫停下手邊的工作，幫忙他補貨或是完成他負責的料理，每次利普瑪這裡突然卡住，整條流水線都跟著停擺。「是你的紅鯛還沒準備好，為什麼搞得我也要重煎牛排？」某位廚師曾經這麼質問他，「我拿的薪水可沒包含幫你工作這一項。」有一天利普瑪的表現糟糕透頂，一位同事一把將他摔向冰箱，還撞出一個凹痕，另一個廚師冷冷地說：「做不好就辭職吧！」

但是利普瑪哪裡都不想去，他要做的就是拿出更好的計畫：如果事前「就位」得不夠，那他只好多下工夫；如果他沒有足夠的時間準備，那他就得想辦法生出更多時間。他開始比每一個人都早到廚房，他能做的就是對自己誠實 —— 兩個小時、三個小時，甚至更多的時間。他需要的就是比別人加倍努力，他也不想再經歷慌亂的情緒，而是希望能夠告訴自己：我已經盡力做好邁向成功的萬全準備。

利普瑪付出的準備時間，比廚房中所有人都還要多。漸漸地，他開始能夠應付出餐服務，隨著信心和技巧不斷增長，他的準備時間也開始縮短，他不再需要提前兩個小時到廚房報到。等到他完全勝任分內的工作時，他也已經成為主廚帕默爾團隊的一員了。後來帕默爾

辭去在「河水咖啡廳」的職位，到曼哈頓的上東區（Upper East Side）自己開了間高級餐廳「Aureole」，他把利普瑪也一起帶去。

杜恩・利普瑪本來打算要在中央公園當公園管理員，上帝大笑三聲，讓他成為中央公園附近一間餐廳的主廚，也讓他見識一下什麼叫人算不如天算。

多年以後，杜恩・利普瑪找到一組簡練的短語，這組短語濃縮了他在廚房中所學，多虧他的連襟 —— 同時也是一個傑出的執行長 —— 皮爾，利普瑪才認識了這個詞語：「**迎接每一天**」（Greet the day）。

上班的路上，利普瑪看見通勤的人趕著坐地鐵 —— 個個慌慌張張、汗流浹背、跌跌撞撞。隔天，同樣的情景又再上演一次。自從在廚房工作後，利普瑪便不能理解這些人到底怎麼了，為什麼不提早半個小時起床？**為什麼你不是好好迎接你的一天，而是要跟它搏鬥？** 為什麼不在前一晚就把孩子的便當準備好、準備好要穿的衣服、把該做的事先做好，省得第二天早上起床後，還得像個瘋子一樣狼狽？為什麼不能面帶微笑、享受這一天？總之，利普瑪開始用「迎接每一天」的心態進廚房。壓力和混亂是他工作中很正常的一部分，但如果他可以稍微**控制**這種混亂，為即將發生的事情做好準備，他就可以**迎接**混亂、甚至**擁抱**混亂。只要把可以預期的事都先準備好，他就能更自在地應付出其不意之事。好好規畫意料之內的事，以保留心力應對突發狀況。利普瑪明白，無論是打理好自己、通勤、還是在廚房做準備，都是要花時間的，假裝沒這回事對他一點好處都沒有。「裝沒事」只會讓這一天變糟，而日復一日的假裝，就是像那些通勤上班的人一樣，在真正的挑戰出現前，人早已經筋疲力盡。他想要「迎接每一天」。

主廚知與行

✕ 主廚把計畫放在第一順位

　　開餐廳是一種承諾：客人進門時，一切都準備好了。菜單上的東西任你點，我們會為你又快又妥貼地烹調好。

　　但也因為這個承諾，主廚和廚師不能碰運氣，而必須掌握所有的資源（食材、工具和人事）來兌現這個承諾；他們必須以行動（食譜、程序和技巧）守護這個承諾。而這些先決條件，都必須在第一份點單進來前就緒，因為一旦接到點單，除了烹飪，他們沒有多餘的時間做**其他事**。因此，對主廚和廚師而言，準備比什麼都重要，準備工作**先於**烹飪。主廚要先成為規畫專家，才有可能變成料理專家。

　　規畫對主廚來說很重要，還有另一個原因：比起做料理，規畫和準備更花時間。因此，主廚看待個人規畫和整個廚房的規畫工作，在心態上和一般人不一樣。規畫是他們做任何事的「起心動念」，主廚會投入更多時間在規畫這件事情上。

　　主廚懂得規畫，並非他們比我們優秀，而是因為他們如果不這麼做，等於就葬送了自己的職涯。身為顧客，我們在廚師的職場上舉足輕重，因為我們什麼都願意等，就是對食物沒耐心，在餐廳裡肚子餓了，一分鐘宛如十分鐘，顧客的血糖降低、火氣便升高。基本上等食物的時候，很少人毫無情緒反應。主廚必須面對的就是這樣一群人。

✖ 主廚老實看待時間

　　主廚無法改變一個人的心理，她也無法扭轉物理法則。煮飯需要一定的時間；把一塊牛排煎至七分熟也需要一定的時間。即使時間運用較好的程序可以加速某些事，但是程序的執行依舊受限於自然法則。再者，就算人的動作可以靠熟練來加快 —— 如切菜、搬運、分類、翻煮等 —— 做這些事依舊要花一定的時間。主廚必須看清自己的能力和限制，因為料理需要時間、出餐服務必須準時，所以計畫成為不可或缺的一環，主廚更得毫不留情地認清自己和時間的關係。

　　對時間一絲不苟，不只是寫清單那麼簡單而已，清單只占了計畫工作的一半，另一半是要將清單和時間對應起來 —— **這個需要花多少時間？有了手邊的資源，我可以在時間內完成多少事？做這些事的確切時間點是何時？順序為何？**時間和任務之間的調配十分容易失衡，主廚不能冒的險太多了，時間會逼他們做決定。

　　做決定很難，真的，因為你必須取捨。**決定（decide）**這個詞，和**殺人與自殺（homicide and suicide）**有著相同的拉丁字根，主廚是傑出的決策者，因為他們就像行刑者，得揮刀斬去一切枝微末節。

✖ 主廚將任務排進時程

　　將任務安排進排程中，並且在行事曆上協調、調度待辦事項清單，就是主廚計畫工作的核心。

　　首次進到CIA廚房的學生，會從他們的主廚導師手上接過一張空白的CIA時程表，接下來的幾年，他們的生活都會和這張表格密不可

就位（時程）表

姓名：×××　工作台：四　號　日期：二○一四年三月十三號

器具列表 用到的請打勾			步驟 （拆解任務）	食材
☐小型平底鍋	1:30	就位	準備白調味蔬菜	1 杯香米
☑中型平底鍋			開始燉魚高湯 3:00	番紅花
☐大型平底鍋	2:30	講課	製作奶油炒麵糊 3:15	菠菜
☐金屬湯勺	3:00	魚高湯	製作法式天鵝絨白醬 3:30	紅蔥頭
☑漏勺	3:15	奶油炒麵糊	準備紅蘿蔔 4:00	鹽巴和黑胡椒
☑砧板	3:30	法式天鵝絨白醬	煮飯／準備醬汁 4:20	紅蘿蔔
☐小型醬汁鍋	4:00	準備紅蘿蔔	水煮龍利魚 ⎫ 炒菠菜　 ⎬ 4:30	白酒
☑中型醬汁鍋	4:20	煮飯／準備醬汁	上菜 4:40	魚高湯
☐大型醬汁鍋	4:30	水煮龍利魚／炒菠菜		奶油炒麵糊
☑清潔劑桶	4:40	上菜		鮮奶油 2 盎司
☑試吃用湯匙		清潔		白糖
☑湯勺（六盎司）	6:00	晚餐		雞高湯
☑紙巾	6:45	開始收拾		奶油
☐小型碗 (1) (2) (3)	7:30	講課		
☐中型碗 (1) (2) (3)	8:15	離開		
☐大型碗				
☑攪拌器				
☐桿麵棍				
☐料理秤				
☑棉線				
☑篩子				
☑雙層蒸鍋				
☑刮刀 （橡膠、金屬）				
☐				
☐				
☐				

分。這張表格名叫「就位（時程）表」，將是他們學習如何做規畫的主要工具。

這張「就位」表格最有趣的就是它並非單純的「待辦事項清單」。「步驟」（也就是任務拆解後的細項）篇幅也只占了四分之一。表格另外兩個部分要求學生列出需要用到的資源：最左邊的「器具」；以及需要用到的材料：最右邊的「食材」。但是這四個欄位中最突出的部分就是每天的「時程」——光是把任務列出來還不夠，從入學第一天起，CIA的學生就得開始將任務**安排**進時程中，學習忖度每個步驟需要多少時間，以及該何時開始行動。

最重要的就是次序：高湯沒做好就不能做醬汁；熬湯用的骨頭沒烤好、蔬菜沒切丁就不能做高湯；烤箱沒預熱就不能烘烤骨頭；人不在廚房就不能開烤箱。有經驗的學生會將盤根錯節的任務一一拆解成單一的行動，然後再將行動照順序分清楚。

但是新進的學生還不懂這樣思考。高中時期的他們，隔天要交的報告前一晚才寫，也不會把去圖書館的時間安排進去，更沒有空最後再回頭細修。大多數的孩子都不懂得安排行動的前後次序，因為沒有人教過他們。

對受訓中的廚師來說，這張時程表是廚藝學習過程中最不可或缺的一環。課堂中如果有學生慢半拍、或漏掉步驟，主廚就會檢視該學生的表格，這時候主廚通常可以從表上發現學生規畫思維中的錯誤，那也正是執行面會出問題的原因所在。

等到他們到校園附屬的餐廳工作時，這些學生已經領會了規畫的訣竅，他們會不眠不休、投入大量時間，設計一份屬於自己的、更詳盡的時程表。他們會將準備工作細分成細項，並歸類為當天必須做

的、可以提早做好的，以及已經完成的準備工作。他們詳列出餐服務之前的準備工作中會用到的器具，並將其與出餐過程所需的物品區別開來。針對自己負責的工作台，他們會製作圖示，標記不同料理所需的食材和工具的位置。有的學生會將這些東西畫在紙上；有的人用不同顏色的簽字筆做記號；有的人會列印出用電腦製作的試算表；有的人則選擇寫在一疊手卡上。

　　學生也會準備一個資料夾，裡面收集了各種特殊的檢查表，上面記錄了特定料理所需的器具及製作程序。你的家裡可能也有這種東西，那就是食譜。

　　時程表和食譜、整體計畫和細項計畫，基本上就是廚房規畫工作的核心。但是難免有些學生——尤其對那些資質較佳、料理過程講究感覺的人來說——就可能把計畫這件事看得相對隨便。對CIA的烘焙學生阿比爾・羅培茲（Arbil Lopez）來說，第一次實作考試的結果讓她認清了「準備的重要性」。考試前她沒先把需要的工具列出來，所以她花了寶貴的好幾分鐘盤算、拿齊她需要的工具，她的任務完全沒有搭配上合適的時間點，時程表上資訊不足更導致她緊張，一緊張就開始犯錯。羅培茲的泡芙整個垮掉、她的閃電泡芙太乾，雖然所有的料理都在時間內完成，但是成品卻很失敗。主廚給她不及格的成績。羅培茲打電話給母親，泣不成聲。

　　「有什麼是你可以改進的呢？」她的媽媽問她。

　　從那天起，羅培茲開始做足準備。規畫的文化在CIA深根柢固，學生們也因此對「規畫」產生強烈的道德義務感。「比失敗更糟糕的事情，」羅培茲說，「就是僥倖通過。」

　　廚藝學生畢業後，開始到專業的廚房工作，在這個新的世界理，

時程表 第一天	
05:30 — 「就位」和器具 隔水加熱盆、4吋調理盆、2吋穿孔烘焙盤、12個9吋調理盆、2個鍋子、半號調理盆、烤架、烤紙、烤盤、鋁箔紙。 烤箱預熱華氏450度	**今天必須做的** — 水煮菠菜（1/2包）、紅蘿蔔、歐防風 — 切歐芹 — 挑香葉芹 — 預拌馬鈴薯煎餅，華氏450度油炸 — 家庭餐後準備菜口的盤子
06:00 — 水煮並冰鎮菠菜、紅蘿蔔、歐防風，放到9吋調理盆 - 菠菜分成202球	
06:45 — 切歐芹（1/2把） 挑香葉芹 - 泡水	**可以提前準備的** — 隔天要用的紅蘿蔔和菠菜 — 馬鈴薯去皮
07:00 — 準備蘋果	
07:15 — 清理（收刀）	
07:30 — 整隊上聽講	
09:00 — 馬鈴薯煎餅示範料理 （愈快愈好） - 半號烤盤上烤架 - 4個平底鍋上油	**已經完成的** — 馬鈴薯煎餅的用具 — 12人份的麵疙瘩 — 梅洛紅酒醬 — 手撕鴨肉 — 西芹泥 — 培根醬 — 紅蘿蔔和歐防風切丁
09:40 — 梅洛紅酒醬上瓦斯爐加熱，準備滾水煮麵疙瘩（家庭餐和出餐）	
09:45 — 封煎示範料理的豬肉／烘烤10分鐘	
09:50 — 煎餅下油炸鍋、小火煎蘋果 盤子進烤箱加溫、平底鍋加熱菠菜（加油、洋蔥、鹽巴和胡椒）	
09:55 — 麵疙瘩下水、*加熱鴨肉、紅蘿蔔、歐防風和馬斯卡彭 梅洛紅酒醬加熱後加入麵疙瘩	
10:00 — 示範料理擺盤	
10:15 — 家庭餐	

器具	
出餐前／準備	**出餐**
- 隔水加熱盆　　　- 半號烤盤	- 隔水加熱盆和擺盤的工具
- 4吋調理盆　　　　- 烤架	- 4吋調理盆（2）－上工作台沖熱水
- 12個9吋調理盆　- 砧板	- 2吋穿孔烘焙盤加冰塊
- 2個鍋子　　　　　- 削皮器	- 9個4吋調理盆上烘焙盤
- 半號調理盆　　　- 醬汁鍋（5）	- 2個9吋調理盆加鹽、1個加香
- 烤盤　　　　　　　- 碗	葉芹
- 烤架　　　　　　　- 馬鈴薯煎餅模	- 砧板
	- 12個平底鍋（小的）

將計畫內化是基本功。主廚維利‧迪弗雷納曾拿下詹姆斯比爾德獎（James Beard Award），也是紐約創新餐廳「wd-50」以及「Alder」的老闆。迪弗雷納發展出一套獨特的方法，能夠和自己的清單「合而為一」。他還是廚藝學生的時候，就已經進到主廚艾夫列‧柏特利（Alfred Portale）的餐廳「Gotham Bar and Grill」工作。從學生時期踏進廚房的那天起，一直到後來成為當時另一位傳奇新秀讓－喬治‧馮格里奇頓的副主廚，迪弗雷納不曾中斷一個習慣：每天回家的路上，他會拿出一本小本子和一枝筆，寫下所有他明天應該做的事，清單列完後，他會把它撕下來、揉成一團。然後他會再寫一次清單，這次全憑記憶，然後再撕掉、再揉爛。第二天早上去上班的路上，他會重新寫一次清單，好像在玩遊戲一樣。日復一日，迪弗雷納將一個一個清單烙印在腦海，多年以後，他還保留著裝滿當初寫清單用的記事本的鞋盒，有時候他會拿出來隨意翻閱，每一張清單都像一部微電影，播放著他的回憶，上演著多年以前某個夜晚發生的一幕。迪弗雷納要求他的主廚們也寫清單，寫的不只有該做的事，還有任何他們**可能**應該做的事，他說寧願將多餘的項目劃掉，也不要為時已晚、缺漏半項。

🍴 主廚事先規畫、主廚倒著計畫

單點文化的出現讓廚藝變成一種產業，同時它也讓料理專業變成一場博弈。一個成功的主廚不僅要懂得烹飪，她還必須預測顧客會想要點什麼料理、什麼時候想要。當代的主廚必須活在兩種時間思維裡，一個是當下 —— 計算從現在到未來某個時間點，所需要用到的資源；另一個是未來 —— 從未來某個時間點回溯至現在，以分鐘、時數回推，計算料理需要的時間。

利普瑪教給學生的第一堂課就是菜單組合（menu mix）的概念：預測菜單上每個品項要準備的量。在「美豐盛」的學生每天都必須備料，而每當有一百位客人預約，每個品項就要準備十份，例如說如果今天的預約人數是四十人，那麼菜單上的每個品項都要準備四份，所有品項需要的食材都必須按比例準備。有經驗的主廚會知道，菜單上受歡迎的品項會跟著時節變動。如果是外燴的餐飲活動，規畫就必須從擺盤開始：首先想像擺上桌的成品，接著主廚就會以回溯的方式計算時間：**這些料理從擺盤到上菜需要花多久時間？完成料理製作需要花多久的時間？將料理從廚房運送到外燴場地需要花多久時間？每道料理中所含的食物的各自需要的料理時間是多久？需要花多少時間準備每道料理的食材？我需要多少時間準備料理要用到的工具和設備？如果想縮短準備時間的話，要追加多少人力？**

主廚這種回溯式規畫技巧令人稱羨，但這種技巧也可以應用在廚房以外的地方。在進入學術圈並成為烹飪史著名學者以前，艾米・特魯貝克（Amy Trubek）最初曾是廚師和外燴業者。她還記得父親當上中西部一間知名大學院長的那天，撥了通電話給她。

「艾米，」電話那頭的他說，「我要把其他副院長全送到廚藝學校。」特魯貝克滿腹疑惑，問他為什麼要這麼做。

「因為我發現自從你到廚房上班、到廚藝學校就學後，行事變得很有組織，」她爸爸接著又說，「你知道如何在期限內，有頭有尾地完成專案。」特魯貝克將自己的轉變全歸功於「就位」之道，特別是從出餐時間開始、回溯規畫的這個方法。

傑出的主廚和廚師都有一項共通的特質，那就是他們用心規畫。而他們傾盡心力投入規畫的結果，就是在面對例行公事和出其不意的挑戰時，均能展現出卓越和沉穩的執行力。

廚房之外

我們要如何「迎接每一天」？

有的人把規畫這件事流放到行事曆和思緒的邊疆，覺得花時間「規畫」會打亂、延宕工作。每天早上，這些人 —— 最多最多 —— 就是草草寫個待辦事項後便埋頭開始工作，有的人甚至連這個動作都跳過。這群人忘了查看行事曆，無視近期或是未來的事件。這群人把自己暴露在混亂之中，為了應對別人加諸自己身上的工作排程，而落得狼狽不堪。就算人準時赴約了，卻什麼都沒準備；離開了約會的場所，又忘記自己該做什麼。這群人忽視那些可以事先準備好的工作，再用僅剩的微薄心力，湊合應付那些意料之外的狀況 —— 這群人就是**「乏計畫者」**（underplanners）。

還有一些人會花**很多**時間規畫，可能花的時間又嫌太多了。這些人的清單又繁複又冗長，每天期待完成的事情超過負荷，這些人把每

天的行程安排得滴水不漏：與他人的會晤一個接一個；自己應完成的任務也是一件又一件。這些人做得太過火，甚至還拼命想擠出更多空檔做更多事。這些人每天都把自己搞得挫敗不堪，更是替自己創造出另一種混亂。然後，再也沒有多餘的心力面對意料之外的狀況 —— 這群人就是「氾計畫者」（overplanners）。

乏計畫者向時間投降；泛計畫者抵抗、咒罵時間。我們真正需要的，是主廚對待時間的成熟態度 —— 誠實。我們可以用這些時間做完什麼事，又有什麼是做不到的？主廚會認清如果自己一開始並未誠實以對，而是向時間投降、又或者對抗時間，這麼做會招致什麼樣的後果。我們需要的是**俐落**運用時間的方法，而俐落代表了兩件事：

1. 決定我們每天應採取的行動
2. 將行動按照次序來安排規畫

接下來幾頁列出了一些練習和值得養成的習慣，可幫助我們達致上述目標。

練習：可學習的技巧

製作一份誠實的紀錄

對於在廚房工作的人而言，決定與安排任務比較容易，畢竟廚房內的工作都是實際的肢體行動。比起創建一份試算表、寫一篇文章、成交一筆交易，我們會更清楚將一塊牛排煎到七分熟要多久。所以要判斷某件辦公事項會花多少時間，對我們來說較難，而這種資訊非常珍貴。製作一份誠實的紀錄可以幫助我們進一步了解，平常到底用多少時間完成例行公事，以及出現頻率高的任務。

現在就來舉個例子，看看從事創意產業的人可以怎麼練習。假設你是一位平面設計師，你通常會花多久時間發想一件商標設計案？有時候你給自己三個星期的期限，零零星星加起來一共三十個小時；有時候你可以在一陣四小時的腦力激盪中，迸出一堆好點子。因為你沒有刻意**做過紀錄**，所以從不知道自己到底需要多少時間。我建議你準備一張紙、試算表，或是任何時間追蹤軟體都可以，挑選幾種最重要的任務，記錄一個月內處理這些任務所花的時間，然後檢視這些累積起來的時間是否都經過有效利用。再舉幾個例子，如果你是老師的話，備一堂課需要花多久的時間？如果你是學生的話，讀完五十頁的教科書，需要幾個小時？如果你是主管的話，一個小時內通常可以完成多少小型任務 —— 例如回覆電子信件這類事情？如果你是保險業務員的話，製作一份新客戶的檔案，又需要多少時間？

或許有些任務對你來說，就是特別難完成，這項練習也可以套用

在這類任務上。你**要做的**就是決定任務的「最小執行單位」，譬如說你需要至少一個小時發想商標設計，那很好，發想設計的最小執行單位就是一小時。你估計商標設計從開始到完成，大概需要三十個小時，那你就必須考量、調整其他案子花費的時間，確保自己準時做出成品。我自己的話 —— 我知道某類型的文章，兩個小時內我的文字產量大約是五百字，這對規畫時程來說是很有用的資訊，但是如果我當初沒有刻意去記錄，我就不會有這項資訊。

找到你的「彌思值」

慣性的「氾計畫者」也有個練習，我們要學著找到你的「彌思值」（Meeze Point）—— 也就是在不超出負荷的前提下，你一天能執行的「行動數量最大值」。這裡所說的行動可以是一場會晤，也可以一項任務，這個數字會是你每天工作量的臨界值。從「一星期選一天來練習」這一小步開始做起，找出你的「彌思值」，就能慢慢帶領自己脫離過度規畫的泥淖。星期五是最合適的練習日，因為這一天的我們最沒有過度規畫的壓力，練習步驟如下：

1. 列出至多三項今天必須完成的行動，其規模可以大到需耗時五小時，也可以小到只花五分鐘就結束。各事項的大小盡量相互平衡，用平常心規畫就好。
2. 將這些行動事項按照合適的時間點，標示在行事曆上。
3. 接下來就不要再規畫任何事情、也不要再安排新任務，當然你可以做一些不在計畫內的事，但前提是規畫好的三項要確實做到。

4. 確實遵循行事曆 —— 準時赴約、準時開始任務，如果有緊急事情發生，導致你必須把行事曆先擺一邊，那建議你將這次練習改期。

5. 這天工作結束後，記錄這三件行動事項的完成度。

6. 如果三項都確實完成了，下星期規畫練習日時，列出四項行動；如果三項並未完成，下星期就維持三項。

7. 每個星期都練習一次，直到連續三週下來，你來到每週均無法完全執行所有列出項目的臨界數值為止。例如說有時候你可以完成九件行動事項，但**從來**都沒辦法突破十項，那你的「彌思值」就是九。

8. 等到你找到自己的「彌思值」，就可以開始把這個規則應用在其他日子裡，將這個數字當做你一天之內可完成的最多行動事項量。

透過這個練習，我找出我的「彌思值」，是十。

廚房練習：製作時程表

在將「就位」的原則應用在辦公室生活前，最佳的練習環境就是自家廚房。下次你想要大顯身手、跟著食譜做料理時，不妨製作一份類似CIA使用的時程表，練習方式如下：

1. 在左邊第一欄，寫下所有食譜列出的食材，把家裡沒有的食材圈起來。

2. 將圈起來的食材，抄到第二欄中，這就是你的購物清單。

3. 第三欄，列出食譜的步驟。

4. 第四欄，寫下每個步驟的開始時間。

5. 第五欄則列出：執行這些步驟時會用到的器具（鍋子、平底鍋、刮刀等），以及上菜時會用到的器具（盤子、餐具、餐巾紙、玻璃杯等）。

6. （可做可不做，但有加分效果）畫一張示意圖，標示哪一個瓦斯爐用來煮哪一樣食物，或是畫出砧板應該放哪裡比較好這類資訊。

接著你會發現，食譜沒告訴你的事情很多，如：你該買什麼、某個東西在煮的時候你一邊可以做什麼、需要什麼器具、如何安排料理時間以準時上菜等。

「對時間誠實」是專業廚師和業餘廚師最大的不同之一。在廚房的練習能有助你在書桌或電腦前進行規畫時，更誠實面對自己的時間安排。

▌習慣：可反覆實踐的行為 ▌

建立今日彌思

因為工作的關係，規畫是主廚每天的例行公事。而我們不同，我們必須自動自發地養成規畫的習慣。俐落工作最重要的一點，就是持續、有系統性把規畫時間。如果這本書的建議你只能選一項來做，那

麼實踐「今日彌思」就是首選。

「今日彌思」是什麼？這是你個人工作天當中的「就位」習慣。這段時間的你，可以（一）整理外在及虛擬空間的整潔、（二）理清你的思緒、（三）規畫你的一天。

花多久時間做這件事？三十分鐘。

什麼時候做？自從有典座以來，廚房的明日始於今。許多主廚都會在晚上、也就是在今天的工作日結束後，規畫隔天的計畫。有的主廚喜歡在早晨規畫，因為早上通常會冒出新的、重要的考量因素。什麼時候規畫，全取決於**主廚的習慣**。

想要實踐俐落工作術，「今日彌思」就是關鍵。在本書中我們用了一整節的篇幅，就是要你一步步練習朝該目標邁進。（請參考本書「第三道料」的〈俐落工作的一天〉）

將行動排進時程

「行動」就是你這一天計畫要做的**所有**事情。任一項任務（買奶油、打電話給傑夫、準備新廣告的設計稿）都是一種行動；任一場約會（員工會議、多方通話會議、跟山姆吃午餐）也都是一種行動。對計畫而言，任務和約會沒什麼差別，因為這兩者都需要花時間，也都需要你置身其中。我們之所以認為這兩者不同，是因為我們總是用不同的工具記錄它們：待辦事項清單和行事曆。

然而對主廚來說，兩者之間不該有差別，對我們而言也一樣。沒有一併載明約會安排的待辦清單，會害我們的任務不斷增生，完全忘了考慮做這些事實際可用的時間；而一份只有記錄約會安排的行事

曆，則讓我們誤以為自己手上的時間很有彈性，事實卻不然。當心靈上、精神上的目標（通常會出現在待辦清單），和我們需要實際出現在某場合的時間（地點通常被行事曆左右）撞在一起時，令人不知所措的壓力就會出現。

我們之所以得將行動（任務與約會放在一起看）按照次序排進時程表，就是為了提高完成這些行動事項的機會。

「待辦清單是很好的收集型工具，」作家彼特·布雷格曼（Peter Bregman）這麼說，「而行事曆這個工具呢，最適合用來引導我們完成每天的工作，因為行事曆是有限制的，一個人一天可以利用的也不過就那幾個小時。」

將行動排進時程裡，可以幫助我們做決定，同時我們也不得不遵守時程、按部就班。行事曆逼迫使我們誠實地做時間安排。清單也是安排當日行程很好的工具，但千萬別忘了把約會一起列進去！這就是主廚看待時間的方式，我們也應該仿效。

先計畫「料理的模樣」

面臨複雜、步驟繁瑣的項目，主廚們會這樣規畫：想像成品的模樣。如同有些主廚著手規畫時所做的第一件事，就是把料理成品畫下來。面對手邊的專案或項目，我們也要先想像呈交出去的時刻，然後從那一刻開始進行回溯式規畫。你需要哪些資源才能讓成品看、讀、摸或聽起來是完美的？什麼時候需要這個東西？你有把可能的延宕、假期和突發狀況統統考量進去嗎？你有給自己足夠的時間再校正和檢查嗎？為了完成這件事，需要在其他事情上妥協嗎？

提早抵達

　　抵達哪裡？任何你該在場的地方。提早多久？十五分鐘。為什麼要提早？提早的好處是得到平靜和機會。平靜、有把握、沒有歉疚地進入一個空間，就能保有你的影響力和尊嚴。許多人錯過約定好的時間才慌慌忙忙趕到約會的地點。在這種情況下，人都還沒坐下來，就已經虛耗了很多精力。

　　提早抵達時常會創造出機會。我一個老朋友最近深有體悟，他向來是個晚到的人。一直到最近，他決定開始提早到達每週一次的課堂上。他說：「我發現早到的人還不少。」他很喜歡這些「早到的人」，他認識新的人，也結交了新朋友。

　　「提早抵達」特別適用在你和你自己的約會上，因為這是最常被你放鴿子的約會──畢竟也不需要跟自己解釋什麼。提早準備，不管你剛剛在做什麼，都想辦法先從中抽離。這樣一來，就能夠準時出席與自己的約會。不少我認識的優秀主廚和高階主管，都十分認同、也都培養了早到的習慣。

平靜、有把握、沒有歉疚地進入一個空間，

就能保有你的影響力和尊嚴。

🍴 主廚再出擊 ── 馳騁四方

　　一九九九年主廚利普瑪進入CIA教學，便開始大力推崇「就位」之道。

　　利普瑪已十足掌握了需勤勉投入的計畫工作，也因此他能夠自在地喘息、迎接每一個工作天，懷抱著愛去料理食物。但是他也發現「就位」之道在家庭中的侷限，在家裡他必須忍住規畫每件事的衝動，不然他的太太和女兒凱特琳會被他逼瘋的。一旦他理解了「就位」有它最適用的場合，利普瑪變得更加珍惜，也更明白「就位」的內涵：他開始看見工作上的「就位」習慣是怎麼讓他下班後能徹底放鬆、好好迎接夜晚和週末、不被硬性的結構困住。「就位」讓工作變得扎實而效率，獎勵就是快樂的家庭生活。從這些體驗，他認知到幾件事情：首先，「就位」談的不是專注，而是場「專注」和「混亂」不斷協調的過程。再者，「就位」是別無選擇的內在自我修練，也就是說非這麼做不可。最後，「就位」也是一種共識，意思是說，就算他在家有自己一套「就位」之道，這套習慣卻不能硬性約束太太和小孩，除非全家人都共同認可了同一套「就位」方法。

　　他的太太卡琳也開始在睡前把明天要穿的衣服準備好。有次她負責要籌備在公園大道上一間華麗的公寓內的活動：一場每人得付三百美金參加費的慈善募款餐會，她發現自己可以善用利普瑪規畫的天分。利普瑪很喜歡規畫，外燴服務更是最難得的挑戰。如果你人在廚房，忘了一樣食材，走幾步路就到食品儲藏室；如果你忘了拿鍋子，可以直接去儲藏室拿。但是外燴服務不一樣，東西沒帶到就是沒帶到。

　　利普瑪在一張紙上，寫下募款晚餐的菜單；在另一張紙上，列出需要的食材和器具；然後再拿出一張紙，將所有的資訊安排進一個時程表中。經過一天的規畫和採買，他將所有的器具和食材分別收納進一排乾淨又整齊的棕色購物袋：每包分門別類，按照菜單品項標籤 —— 湯品、義大利麵、香煎鴨肝、干貝等。

　　卡琳路過利普瑪花了兩天計畫的成果，忍不住驚嘆：「天啊，你真的有強迫症。」

　　「這不是強迫症，」利普瑪說，「這是主廚的作風。」畢竟他是要去一個陌生人家中的廚房料理。

　　終於到了盛大的慈善晚餐當天，利普瑪還覺得這次的任務太簡單了，他的太太和女兒擔任他的副主廚，但是他幾乎不需要她們的幫忙，她們都很享受這順利、放鬆的出餐經驗，而且最後的成果還十分美味。利普瑪要做的事情不多，就是專注當下，偶爾開開玩笑，然後面帶微笑。

　　卡琳也對著他微笑。**我的英雄**，她心想。這個沒有駿馬騎的義大利人，依舊自在地馳騁，只是馳騁的領域和他當初計畫的不太一樣。

成功的配方

堅持對時間誠實，天天規畫。

第二個材料

▌安排空間、改良動作 ▌

主廚的故事：好個行動派

紐約理工學院（New York Institute of Technology）長島校區的校園裡有個廚房，廚房裡主廚正在指導他的新生，如何轉削馬鈴薯 ——「轉削」是最基本的刀工之一，得並用削和切的動作相互搭配好，將蔬菜的表面處理平順、形狀一致。

其中一位學生叫做賈若比‧懷特（Jarobi White），他既不是菜鳥也不懶散。賈若比十四歲就開始在餐廳打工，他曾經在長島一間餐廳「老查理」（O'Charley's）工作，天天製作大亨堡做了好一陣子，後來他說服老闆把廚房一位同事開除，因為他堅稱他一個人可以身兼二職，就這樣硬是把自己擠進了掌廚者的行列。

賈若比的問題出在於他太急躁、動作太多，主廚觀察著在工作台前忙碌的賈若比，馬鈴薯皮噴得到處都是，桌上有、腳上也有。馬鈴薯還從砧板上滾走。主廚光是看他的表情就知道他在想什麼：**可惡！我需要桶子！**賈若比穿過廚房，拿了一個桶子。現在馬鈴薯都裝到桶子裡了，但也因為接觸到空氣，全氧化黃掉。**該死！我忘記裝水了！**賈若比提著桶子，再次穿過廚房去裝水。

最後，他的主廚指導操著帶德國口音的法語，對著他喊：「就位！」

賈若比轉頭看他，壓根不知道主廚在說什麼。

「就位！就位！」主廚指導比了比自己的工作台——托盤、刀子、水桶、裝果皮的碗——全部是就緒狀態。

賈若比的眼神一亮，脫口而出：「喔，天啊！」意思就是：**這主意太好了。**

主廚點頭說：「所有東西先就位好，我人就可以哪都不用去。」

賈若比準備了他應「就位」的東西、重整腳步並努力加快動作、不東奔西跑。

當賈若比在廚房做著各種小事時，一堆人都問他為什麼他不做些大事情？畢竟這個廚房裡面，就只有他的音樂錄影帶曾登上MTV電視台。那是一九九一年，賈若比是一個新饒舌團體「主張之幫」（A Tribe Called Quest）的成員之一，加上另外三位成員——強納森・「棉花棒」・戴維斯（Jonathan "Q-Tip" Davis）、馬力克・「五英尺」・泰勒（Malik "Phife" Taylor），和阿里・薩伊德・穆罕默德（Ali Shaheed Muhammad）。前年他們的團體才剛推出首支音樂錄影帶「我把皮夾忘在瑟袞多」（I Left My Wallet in El Segundo），他們的出道專輯賣了好幾十萬張，「主張之幫」在嘻哈界成了當紅炸子雞。正當團員開始準備錄製第二張專輯時，賈若比遲疑了，他從一開始對從事這一行就不是很篤定，當初那份條件差到不行的團體管理和製作契約，他連簽都沒簽。那時唱片藝人的環境太差，就算出了名也賺不到錢，連「主張之幫」這麼火紅的團體也不例外，他們的收入根本養不活自己，何況這些錢還要四個人平分。「棉花棒」和「五英尺」是團體裡的主唱，阿里則是DJ，賈若比算是個非正式團員，功能定位還不明顯，所以他也漸漸在團體中邊緣化，扮演總是無聲無息的那個角色，粉絲也總在納悶他都做了什麼。很快的，他成了幽靈團員，一下出

現、一下消失、然後又出現，令粉絲不禁想問：他都跑去哪了？

如果一九九〇年代中的某一天，那些充滿疑惑的粉絲剛好走進華盛頓特區一間叫做「Tacoma Station」的酒吧，他們會發現賈若比正在管理一間小廚房，料理著南方靈魂美食、漢堡和烤雞翅。但如果他們去的是「主張之幫」的演唱會，或是「五英尺」個人場表演，賈若比很有可能就在舞台上，他簡直神出鬼沒、來無影去無蹤。一直到二〇〇〇年代中期，他成家立業、兒子剛出生，他和當時還在當老師的太太住在南卡羅來納州的查爾斯頓（Charleston, South Carolina），賈若比覺得是時候定下來了。他徒步到市中心，沿途只要經過餐廳就進去遞履歷，而最後一間餐廳「Pearlz Oyster Bar」是唯一一間有黑人主廚的餐廳，主廚艾瑞克・波伊（Eric Boyd）給了這充滿活力、要紅不紅的饒舌歌手一個機會，主廚說：「我就是想讓這傢伙到我的廚房工作。」

賈若比把料理當作一場競賽，他的目標就是出餐的速度比主廚快，或是快到服務生跟不上，他就是要他們水深火熱、焦頭爛額、深陷泥淖（用法語說就是 dans la merde；「身陷麻煩」的俚俗說法）。總之就是讓他們被淹沒在點單中。**接招吧！王八蛋！**賈若比做菜像打仗，帶著一股狠勁，狠是狠，但卻不是主廚艾瑞克想要的。

「就位！」主廚說。

賈若比總是靠速度、動作和肌肉，彌補他準備不足、規畫不夠的地方，但他這股充滿腎上腺素的幹勁，卻毀了主廚精緻的料理，好比說一道細緻的天婦羅鮪魚卷 —— 先將生鮪魚裹上麵糊，再裹上一層麵包屑和黑白芝麻，然後小心油炸片刻，讓外層酥脆，內層多汁，肉的熟度為一分熟。這道料理結果的成與敗，可能只差了十秒，多年後

賈若比回憶道：「炸過頭馬上變成鮪魚罐頭。」賈若比就是無法勝任這道菜，「這是什麼鬼？」主廚應聲把盤子摔在地上，「重做！」

失敗不斷重演，主廚也一再摔盤子，要他「重做」。

某天工作完後，主廚邀請賈若比到酒吧區，幫他開了瓶啤酒。

「今天好像蠻慘的？」主廚問，講得他好像只是個旁觀者，這些慘痛都不是他造成的，賈若比不禁失笑。

「看起來或許不太重要，」主廚看著他說，「但如果你能把『就位』的技巧用在料理上，你的生活也可以『就位』。」

賈若比開始精簡他的動作，耗費的精力變少，完成的事情卻變多了。主廚不在的時候，也放心將廚房交給他管理，而且賈若比在行政管理上特別嶄露頭角──不論是進貨、排貨還是計算食品成本，他都表現得很好。旗下擁有「在地之情」餐廳（Homegrown Hospitality）的大公司也決定將他們的牛排餐廳旗艦店「TBonz」的廚房交給他打理。把速度緩一緩看來頗有成效。慢慢來，果然走得比較快。

眼看著事業一帆風順，考驗卻出現了：賈若比的太太面臨失業，他們被迫搬到亞特蘭大（Atlanta），最後婚姻也告吹。賈若比的工作一換再換，其中一個工作就是擔任私廚，服務的對象是李・納賈爾（Lee Najjar）這位房地產暴發戶。他很喜歡辦晚餐派對，只要有來自嘻哈界的客人看到「主張之幫」第四位團員為他們炒菜切肉，每一個人都不敢相信自己的眼睛、頻頻回頭。賈若比賺了很多錢，但卻過得很悲慘。他決定再次出走，回到紐約。

二〇一〇年在「棉花棒」家舉辦的感恩節聚餐，改寫了賈若比的命運，「棉花棒」一位朋友剛好順道拜訪，那就是喬許・「矮子」・伊登（Josh "Shorty" Eden）。伊登是傳奇主廚讓－喬治・馮格里奇頓

的徒弟，也是曼哈頓一間新餐廳「八月」的主廚，伊登告訴賈若比：「哪天你從亞特蘭大搬回來，就來幫我的忙吧。」

「這個嘛……」賈若比回答他，「你猜我現在住哪？」

隔天早上，賈若比・懷特走入紐約最獨樹一幟的其中一間廚房，他清楚知道自己仍有許多不足，但他也明白這種機會根本求之不得。賈若比稱伊登為他的「尤達大師」。伊登教導賈若比分子料理 —— 泡沫的製作、各種結合精緻藝術的現代主義料理，賈若比也從頭開始學起「就位」。每當賈若比硬要靠速度和蠻力來動作，伊登就要他拿出敏銳度。最重要的是，伊登迫使賈若比將環境安排有序、收斂動作 —— 教他如何站、站哪裡、如何準備工作台、如何使用雙手和手臂。

賈若比開始以幾何的角度看待他所處的空間，有個自然形成的三角形：他的正前方就是焦點，即火爐；左手向後延伸就是平底鍋；右手向後延伸就是備料。當重心踩在右腳，他轉身就能把鍋子帶到備好料的那邊，所有的備料都已經按照菜單品項，一一分類在數個容器和瓶罐中，依照料理的順序擺放。他的手指從左邊游移到右邊，分別會碰到：奶油、鹽巴、油封蒜頭、開心果、淡菜、葡萄酒。一個轉身回來，開始烹飪。往左後方一抓就是盤子。他將盤子擺在正前方，開始擺盤。身體向右轉，他將盤子放下，完成最後的裝飾。再往右轉，完整的料理擺上了出菜口。順手再拿了新的平底鍋，完整轉了一圈，視線又回到火爐上。一個三角形中包含著一個圓形，所有的動作就發生在其中。哪裡都不用去，速度卻無比俐落。

主廚知與行

✕ 主廚把資源集中在一起

「就位」的核心就是「位置」這個概念，指的就是主廚的工作台。

「就位」之所以誕生自專業的廚房，正是因為「顧客隨選、現點現做」這蠻纏的服務本質，如果廚師手邊沒有備妥資源 —— 工具、食材等，那麼要她在幾個小時內準備好幾十道、甚至上百道料理，簡直難如登天。在分秒必爭的廚房中，六十秒就能決定顧客是滿意還是氣急敗壞；十秒便左右一道菜的成功或失敗。光是要廚師離開工作台，到儲藏室拿個東西，就能完全打壞料理的節奏；多花幾分鐘切蔬菜，就能重挫團隊的表現；食材不夠用 —— 好比某種需要花好幾個小時熬的醬汁 —— 就能拖垮整個出餐服務。組織空間的第一步，就是將資源妥善安置，讓廚師可以**就定位置**。

曾贏得多項殊榮的主廚維利・迪弗雷納說：「照理說，只要『就位』的東西很足夠，就可以煮到天荒地老。」說話的同時，迪弗雷納的手腳也比劃著：雙腳站穩、雙臂擺動、用手指抓取食材，上半身宛如在跳芭蕾。

✕ 主廚安排空間

上身芭蕾的動作也必須簡練，畢竟面對飢餓的客人，分秒必爭。在安排上，主廚的工具、食材的位置，都必須是精準、可預測、經濟有效率的，這樣主廚的動作才能隨之精準、可預測、經濟有效率。

　　主廚的行事有幾項原則：食材必須相互挨近、同一道料理的食材，必須按照烹飪或擺盤的順序排列，並且 —— 按照主廚利普瑪的說法 —— 擺放在同一「區」。若食材位置四散，廚師自然不能就定位置。廚師的雙手應該有所分寸，而不是大幅擺動。而食材和工具的位置必須始終如一，這樣廚師才能在同一個空間，每天學習，將她的動作內化。

　　廚師的一舉一動、食材和工具的安排都必須合理。利普瑪的前輩主廚帕爾默教廚師要把乾食材擺在濕食材後面，好比說在鹽的前方放醃漬的歐防風切片，這麼一來就不必擔心水分會滴得鹽巴結塊。「Gotham Bar and Grill」餐廳的主廚柏特利就習慣在檢查流水線時，幫廚師重新安排「就位」方式，以善用空間。「有的人會在工作台上擺雙層蒸鍋、五支湯匙和三支夾子，」柏特利說，「我都直接走過去，把所有的東西拿走，只留下一支湯匙和一對夾子，你哪需要五支湯匙啊？一次也只能用一支啊！」

　　每個廚師會以自己的方式來「就位」，不過當代「就位」的其中一種代表性物件，就是按比例設計的**調理盆**，為了限制動作的幅度，廚師偏好容器愈小愈好，所以廚師們都很喜歡用 1/9 調理盆（nine-pans）—— 1/9 調理盆的容量，是 1/1 不鏽鋼調理盆的九分之一，所以九個 1/9 調理盆，可以毫無縫隙塞好塞滿。

　　因為廚師周遭的空間有限，所以「就位」的安排也會隨著時間而改變，「就位」有很多組

配置。專門備料時的「就位」，和出餐服務前預先料理的「就位」不同。出餐服務前預先料理的配置，到了出餐服務期間又會改變。每個階段的任務都需要不同的「就位」模式，上一個階段的配置都必須先撤除，工作台才能開始用來安排下一組配置。

✘ 主廚訓練並限制自己的動作

　　動作好看歸好看，但美觀終究不是空間安排的目的。真正的目的是讓所有的動作得以開放流暢、幅度降低、充滿節奏 —— 最重要的是 —— 趨近自動化。同一個動作只要重複夠多次，就能訓練大腦進入自動化程序，最後連想都不用想，便完成該動作。有的主廚把這個現象稱作肌肉記憶，但其實肌肉並沒有記憶，是大腦中負責運動思考的前額葉皮質（prefrontal cortex，PFC）將動作的控制權下放給基底核（basal ganglia），大腦這部位控制的正是無意識的反應。

　　廚房裡的動作有簡單的程序，如切蔬菜；有複雜的程序，如步驟繁多的料理；當然更有整個出餐服務期間，主廚大跳「上身芭蕾」。如同主廚麥可・吉伯尼（Michael Gibney）在著作《副主廚》（*Sous Chef*）中的比喻 —— 每種程度不同的動作，都有一支獨特的編舞（choreography）。

　　（一）左手撿起水梨

　　（二）右手削水梨

　　（三）左手將水梨泡進醋水

　　……如此不斷重複。編舞講求固定的動作，如果切水梨的方式每次都不一樣，切出來的水梨模樣當然不同，速度自然也快不起來。

　　整體工作流程的編舞，必須輔助單一任務的編舞，大多數情況下，任務的動作會**橫跨**砧板。拿右撇子當例子：未處理的食材，從左側移到砧板上，切東西就在砧板正中間切，接著將處理好的食材移到右側。任務結束後，刀具和毛巾物歸原位。

　　然而，這個工作流程也有可能因為食材的大小和特性的不同而有所變動，「任務會自然而然替身體發展出一套動作，」吉伯尼說，「如果我要切檸檬，我會把裝檸檬的容器，倒放在砧板的十二點鐘方向，裝檸檬切片的容器放在左手邊，丟棄果皮的容器放在右手邊。」就這個例子來看 —— 和剛剛削水梨的動作差不多 —— 非慣用的左手負責取檸檬、移動檸檬，切好了不是往右，而是自然地往左移動。這麼安排可以避免一個低效率的動作 —— 也是主廚最不喜歡的 —— 手部和身體中線交叉。

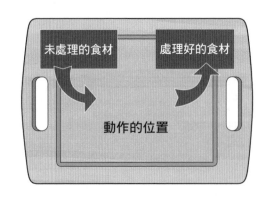

　　「你會看到有的右撇子，削紅蘿蔔的時候硬是右手橫跨左手，把削好的紅蘿蔔放入位在左邊的容器。」主廚柏特利說。有時候柏特利不僅會打理自己的工作台，還會替他的**廚師**安排，他說：「有時候他們要切丁，但是卻站得歪歪斜斜的，或是砧板擺得歪歪斜斜的，我就會問：『你在幹嘛？想要切出完美的丁，身體就要打直啊。』」

　　「沒有人天生就這樣做事情，」吉伯尼說，「你不會突然想說『我要用最有效率的方式把買來的東西放進冰箱，先把冰箱門打開、

蹲下來、把袋子放在正前方，然後放同一層的東西先拿，減少多餘的動作』——當然了，除非你是個主廚。」

　　沒錯，主廚和廚師的職業本質，需要他們日以繼夜地重複、改良「動作」。看見其他廚師「精湛的動作」，就像籃球選手看到卡里姆‧阿布都‧賈霸（Kareem Abdul-Jabbar）的勾射一樣，令人肅然起敬。

　　每一位廚師都以自己的方法，在內心描繪一張動作地圖。賈若比用了近十年才將他的地圖概念化，他稱之為「魔力三角」。

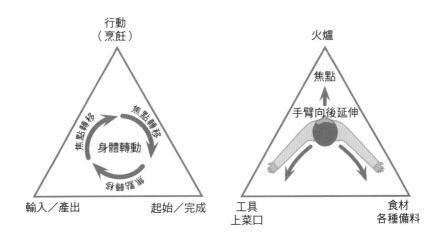

　　三角形本身就是個輔合人體工學的形狀，和我們的身體構造相互呼應：雙腳站穩時，我們的注意力可以放在前方和兩側，但是後方就照顧不到。有時候三角形也出現在平凡無奇的地方，如吉伯尼在砧板上的工作流程：輸入、處理、產出。而三角形裡面的圓圈，則可讓我們用最少的動作轉移主要焦點，以此來搭配更複雜的工作流程，例如賈若比的：行動、起始／完成、輸入／產出。魔力三角是一套顧及全面性的流水作業線，任一種專業人員都適用，這也是讓所有任務流暢完成的好方式。

✖ 主廚善用空間

如果馬利歐・巴塔利、森本正治（Masaharu Morimoto）、艾瑞克・瑞伯特這樣等級的主廚，想要從零開始打造一座新廚房，他們會打電話給吉米・由井（Jimi Yui）。

由井不是一位主廚，但他是個在廚房長大的孩子。他的父母在東京的六本木經營一間專賣北京菜式的中餐廳「The Guest House」，從小耳濡目染的由井對廚房的節奏瞭若指掌。所以每當由井接下一個新的設計案，他首先會到委託人目前管理的廚房，觀察主廚的一舉一動、聆聽他們的話語 —— **通常一個工作台需要幾個火爐？這個空間要容納多少人？這些工作台上最常見的動作是什麼？這個空間出現最頻繁的動作又是什麼？**

每走進一個新的空間，由井會打開眼耳，感受這一片空白。

「擁抱空間，」由井說，「你可以竭盡所能善用空間，但你也可能會發現，這個空間不想變成你想像中的模樣。」走進主廚格瑞・昆茲（Gray Kunz）在紐約哥倫布圓環，預備要開新餐廳的店址，由井發現整個空間的形狀，像個扁平的三角形，而廚房最合理的位置 —— 這個空間已自己決定了的廚房應該在的位置 —— 是三角形的一邊，背對著一大片美麗的窗戶，俯瞰著中央公園，這種位置通常會被拿來當作用餐區，但是由井把廚房設在這裡。

「我認為設計時應該努力解決難題，但是不可以和空間作對，」由井表示，「跟空間唱反調絕對不是好事。」

正如主廚要老實看待時間、迎接每一天；由井也盡最大努力，老實面對空間。

　　由井在設計上有另一個原則：廚房占的空間**愈小愈好**。這對許多美國人來說是個很衝突的概念，畢竟寬敞的廚房是每個人的夢想，另外再加上火爐、冰箱和水槽圍成一個三角形，一切就完美了——因為他們聽說三角形就代表效率。

　　「每個點之間距離都有十到十二英尺，這樣哪來效率可言？」由井說，「我最討厭那種廚房了。」

　　相反地，由井會將三角形上的點，設計得更加緊密。

　　「我希望做到不讓你走半步路，」他繼續說道：「東西能愈小愈好。」

　　多小呢？「小到你沒辦法把所有需要的食材跟人放進去，小到沒辦法回頭，死路一條。」

　　主廚知道自己根本不需要太多空間，因為他們明白箇中道理、也懂得善用空間。

🍴 主廚運用各種動作

　　在賈若比的魔力三角裡，他用到的不只有一隻手臂，而是雙手同時並用。左手搖晃平底鍋時，右手正從備料那裡取洋蔥；伸手拿馬鈴薯，一拿就是兩顆，而不是一次一顆，因為他用的是兩隻手。這就是CIA名譽院長——主廚弗里茨・桑能史密特（Fritz Sonnenschmidt）所說的：「身體兩側都要用到，左半身和右半身必須合而為一。」

　　「**平衡動作**」是人體工學的一大關鍵。這是連夜在專業廚房觀察好些時日後的某一天，我在家體會出來的道理。那天早上我睡眼惺忪，左手倚靠著流理台，單用右手把洗碗機裡的碗盤清空，拿一個

放一個、拿一個放一個，不斷重複，我心想：**多一隻手幫忙有什麼不好？**我默默看著左手，這傢伙還是懶散地靠在流理台上。於是，我硬是強迫它一起幫忙，現在我清空洗碗機只需要以前的一半時間，生活教了我一課：雙手並用！但我還在一層一層清空，從最上層到最下層，導致我必須在廚房東拐西轉的，玻璃杯放這、繞過洗碗機、餐具收到那、再繞過洗碗機。這時候左手說話了：**要不站在洗碗機的一側，一次性先將屬於廚房這邊的東西拿出來。然後再到另一側，做同樣的事？**生活又替我上了一課：善用空間的兩側。

主廚不僅運用身體左右兩邊，他們也調度左右兩側的動線。**如果要去洗碗工的工作台放髒鍋子，利用這個機會，順便也去旁邊的冷藏室補充肉品、蔬菜或是醬汁；如果你要去食品儲藏室拿洋蔥，順便就把垃圾拿出去倒。**能幹的後場人員和服務生都深諳此道，送上餐點時順便就收回用過的餐具，賈若比把這種做法稱作「手落手起」。

每一天，主廚都不斷精進運用身體兩邊、空間兩邊、動線兩邊的能力。

✖ 主廚將任務環環相扣

規畫就是做事**前**先動腦筋，而行動就是動腦後的具體表現。廚房裡種種高度完善的動線，全都源自主廚將計畫和動作**交織在一起**的能力：邊思考、邊動作。我們把這種行為稱為動態規畫（dynamic planning），不過有的廚師會稱之為「任務銜接」（task chaining）或是「任務堆疊」（task stacking）。

廚師在執行A任務時，腦袋已經出現B任務的輪廓。因此，完成

A任務的同時，他們的身體自然會開始著手B任務。而處理B任務的當下，已經開始盤算C任務。

這個行為有一個很貼切的比喻，就像是遊樂場裡的攀爬架，伸出手抓穩了下一根後，另一隻手才能放開。

麥可・吉伯尼在《副主廚》一書中也談到這個現象：「就像技巧高超的撞球選手，你愈來愈懂得預測下一步、下下一步，這樣手邊任務結束以後，你才不必浪費時間思考接下來該做什麼。每個行動環環相扣，才能爭取那寶貴的幾秒鐘，及早完成『就位』準備。」

從CIA烘焙課程畢業的羅培茲是這麼解釋「任務銜接」的：「你會不斷思考『下一步要做什麼？我現在在攪拌，攪拌完就必須擠花。接著放到烤箱烤四十五分鐘，趁烤的時候再來攪拌其他材料。攪拌的同時，我可以預熱另一個東西需要的糖漿』，久而久之，你就愈來愈不會『在狀況外』了。」

在行動和行動之間，不累贅延宕，講究那關鍵的幾秒鐘，利普瑪稱之為「心流」：積極、主動的心智提前思考下一步，甚至下兩步，將任務的連續和次序完全內化。廚師對於那些可同時執行、銜接在一起，或動作可相互對疊的任務，具備了高度的敏銳度。久而久之，他們自然就能將這些程序在內心勾勒出一個畫面。

要做到毫無破綻地銜接是不可能的。但是主廚和廚師每天都向著不可能一步步靠近，這麼做不只為了節省時間，更是為了節省精力。如果一個動作就能完成兩件事，那需要煩惱的事也就少了一件。煩惱變少，行事就能更專注、焦慮程度更低。這種做法更是將「就位」變成一種內容多樣的比賽，在這帶有競爭性的比賽中，主廚的對手就是自己。

「就連在家，我也不斷在思考。」羅培茲說。連整理公寓都是銜接、堆疊任務的好時機。她將衣服丟到洗衣機的同時，就在想著待會關上洗衣間的門，也要順手拿拖把。「這樣生活省去很多時間。」她說。

廚房之外

我們安排空間，然後在這個空間裡改良我們的動作，以此**排除阻礙**，工作時阻礙愈少，工作愈容易完成、做的量愈多、速度愈快。我們也因此可以將更多精神和力氣保留給其他事情，目標就是排除阻礙、流暢地做事，或者，像利普瑪形容的「就像一滴油滴在玻璃上一樣」暢行無阻。

廚房裡，主廚和廚師堅持要有乾淨俐落的空間和動作，是因為哪怕再小的阻礙──例如不知道某個食材在哪、或是某個工具在哪──都能讓他們的行動和思考變慢，也妨礙他們把事情做到卓越完美。透過安排空間而得到精簡的動線，對廚房而言特別加分，因為廚房裡的動作幾乎都具有重複性。不過不論是在家還是辦公室，安排空間也能帶給我們很大的幫助。

或許辦公室的體力活不如專業廚房中那麼多，重複性高的動作也不常出現，更不需要分秒必究地節約寶貴的時間。但我們都能體會混亂帶給身心靈的負擔；我們都曾經耗費好幾分鐘，甚至好幾個小時，找工具、找資源。操戶作鍵盤和電子螢幕，也都需要我們一再重複各種自動化的動作。當我們的精神無法應付日常任務，或是無法執行複雜程序（廣義來說也是一種動作）時，我們也必須承受時間白白浪費

的後果。如果一個企畫案竟導致主管和員工的生活脫軌好幾天、好幾個星期,甚至更久,那我們就必須用懷疑的眼光去檢討這浪費時間和精力的整個程序。

　　要說我們總小看了辦公室的空間和動線,不如說我們壓根沒把這些事放在心上。「就位」之道能促使我們檢視工作中涉及到人力、需要實際動作的一面 ── 甚至促使我們去檢視虛擬、數位的環境。「就位」更會讓我們實際用上「消除阻礙」的概念,以此強化動線和流程中的秩序。

安排空間、排除阻礙。

練習：可學習的技巧

有系統地審核你的空間和動作

在這個練習中，我們要一一點清物理環境及數位空間中的阻礙。

步驟一：列出三件你抗拒或覺得困難的事情。

1. 在家或工作上處理與實物相關的任務（如：倒垃圾、收拾專案的材料）

2. 使用到電子設備的數位型任務（如：回覆電子信件、將電腦資料備份）

3. 在家或工作上（或介於兩者之間）的複雜程序、雜務（如：備課、送洗衣物）

步驟二：針對每一項任務，寫下一個可以減少阻礙的行動。建議如下：

1. 如果是困難的實物相關的任務，可試著安排空間，讓動作更容易完成，例如：直接伸手碰不到檔案櫃，那就試著調整辦公桌的位置，或是購買移動式的檔案盒、文件櫃，幫助自己將桌面上的「文件山」移開，但文件仍舊維持集合在一起、方便取得。思考怎麼樣的行動更有效率，善用身體、空間，以及動線的兩側。

2. 如果是困難的數位型任務，可盡量善用軟體，自動執行任務（詳細做法請參考〈數位整理術：軟體就是捷徑〉，第一〇六頁），或是考慮購買新的硬體、軟體設備，幫助你更順暢地執

行任務。

3. 如果是複雜的程序（如開發新客戶、廠商，或是編輯一份文件），確實找出讓你覺得窒礙難行、很難突破的點，然後製作一張檢查清單，幫助自己一一克服這些階段（詳細做法請參考〈檢查清單：程序的配方〉，第一〇四頁）

4. 如果是困難的雜務，不妨規畫一種規模較大且兩兩平衡的行動，例如，固定要送洗衣物的話，可以試著結合另一件事，讓兩者做起來都更有效率。

　　這個練習的最終目標，就是替重要的任務和程序創造出順暢的執行路徑。麥可・吉伯尼舉了一個在廚房中可見到的例子，描述在任務開始前，「編舞」若沒做好會是什麼情況：「有時候你會看到一個很妙的畫面，就是廚師發現出錯時，臉上一陣『搞什麼啊！』的錯愕，然後她會以最快的速度，把工作台上的東西重整好，雖然是一瞬間的神情，但你看得出來她很難為情 —— 就是看得出來，某個任務才開始不到三分鐘，她就發現：『真是的，這樣做不對、這樣一點效率都沒有。』」

繪製並打造你的工作台

　　不管是打造一座新的廚房，還是開發一道新料理，許多主廚的第一個動作不是寫出待辦事項清單，而是畫圖。

　　利用這個練習，畫張心目中完美的工作空間，請把自己也畫進去。

步驟一：準備一張紙、一枝筆或簽字筆，計時五分鐘，開始畫圖。

步驟二：首先畫自己，你是站著的？還是坐著的？接著用一個圓圈把自己圈住。

步驟三：開始將工作要用的物件畫在四周，以下僅供參考：

- **你的正前方**：這一區是放你必須最常看到、最常接觸的東西，有的人會把桌上型、筆記型電腦擺在這，但是有的人可能會放畫版，或是放書籍和文件。這裡也可以放控制用的設備，如鍵盤。

- **慣用手的那一側**：控制用的設備、移動式設備、手機、電話、紙張、釘書機、膠帶、文具等。

- **非慣用手的那一側**：各式資源、檔案、裝訂夾、參考資料、收件盒、寄件盒等。由井認為擺放的原則就是要減少「交叉」，例如應避免手橫越過身體的動作。

步驟四：計時時間一到，就立刻停止作圖。看看目前的工作台，有什麼是你沒畫進去的，把這些物件記錄下來，然後逐項問自己：**這個東西為什麼在這裡？**有些東西萬年擺在桌子上，而我們好久以前忘了收，就這麼一直放著；有些東西是某次用來提醒自己某件事的；另外有些則是我們對它有特殊感情的物品。接著，試著利用「高度差」來解決收納的問題，利用書架、書櫃，將非必要的物件移開視線的焦點，但依然擺在隨手可得的地方。

這個練習結束後，準備一張清單，列出你的理想工作環境目前尚缺的東西，然後去補足或是買齊。在能力許可的範圍內，盡量投資時間、金錢來打造理想的工作台，而且愈符合人體工學愈好：合適的桌子、合適的座椅、合適的工具。一定要一個L型的大辦公桌嗎？不一定，就像我們先前討論的，東西有時候小一點更好；舒適的人體工學

椅真的比較好嗎？是的，但只要背挺直、不要坐太深，就算鐵製折疊椅也很好；如果用的是桌上型電腦，需要將鍵盤收納到鍵盤架，然後拉出來的位置與手臂平行嗎？螢幕要與水平視線同高嗎？這些都可以試試。

　　至於圖片上沒畫到的東西，你可以考慮收起來，但不必然得丟棄。只是可試著讓工作台維持最簡單、整齊的樣子，先保持一個星期看看，感受一下這樣的環境效果如何。

廚房練習：銜接任務

　　不管你要把它稱作任務銜接、任務堆疊還是心流，只要你能在某個動作的當下，就已經開始構思、想像下一個動作，那麼你就能節省時間，甚至將乏味的工作變成一種修行。

　　我時常在廚房，同時練習如何銜接任務以及平衡動作，例如我想做炒蛋，第一個動作是伸手拿平底鍋，右手去拿平底鍋的同時，左手就把火爐轉開，一邊放平底鍋一邊想著「雞蛋和奶油」。果斷地銜接每個步驟，我的頭就已經開始轉動、雙腳也已邁向冰箱，我知道要用左手拿奶油，右手負責雞蛋，往回走時，用腳把冰箱門帶上。這時候我也已經想好，食材放下後就要從抽屜拿出奶油刀、從櫃子拿出碗。

　　銜接任務對廚師來說也是一種動態的「就位」習慣。莎拉・默頓（Sara Moulton）曾擔任茱莉雅・柴爾德（Julia Child）的助理多年，後來她也出了名，負責管理雜誌《美食評論家》（Gourmet magazine）的廚房，成為一位知名的電視明星和作家。她曾經寫過一篇文章，題為〈對家庭烹飪來說，就位簡直浪費時間〉——她擔心這個說法會冒

犯CIA的同事，但是她說的沒錯：如果料理前準備全部食材的時間，比一邊煮一邊準備還要冗長，那麼在此情形下真正的「就位」當然不是前者，是**後者**——而一邊煮一邊準備，同時兼顧到效率，其大前提是你必須非常熟悉食譜和工作環境。

習慣：可反覆實踐的行為

檢查清單：程序的配方

現在，面對一些簡單的實物相關任務（如左手拿紅蘿蔔、右手拿刀），我們已經可以利用心智圖來輔助，也能熟記所有的動作和步驟。但面對更複雜的程序（業務拜訪、完成試算表，或是寫一份提案）時，我們時常會不小心忽略一些東西，或是哪裡出差錯，這些錯誤或缺漏都算是一種**阻礙**。主廚診斷、修正自己的行為，就為了能流暢、有效率地完成簡單的任務，同理，我們也可以將複雜程序中的阻礙點找出來，並加以改善。對作家暨外科醫生阿圖・葛文德（Atul Gawande）而言，他口中的「複雜的難題」有個解決之道，也就是主廚和廚師都在用的：檢查清單。

檢查清單是主廚的「外接腦袋」，我們當然也可以擁有一組外接腦袋。檢查清單讓我們在行動**前**將想法具體化。而在行動**當中**還能幫助我們思考。行動若因思考謬誤而出錯，那麼**事後**從錯誤中學到的知識，也會透過檢查清單而得以烙印腦海。

養成使用檢查清單的習慣，可以讓生活更順遂。不妨試著做出你的第一份檢查清單。

步驟一：先選一項你常做的任務、雜事，或例行公事。

步驟二：將這件事情拆解成十步以內的步驟，檢查清單要夠簡潔才有效，如果這個任務的步驟太多，先試試別的任務，步驟少一點的。

步驟三：決定你要用的是哪一種檢查清單，葛文德醫師將檢查清單分成兩大類：

- 邊讀邊操作 —— 閱讀單一清單項目、執行該清單項目。
- 操作後確認 —— 執行所有的清單項目後，利用清單回頭確認檢查。

也可以將這兩類清單視為**「執行前」**和**「執行後」**的用途差別。

步驟四：測試該檢查清單，使用至少三次。

步驟五：每次使用完清單，記錄任何你覺得需要增添、或需要修正的地方。

我們利用前面所說的任務清單提醒自己每天需要完成的行動有哪些；面對複雜、必須不斷重複的程序，我們則可以依賴檢查清單，引領自己一步步、萬無一失地完成其中的**細部動作**。任務清單每天都在變動，檢查清單則應一以貫之。進行準備工作、日常例行公事，與專案或地點上的轉移時，檢查清單特別派得上用場。

不論你是透過重複實作，進而將動作內化，還是仰賴檢查清單來輔助完成工作，這兩種方式都能減輕大腦的負擔，讓我們有餘裕思考其他事情。

數位整理術：軟體就是捷徑

　　我們的數位設備 —— 舉凡桌上型電腦、筆記型電腦、平板、手機等 —— 都有虛擬的空間，其功能和真實的空間大同小異，畢竟我們也必須在這些裝置上檢視並使用物件。也因為我們花很多時間在這些虛擬空間中，裡頭的混亂與堆積物便常常成了阻礙的來源，以下建議可以幫助你消減數位世界中的阻礙：

　　選擇組織的方法：好幾十年前，個人電腦開始採用圖形使用者介面（graphic user interfaces; GUI），這一種介面的設計旨在以圖形模擬實際工作環境的物件，所以螢幕被稱作「桌面」，也成了「檔案」的家，這些檔案可以經由拖曳或點選來排列整齊，也可能四處散亂在虛擬桌面上 —— 真實世界的桌面也可能如此。然而不同的是，在電腦裡，可以直接利用搜尋、標籤、標記等功能，即刻找到任何檔案，這讓點選和捲動找尋物件的動作變得很多餘。當然，如此方便的前提是：搜尋時我們還記得當初檔案用到的關鍵字、標籤和標記是什麼。

　　我們使用虛擬空間的習慣，似乎和使用實際空間的習慣相去不遠，有的人堅持在桌面建立一套嚴謹的系統，將文件分門別類，如果檔案沒有放在同類的資料夾，他們可是會抓狂的。但就算把檔案隨便放、四散各處，只要確實使用固定的命名系統，你還是可以隨時找到你要的東西。然而現實是，如果你是很抗拒將檔案分類的那種人，那麼你在檔案命名的習慣上，大概也不會依循什麼原則吧。

　　不管你是上述哪一項沒做到，我向你保證，後果就是浪費時間。如果你可以開始學著分類，或是更用心命名檔案，這樣一來，為生活省下的時間就是很不錯的回報。

安排圖示的地理位置：不管是電腦和行動裝置，做什麼事都必須和圖示互動。正因為我們頻繁地使用這些「按鍵」，我們必須訓練出自動化的反射動作，不假思索就能找到它們的位置，花點時間排列擺放，將常用到的圖示放在一起，或是集合成群組，這麼做絕對值得。一段時間過後，我們都會有新增或刪除的應用程式，所以還是要定期整理。

學習手勢操作：現在很多數位設備都配有強大的功能，那就是手勢切換，可透過不同的手指動作，執行操作指令，例如在某些電腦的觸控板上展開四指，就能一口氣關掉所有視窗。投資一些時間學習這些手勢，報酬率是相當高的。

自動化：現在很多軟體和應用程式都有自動處理的程序，像是自動將電子名片歸檔到聯絡人清單、過濾垃圾郵件等。對於不常用電子產品的使用者來說，這些功能可能比較複雜，不過網路上都找得到許多教學，也可以直接請教這方面的專家，省下在鍵盤上敲打的時間。

學打字：在已開發國家中，不限於工作場域，鍵盤幾乎無所不在，但令人百思莫解的是，即便鍵盤是我們最常使用到的工具，還是有許多人不懂該怎麼好好打字。不懂得正確打字的方法，就像一個廚師不知道怎麼用刀一樣。

電子設備上的虛擬空間非常重要，安排愈得宜、愈符合人體工學愈好。它們就人類外接的神經系統，你的反應速度取決於你使用這些科技的速度。

🍳 主廚再出擊 —— 永不停歇

　　二〇一五年的夏天，如果你人剛好在布魯克林一家酒吧餐廳「Bed-Vyne Cocktail」，和一群人一起排在延伸到餐廳後院的人長長龍裡，等到終於輪到你的時候，你會發現為你服務的正是賈若比。

　　「星期二主張墨西哥捲」因為賈若比的改良與自創，成了風靡一時的洛杉磯街頭美食。這股熱潮也因為有「主張之幫」持續不減的知名度加持而得以延燒。開賣的第一個星期二，賈若比做了足以供應七十五人份餐點的「就位」準備，那天一百個人到場；第二個星期二，他為一百人份做準備，這次兩百個人捧場。接下來的星期二，他的女友卡蜜拉、一個外聘的廚師都捲起袖子和他一起準備。那個夏天，星期二專賣的活動引起了當地和國內媒體的關注。人潮暴增至三百人時，左鄰右舍開始抱怨，餐廳被迫中止這個活動，熟悉的挫敗感再次出現，賈若比渴望有間自己的餐廳，但是賈若比已被矮子的餐廳「八月」給養大胃口 —— 在一間配有大理石工作台、卵石地板的廚房工作久了，其他地方賈若比一概看不上眼。

　　然而主廚崔羅伊（Roy Choi）的邀請，改變了賈若比的心意。崔是洛杉磯餐車熱潮的先行者，二〇一四年強·法夫洛（Jon Favreau）自導自演的電影《五星主廚快餐車》（Chef）就是受到崔的啟發，崔也是該作的製片顧問。崔主廚開了不少間餐廳，去年夏天賈若比造訪了其中一間，就是那次的經驗，激起他販賣墨西哥捲餅的實驗精神。當時的崔即將在洛杉磯線條飯店（Line Hotel）舉辦勞動節週末的活動，他邀請賈若比負責游泳池旁的料理區，崔表示他會準備好應有的「就位」。因為賈若比的出現，不少明星DJ們也共襄盛舉，其中

還包括了嘻哈界的傳奇爵士‧杰夫（Jazzy Jeff）、凱許‧曼尼（Cash Money），這為期三天的池畔烤肉活動盛況空前，讓賈若比過去的經歷相形見絀。

活動的某天晚上，賈若比正把圍裙脫下，迎面便走來一群體格魁梧、滿身刺青的「在地兄弟」，領頭的混混對賈若比說：「我把兄弟都帶來了，我想讓他們看看，每個人都有重新定義自己的機會。」另一個晚上，賈若比的目光才從料理區的「就位」移開，抬頭就看見法夫洛和他正值青少年期的兒子朝他走來，原來法夫洛是他的歌迷。出餐服務過後，崔和法夫洛把賈若比團團圍住，說到：「這次的活動真的太棒了，你接下來有什麼計畫？」

「快餐車？」賈若比的回答也帶有疑問的口氣。

如果那是你想要的，法夫洛對著崔點頭示意，接著說，**那專家就在這裡，但那不是屬於你的生活，你不需要在快餐車上每天忙個十四小時不停。你需要一個真正的場地，一個為你做好萬全準備的地方，你需要投入這樣的行業。**

但是卡蜜拉的想法不一樣，她說，**你那麼喜歡辦活動、也喜歡旅遊，為什麼不繼續做這個呢？** 她的意思是：在全國上下、不同地點，準備獨一無二的美食，然後收取令人滿意的費用。

賈若比決定去沙灘走走，好好思考正確的選擇為何，車子開著開著，他突然看見眼前一個大招牌，上面寫著「歡迎來到瑟袞多」，真是有趣，二十五年的光陰過去了，賈若比走了那麼多路，也終於找到「他的皮夾」。到處巡迴的生活還在繼續，不過他不饒舌，改做菜了，這段旅程似乎沒有白走。

成功的配方

致力維持工作台的整潔和秩序,減少影響行動和活動的因子,排除阻礙。

第三個材料

▎邊做事邊收拾▎

主廚的故事：滿身鮮紅的見習生

二〇〇六年夏天的一個早晨，維利・迪弗雷納前去他在曼哈頓下東區的餐廳「wd-50」，人才走到地下室的備料廚房，就看見一位年輕的見習生 ── 廚房裡的「特邀員工」，學習一陣子就會離開 ── 全身上下一片紅通通。

「你在做什麼？」他問。

「在榨甜菜根的汁。」她回答，她的圍裙、地板和工作台全是鮮紅的汁液。

「是嗎？」迪弗雷納問她：「戰況如何？」

她說：「勢均力敵。」

迪弗雷納挑眉又說：「你以為？我看不一定。」

語畢，主廚搖了搖頭，轉身離開，只留莎曼沙・韓德森（Samantha Henderson）一個人，在原在思考著主廚撞見她渾身黏膩汁液時，留下那番有點尖酸的話語是什麼意思。

跟其他大多見習生不同，韓德森沒有上過廚藝學校，二十五歲的她清瘦寡言，一點廚房的工作經驗都沒有，廚藝也十分拙劣，她曾經在餐廳當過服務生，但非常厭惡那份工作。這時候的韓德森還有另一份全職工作，工作地點距離餐廳才十六個街區，是家位在百老匯上的出版社 ── 出版《哈利波特》系列作和《大紅狗克里弗》系列童

書、市值好幾億的兒童文學出版龍頭：學者出版社（Scholastic）。對其他和她一樣從紐約大學英美語文學系畢業的學生而言，進入如此有名氣的出版社，可說是夢寐以求的工作。當初韓德森從喬治亞州搬到曼哈頓的格林威治村，就是為了寫小說、讀莎士比亞、納博科夫、保羅・奧斯特、濟慈和唐恩。她也熱愛愛爾蘭詩歌，因為這些詩詞雖然感傷，卻不是失敗主義之作，愛爾蘭詩歌擁抱苦痛、尋求蛻變，然後繼續勇往直前。

然而在學者出版社的工作和想像的不一樣，她並沒有在成堆的手稿中，發現本世紀的下一部偉大作品。她在《DynaMath》雜誌和《數學》雜誌的編輯部工作，負責替五位數乘法和長除法公式套入版式，用的文字是適合兒童閱讀的形容詞，如「好強！」、「酷斃！」。她喜歡同事和上司，他們個個聰明、風趣、有內涵，但是工作三年之後，韓德森開始覺得日子枯躁乏味，為了給生活一點刺激，她開始跑馬拉松，這項運動讓她胃口大開，所以她也開始替自己下廚。在料理的過程中，她發現一種令她驚奇的東西：全然的滿足感 —— 那種從無到有，做出一道料理的滿足感。她收看傑米・奧利佛（Jamie Oliver）的烹飪節目《原味主廚》（*The Naked Chef*）、拜讀《拉赫斯美食大百科》（暫譯；*Larousse Gastronomique*）的一千頁篇幅、囊括各式烹飪技巧和食譜的料理百科全書；該書還有艾斯可菲親自撰寫的引言。韓德森想知道事物背後的原理，譬如說加了奶油和麵粉的牛奶，一直煮下去會變成什麼？她充滿實驗精神，雖然口袋不深，她還是竭盡所能，到處品嘗異國料理和新餐廳，如果吃到沒吃過的東西，她還會在家自己試著重現那道料理。就這樣，有一天她打電話給父母，告訴他們她決定要去讀廚藝學校。

「你怎麼知道自己以後想做這個維生？」她母親勸她，「你怎麼不要先去廚房工作看看，再決定要不要砸下這兩萬美金學費？」

母親的話不無道理，所以只要到了學者出版社的午休時間，韓德森就會一間又一間地拜訪曼哈頓的餐廳，想盡辦法拜託從廚房中走出來的人，能否讓她到廚房無薪工作。那時候的她並不知道這麼做就是在找「見習」機會，她壓根也沒聽過這個詞。但是她逐漸發現，要一間好餐廳用她這種沒經驗的人，機會根本微乎其微。即便到處碰壁，她還是硬著頭皮推開了「wd-50」的大門，這間餐廳在二〇〇三年開幕時，榮獲了《紐約時報》食評兩顆星，佳評論及「聰明的料理方法」、「令人激賞的實驗精神」，還有主廚維利·迪弗雷納「毫無畏懼的風格」。

一位名叫麥克·希林（Mike Sheerin）的副主廚從廚房走出來見了韓德森，「請問我可以到你們的廚房試做幾天嗎？」韓德森問，「我什麼都願意做，挑香草、削馬鈴薯皮都可以。」

「但是我們這裡馬鈴薯用的不多。」希林嘴巴上這麼說，只是想找個理由打發她。迪弗雷納事後回想，他說那天希林的心情應該是不錯，因為後來希林竟然改口：「下個星期六來，記得穿舒適的褲子跟廚師鞋，記得帶把廚師刀。」

韓德森去了一間家居用品店，買了最便宜的廚師刀，然後如期赴約。希林將她安排在地下室的備料廚房，那是個和樓上寬闊又閃閃發光的中央廚房相去甚遠的地方。

韓德森說到做到：她榨甜菜根的汁、挑選菠菜、切蔬菜，雖然總是把工作台弄得亂七八糟、偶爾還會被迪弗雷納挖苦幾句，她還是熱愛這份工作。韓德森決定不去讀廚藝學校了，她想要辭去在學者出版

社的職位，然後找一份在餐廳廚房的工作，她想要在做中學。迪弗雷納和希林也表示會幫她注意合適的機會，幾個月過後，她在「wd-50」見習的日子來到尾聲，迪弗雷納把韓德森叫到他的辦公室。

「我知道你接下來要去哪工作了。」他說。

「哪裡？」韓德森問。

「這裡，」迪弗雷納說，「我們決定給你一份正職。」

光憑信守承諾、態度積極的特質，韓德森拿到了在「wd-50」廚房工作的機會，迪弗雷納告訴她，**我會成為你的導師** —— 就像艾夫列・柏特利和讓－喬治・馮格里奇頓曾經是他的導師那樣。

接下來的幾個月，對韓德森而言最根本且基礎的課題，就藏在被榨乾的甜菜根中，而那也是馮格里奇頓曾經傳授給迪弗雷納的智慧。

「如果你不懂得收拾，你就不懂得料理。」馮格里奇頓這麼對迪弗雷納說，他還說：「一個人的表現會透露他是怎麼做菜的」。

對迪弗雷納來說，雖然努力爭取可動手料理的職位是很值得花時間追求的事，但是導師那句格言，談的卻不僅是好好完成乏味、看似不起眼的雜事那麼單純。雖然衛生很重要，但那句話的重要性不只在於整潔。收拾環境之所以重要，並不是看到工作台上的雜亂、沒有空間切菜煮東西，才要著手應對處理。事實上，清理環境有助於**精神保持在最佳狀態**；那麼至關重要的觀念就是廚師應該**什麼時候**收拾？答案是：**隨時隨地**。

隨時隨地收拾 vs. 放著晚點再整理，就是真正的主廚和廚師跟一般人之間最大的差別。假如韓德森在製造髒亂、犯錯的同時，一面將砧板和工作台收拾乾淨，那她所處的環境就是欲達致卓越的最佳先決條件，她的系統也不會被打亂。但她如果決定等一下再整理，東西愈

積愈多，她就會開始忽略各種細節，然而對餐廳而言，魔鬼就藏在細節裡，看不見細節，自然無法照顧到細節。「待會再收」的時間間隔愈久，整理就會變得愈困難、耗時，一整天累積下來的雜亂，漸漸成了韓德森的一堆廚房考古遺址，她必須想辦法自己挖掘、清理它。新手廚師製造的混亂，本來就會比有經驗的廚師多，所以收拾環境這件事對韓德森來說不僅困難，更是一門重要的課題。

韓德森在學者出版社工作時，辦公桌收得很乾淨，但是在廚房的她，卻是走到哪亂到哪。她的身上、砧板上、工作台上、器具和地上沒有一處乾淨。最讓迪弗雷納抓狂的就是地板，他尤其受不了廚師在料理時，**刻意**將工作台上的碎屑直接撥到磁磚地板上，而不是用手接起來。這時候他就會叫洗碗工拿掃把直接掃廚師的腳下，如果廚師膽敢抱怨一句：「**沒看到我在忙嗎？**」，迪弗雷納就會告訴他：「**要不是因為你，他也不需要來過來。**」

韓德森觀察其他廚師、從做中學。她開始學會一些小技巧，例如說若她要削一堆歐防風，她不應該在砧板上削，也不是在垃圾桶上方削 —— 那是非常危險、不衛生的習慣。她應該做的是在砧板上放一個托盤，然後把皮削進托盤中，削完之後，她可以把托盤整個拿起來，直接把廚餘倒進**垃圾桶**。**就這樣**，砧板還是乾淨的！她也發現開工前把工作台上的東西放得愈緊密，就愈能夠維持整潔。俐落地工作代表著她必須加倍勤奮，將各種食材和工具物歸原處。一旦她開始鬆懈，髒亂就會一發不可收拾。她的工作台如果不乾淨，袖子、圍裙就可能會沾到，瓶瓶罐罐、盤子也會跟著髒掉，所以只要看見一點髒汙，她就會立刻整理乾淨。她將自己的腳步放慢，開始更注重整潔，因為她知道即使拖延到後面其他事不太妙，但是稍微延宕不比髒

亂的工作台更容易一眼察覺。迪弗雷納和希林只要發現一丁點失控的
跡象，就會不客氣教訓她。韓德森也發現廚房內的同儕壓力影響力頗
大，如果你身旁的廚師工作環境乾淨得很徹底，而你不是，這很傷自
尊心。如果你的東西占用到他的空間，這麼做也很沒禮貌。髒亂的工
作台帶來**羞恥**。

韓德森養成隨時收拾的習慣，她也發現一些很微妙的變化，迪
弗雷納早就知道她會懂的 ——「**一個人的表現會透露他是怎麼做菜
的**」。她注意到：工作台愈乾淨、她做事的速度愈快；工作台愈乾
淨、料理的成品愈完善。她對細節愈來愈講究，她享受乾淨工作台
呈現的美感；她喜歡將乾淨的抹布摺疊整齊平放在砧板上；她喜愛一
塵不染的台面。就和她的廚師同事一樣，她致力在出餐服務結束後，
圍裙依舊保持清潔溜溜。這些事情讓她對自己的料理有信心、對自己
有信心，而且迪弗雷納和希林也不再對她大吼大叫。她知道如何安排
自己的空間和動作，他們也就能開始教導她更多東西。她學會品嘗、
剖析食譜、**創作**料理，終於成為了「wd-50」菜色開發的核心人物之
一。接著迪弗雷納讓她去教見習生，教他們那些她學會的事：髒亂
出現、立刻收拾、繼續做事。

三年後，迪弗雷納知道韓德森在「wd-50」的學習已達飽和，所
以將她送去不同地方**見習**，她去了西班牙賽巴斯坦附近的一間餐廳
「Mugaritz」；也去了芝加哥一些知名的餐廳。到了二〇一一年，迪弗
雷納需要一位副主廚，他找回韓德森。

韓德森當了迪弗雷納兩年的左右手，一直到他開了第二間餐廳
「Alder」時，迪弗雷納必須轉移重心，所以將韓德森升為**行政主廚**。
他在《紐約時報》的專訪中，稱韓德森為廚房忍者。

「實力超級堅強。」他這麼形容她。

實際上也是如此，畢竟當年那個被甜菜根汁液染得滿身鮮紅的見習生，現在要接管他的廚房了。

主廚知與行

✄ 主廚工作時保持整潔

對主廚來說，「就位」工作的第一階段是「準備就緒」——動手規畫、整合資源、安排空間。

然後才開始做菜。

接下來發生的事，皆屬於第二個階段，也是「就位」之道中真正的考驗所在。請問，你仔細安排好的東西，使用完會物歸原處嗎？還是你的工作台已經亂成一片了？

一個系統即便再完善，若沒有花心思去維持它也是枉然。我們要做的不只是替所有的東西找到「對的位置」，一套死板僵化的系統對廚師而言毫無益處，而必須靈活變動才行。所以「就位」真正要求的不光是「**乾淨**」，而是**一邊工作一邊保持乾淨**。無論工作步調再快、再忙碌，都要維持好你的組織系統。

對主廚來說，邊做事邊收拾，就是在混亂中對秩序的一種堅持。

✄ 主廚什麼都清理

砧板是極其神聖的物件，關於砧板，有一些必須遵守的信條。

主廚相信，食物以外的東西一律不能上砧板 —— 盤子不行、鍋子不行、平底鍋不行 —— 任何會沾染、弄髒砧板的東西都不行。（不少日本廚師認為砧板是神聖不可侵犯的，二〇〇〇年的時候，巴比·福雷〔Bobby Flay〕在一個電視料理競賽節目中，一度踩上他的砧板，福雷的對手森本正治批評他「不是一個主廚」）。廚師不時會用一條乾淨的濕抹布擦拭砧板。有的廚師還會使用稀釋的漂白水或醋水清潔砧板，預防食物交叉感染 —— 例如，生雞胸肉黏液的沙門氏菌，可經由接觸直接感染生的蔬菜。

　　主廚對待砧板的謹慎態度，會進一步延伸到周遭環境。邁可·魯曼很喜歡主廚湯瑪士·凱勒和他的「法國洗衣坊」餐廳的做法，更特意在著作《主廚的靈魂》中詳述「法國洗衣坊」的廚師會不斷擦拭料理油瓶上的油漬。**為什麼呢？**魯曼問，**為什麼要做到這種程度？**凱勒告訴他：「你的手指如果抹到油瓶外面的油，油漬就會沾到盤子上，盤子就不乾淨了。一個廚師愈晚清潔油瓶，油漬卡得愈頑固，愈難恢復到原本的樣子。」

✕ 主廚收拾環境、整理思緒

　　主廚和廚師所謂的收拾，已經遠遠超越了衛生和美觀考量。如果一位廚師的工作進度落後，而被「困在雜草中」——in the weeds，為一組慣用語，或也可用法文的dans la merde（直譯是「身陷屎中」）—— 主廚就會要求她注意工作台的整潔，通常這時候廚師會發現自己的砧板上到處都是菜渣跟汁液、用過的器具四散、周圍滿是垃圾殘渣。主廚們認為：**雜亂的工作台等於思緒雜亂；乾淨的工作台等**

於思慮清晰。在廚房裡，主廚訓練廚師一旦開始恐慌或是失焦，第一個反應就是整理工作台。

　　每當主廚和廚師談到整潔的話題，聊到後來都變成在討論整潔為精神和心靈帶來的好處。杜恩·利普瑪就用了十分貼切的比喻，來教導他底下的年輕學生整潔的好處。

　　「好比說你有一個室友，」利普瑪說，「這個室友很髒，非常懶散、沒規矩、東西亂丟一地……請問這種廚房水槽總是堆滿碗盤、房間到處都是衣物的感覺如何？你的焦慮感會上升、腦袋會開始打結、心會開始慌，但是你不會主動去收拾，因為那又不是你的工作，對吧？但是你實在是忍無可忍了，有一天趁室友去上班，你把整間房子打掃乾淨，這才是**你**要的樣子。想像現在你坐在椅子上，心中會想些什麼？感覺如何？是不是很舒壓？感覺是不是好多了？」

　　利普瑪帶學生回到廚房，他說：「現在你要切東西，若是在一個有限的空間裡工作，環境又髒亂，你的心智會開始封閉；你會覺得受到壓迫；還會出現幽閉恐懼症，但是如果都可以讓工作台隨時保持乾淨、一目了然，心智自然也會跟著打開、保持乾淨。我可以漂亮地呼吸，做出美妙的料理。」

　　利普瑪談整潔時，會提到呼吸這一點其實不奇怪。運動員和藝術家都會運用呼吸獲得力量。吐納在東方是修練及許多民俗傳統的根本，舉凡武術、瑜珈和太極都十分注重呼吸。在某些傳統文化中，一呼一吸間可以療癒、可以致志，更可以達到生命的最高境界。

　　不只是為了整潔而整潔，許多主廚致力將整潔當做一種修行。主廚清楚知道，一個人的工作台說明了一個人的思緒，更知道忍受髒亂就是縱容自己漫不經心的惡習。主廚很清楚一個人對整潔的態度，即

展現了一個人對**大多事情**負責任的程度。因此「工作時保持整潔」不是個體的事，而是一群人共同的事：室友髒亂就是我髒亂；我們的髒亂，也會變成同事的髒亂。國內最好的廚房，往往比國內最好的醫院還乾淨、整潔，原因就是這一份共同責任感會讓主廚**自己** —— 可以說他們是廚房裡的「主治醫生」—— 也盡責地收拾、整理。

這份對整潔的整體態度 —— 不管廚師在做什麼、何時何地都應該維持整潔；整潔這件事不是個人的事，是所有人的事 —— 為專業廚房打下獲致卓越的基礎。

廚房之外

沒有廚師工作時保持乾淨純粹是為了修行的。廚師會這麼工作，是因為不乾淨的食物會致命。

對於在辦公室工作的人來說，主廚吹毛求疵的作風看起來或許奇怪，因為我們沒有非整潔不可的需求。而有的廚師如果沒有人要求，同樣也不會注重整潔。維利·迪弗雷納的廚房，是我見過最潔淨無瑕的廚房之一，迪弗雷納沒有刻意把「就位」應用在其他工作場所，或是自己的辦公室 —— 不僅是因為他將絕大多數心力都投注在維持廚房的整潔，更是因為整理辦公室的具體需求對他來說不存在。我們的桌面就算再亂，也不會有人因此沒命，然而在工作空間和「就位」系統裡**乾淨地工作**，能讓精神和心靈都受惠。在辦公室工作的我們若錯過這些好處可就虧大了。

還記得傑瑞米這位老兄嗎？（請參考〈混亂〉，第四○頁）回顧他在辦公室水深火熱的日子，許多問題都可以透過一種行為得到解

決：邊做事邊收拾。傑瑞米**馬不停蹄**地工作，卻忘了照顧他實際空間、虛擬空間中的環境，也忽略了自己的身心靈領域的安頓，但這些地方往往是問題的源頭——他從來就沒想過要一邊工作一邊保持乾淨，他不懂為什麼要把時間花在瑣碎的小事上？把這一分鐘用來整理，不如拿來做事。

但是「亂七八糟地工作」的傑瑞米，卻浪費了大把時間：浪費兩分鐘找筆記本、浪費十五分鐘找估價單、浪費二十分鐘解決別人的電腦問題、浪費十分鐘找一封電子郵件、浪費五分鐘翻箱倒櫃找收據、浪費十五分鐘沒頭緒地走來走去，再加上那些因為大意導致的延遲、額外的工作量——一邊忙著準備使用同意書，還要一邊操心著和史蒂芬開會。更別提史蒂芬都開始懷疑起他的表現了。只要花一點時間重整秩序（物歸原處、把文件分門別類等），不超過十分鐘的時間，便可以省下後來浪費掉的九十分鐘，更可以避免和同事、上司之間產生無法用時間換算、卻茲事體大的緊張關係。養成工作時保持乾淨的習慣能幫助我們在短短幾秒內轉換任務，而這幾秒鐘的時間決定了我們是對他人帶來助益，還是令人失望透頂，更決定了結果的成敗。

我還記得應用「就位」方法以前，我的辦公桌是什麼模樣。我記得堆疊成山的文件，可以積在那邊好幾星期、甚至好幾個月，放到長灰塵。我曾刻意把東西留在桌上——紙張、書籍、信封、隨便一個家居用品——就是為了提醒自己要完成某些事。但是這些事情卻阻礙我的專業發展，這些東西讓辦公桌變成一個我愈來愈不想去的地方。凌亂的桌面讓我的組織工具——清單和行事曆——失去功效，因為我知道這些工具不夠周全，有些「太重要」的東西，我不肯寫在清單和行事曆上，我選擇放在我看得到的地方。這些東西也讓維持整

潔變得更困難，因為「不可以收掉」這個理由，給了我**更多**藉口不去整理。最後，討論整理桌面到底是節省抑或浪費時間，儼然已經失去意義。為了眼前這片混亂和失序，自己得付出的代價實在難以估量。

　　分享一則自身經驗的故事：有一天我回到家，想到廚房的垃圾桶丟東西，我太太正好在準備晚餐，她把一個空的烤盤放在垃圾桶上面，我伸手一抓，立刻被燙到紅腫。接下來的二十四小時，我都在照顧二度灼傷的四根手指頭。如果我在拿烤盤以前有先**想一下**；如果我太太（我非常愛她，她也很自責）有多花幾秒鐘的時間，把烤盤**放**在安全的地方 —— 我就可以不必浪費這些時間、不需要經歷皮肉上的痛苦。這個意外搞得我們兩個神經緊繃、心神不寧。花幾秒鐘的時間整理，便可以省去幾個小時的麻煩。

　　在辦公室裡，一邊工作一邊保持乾淨是一種選擇，沒有人硬性規定你去做。但是一旦我們明白了「邊做事邊收拾」的真正好處，並選擇加以實踐，我們的工作定會有所改變。

練習：可學習的技巧

歸零

「就位」的精髓就是每個東西都在屬於它的位置上。但是如果我們不去使用這些被小心翼翼安置的東西，那也無法好好工作；如果我們不去培養物歸原處的習慣，便無法維繫我們的系統。

練瑜珈的人有一個習慣，那就是每完成一組動作，就會回歸到同一個姿勢，我們將這個最初的狀態稱作「**零點**」。零點的概念可以幫助我們維持住自己的秩序系統。

在上一章裡，你建立了一套實體與數位的工作環境該如何就緒的方式。你將空間安排到最能幫助你工作的狀態，那個狀態就是這些工作環境的「零點」。現在試試看以下的練習，培養回到「零點」的習慣。

選定某一天，只要是在辦公桌前，不管手邊的工作是什麼，一到

整點就花一分鐘將實體與數位空間回歸到一開始的樣子。

在真實的工作空間裡，你的工具（釘書機、手機、筆）都必須物歸原處；紙張收進資料夾或是檔案盒內；資料夾收到檔案櫃裡；書籍放回書櫃中。

在虛擬的工作空間裡，「零點」指的就是關掉所有視窗、資料夾，或是應用程式。

當然，你可能會很抗拒，想把東西留著、開著，因為你覺得「等一下」可能會用到，但是太多時候「等一下」都不只一下，最後等到的就是凌亂的桌面。

廚房練習：邊做事邊收拾

料理下一餐時，請挑戰自己，看看可否做到以下幾件事：

- 料理時，將用完的食材或工具物歸原處，隔熱手套吊回去，不要放在流理台上；夾子放在火爐附近，而不是放得老遠、丟在水槽旁；糖罐不用了就收回原本的櫃子裡。
- 趁食物烹煮的空檔，把水槽裡用過的鍋子、平底鍋、盤子通通洗起來。
- 每幾分鐘就將桌面、火爐周圍擦乾淨，將器具、食材擺正。

不管是在廚房還是其他地方，有些動作都是不自覺跑出來的，所以也可以邀請朋友來觀察、糾正你的一舉一動，這樣有趣又有實際效益。你會發現要維持一套工作系統很不容易，但是我們絕對有能力養成這些好習慣。

習慣：可反覆實踐的行為

養成收拾的好習慣

透過重新整理桌面，切割一天之中不同的工作項目和階段，畫出清楚的界線。

記得在開始新的工作項目以前，先把手邊屬於上一份工作的東西收起來。在需要腦力激盪的時候，把電子信箱的視窗開著看似無傷大雅，但是你很有可能會因為一聲通知鈴響，就忍不住分心去看信箱。關掉信箱只需要幾秒鐘的時間，再打開也很快，但是關掉它可以爭取到更多時間和注意力。

銜接下一個行動：假設你進行下一項行動的時間到了，但是還沒完成手邊這個需要思考與創意的任務，你一定會忍不住把文件留在桌上；電腦桌面上的檔案視窗也捨不得關掉。千萬不要這麼做。關檔案會花掉幾秒鐘的時間嗎？當然會，但是回歸到「零點」的收穫大多了。看著眼前乾淨的工作環境，你的腦筋會變得清晰。桌上的報告也不會一直吸引你的注意力；你也不必擔心它會被埋在其他文件和專案裡；更沒有機會自己騙自己 —— **看，我東西好多、我好忙！** —— 於是就不會有已經完成很多事的錯覺。你必須把不相干的東西收拾起來，藉此引導自己再去另外安排一個時段、確實將它們完成。

重置、歸零桌面，可以在獨立的任務之間畫下重要的分界，將不同任務確實區分開來，這也是「邊做事邊收拾」的一個好方法。

發展出一套收拾的方法

我們不會像主廚清理砧板一樣，那麼認真地整理我們的辦公桌，但是三不五時清除灰塵、把東西擺正，對我們的心理狀態和工作會有莫大的幫助。

除塵和擦拭：乾淨的桌面和有灰塵的桌面，差別或許不大，但是潛在的影響力卻相差甚遠。記得在工具箱裡準備一個除塵撢和一條擦拭用的抹布，可選擇用肥皂水就能輕鬆清洗的除塵撢，或是買拋棄式的除塵商品。抹布也可選擇可以重複使用，或是拋棄式的擦拭布。

Kichiri ／擺正：在日本的廚藝傳統中，學徒（Oimawashi、おいまわし）必須要熟諳Kichiri，也就是確保各種物品擺得方正、相互對齊、調整至正確的角度，Kichiri的意思是「準確」。

將桌面上的物品擺正，特別是在行動切換之際更應如此。這算是初學者級的收拾練習，如果你是堆東西大王、便利貼狂、很抗拒把東西收拾乾淨，那你可以從最簡單的「把桌面物品擺正」開始做起，將所有的東西一一擺整齊即可。這麼做是在雜亂中創造視覺上的秩序。

駐紐約的設計師兼藝術家湯姆・薩克斯（Tom Sachs），在知名建築師法蘭克・蓋瑞（Frank Gehry）的家具工作坊工作時，就應用了「擺正」練習。薩克斯說，有天一位叫安德魯・可隆姆羅（Andrew Kromelow）的工友正準備整理雜亂的工具，他將所有的東西平放在地面，把相關的工具和物品，以平行或是垂直九十度的方式排列在一起，每樣都排列妥當。當時蓋瑞的工作坊正在為家具公司「Knoll」設計家具，該系列的家具有稜有角，所以可隆姆羅便把他排列東西的技術，稱作「Knolling」，後來薩克斯還寫了該技術的實作步驟：

1. 檢視你的環境，找出用不到的素材、工具、書籍等。

2. 將不用的東西全收集起來，如果不確定某個東西會不會用到，就先暫時移開它。

3. 將「同類」物品放在一起。

4. 將這些物品以直角或對齊的方式，排列、歸位回本來放該物品的平面上，或收回工作室裡。

薩克斯也把「knolling」納入他自己工作室的組織系統中。

將物品擺正，可以快速創造明顯可見的秩序，更讓原先被遮擋住的物品，變得一目了然。

善用收納容器：至於時常要用到、必須放在桌面上的工具，像是耳機、手機或皮夾，建議購買小型的桌上收納盒或托盤，專門擺放、收納這類物品。

🏛 主廚再出擊 —— 見習落幕

迪弗雷納主廚將下東區一處酒窖，改造成禪意十足的「分子料理修道院」。然而到了二〇一四年，「wd-50」所在的曼哈頓一區因為餐廳的興盛，面臨了都市士紳化，建商開始收購餐廳附近的老舊建築和空地，打算蓋起公寓大樓。迪弗雷納主廚想要留下來，但是建商卻想趕他走。

迪弗雷納主廚決定對抗建商，而韓德森和「wd-50」的員工則努力把餐廳裡、網路上的謠言當作耳邊風，照常工作。韓德森同時也在盤算另一件事，這件事可不能被迪弗雷納發現 —— 在四月，她將為主廚籌辦一場派對，慶祝餐廳的十一週年。這場極致現代主義的的饗宴，會有二十幾位世界頂尖的主廚幫忙料理，包括伊納基·艾茲皮塔爾特（Iñaki Aizpitarte）、雷奈·瑞哲彼（René Redzepi）、嘉貝麗葉·漢彌頓（Gabrielle Hamilton）、丹尼爾·布盧（Daniel Boulud）、張錫鎬（David Chang）這些天王級人物。每位主廚都會用自己的風格，分別表現一道迪弗雷納的料理，韓德森覺得自己又回到見習的日子，身旁圍繞的全是她景仰的大人物，但這次她卻得對他們發號司令，告訴他們該去哪裡、又該在何時料理，還要盯著他們不把廚房弄亂。

驚喜派對非常成功，連迪弗雷納的導師馮格里奇頓也來共襄盛舉，但是這場派對也揭開了離別的序幕。同年六月，迪弗雷納公開表態他要放棄和建商對抗，「wd-50」將在十一月停業。然而，接下來五個月的時光，卻大大令韓德森吃驚。

「沒有人急著棄船逃跑，」韓德森回想道，「每個人都堅守自己的崗位、甚至表現得更好。」早就沒在這間餐廳工作的主廚希林、西

蒙妮・唐（Simone Tong）和巴澤爾（J.J. Basil）都紛紛回來幫忙，迪弗雷納的同行好友也都特地來餐廳用餐。「最後兩個晚上，是我們做過最棒的出餐服務。」韓德森說。

最後一晚，廚師們相互擁抱、哭泣、一起整理環境，並把酒言歡，許多人在接下來幾天還回來幫忙迪弗雷納拆除整個廚房，也幫忙以一個五分錢的二手價格，賣出那些他們曾小心翼翼擦拭的碗盤。那些曾經被刷得晶亮的廚房設備，被帶著手套的工人一一扛走，這些畫面看在韓德森眼裡，令她心碎。

但是，曾以寫作文字為職的韓德森明白結局的存在能賦予故事意義。「wd-50」是結束了，但它是在心愛的家人環繞下、帶著尊嚴結束，也在全球料理歷史中，留下了不可磨滅的痕跡。雖然感傷，卻不是遭逢重挫，在韓德森的眼裡，這個終點只是個開端：餐廳會繼續以不同的形式陪伴在她身邊。餐廳的前任副主廚巴澤爾是她的未婚夫，他們決定一起開一間屬於自己的餐廳。

收拾、整理，然後繼續前進。她乾淨俐落地告別。

成功的配方

持之以恆地維持你的工作系統，隨時隨地收拾。

第四個材料

搶先一步

主廚的故事：主宰平底鍋的人

主廚喬許‧「矮子」‧伊登，在感恩節大餐過後，自己從紐約上州開車回紐約市，回程繞道走了帕利塞茲州際公路（Palisades Parkway），將車子開到紐澤西找卡莫——饒舌歌手「棉花棒」在朋友之間的綽號。伊登跑這一趟只是想給卡莫感恩節大餐剩下的美食、烤蔬菜，誰知道他離開時，卻多了一位新員工。

想都沒想到伊登會就這樣給賈若比一份工作，他在曼哈頓西村的廚房「八月」需要人手，而且他也才剛被聘請為行政主廚。伊登很喜歡幫助朋友，他和「棉花棒」是在他以前的餐廳「矮子32」認識的，伊登後來也相繼認識了「棉花棒」昔日的團友賈若比。一九八〇、九〇年代，他們都在市中心那幾間酒吧出入，有許多共同朋友，其中還包括了演員邁克‧拉帕波特（Michael Rapaport）：不久後就是由他來導演「棉花棒」和賈若比的饒舌團體「主張之幫」的紀錄片。伊登想要拉賈若比一把。

「如果你想立足紐約，跟別人說你是主廚，不要只是嘴上說說，要去做。」伊登告訴賈若比。

聘請賈若比，等於把他打掉重練，逼迫他將過去在廚房養成的壞習慣改掉。**穿圍裙，賈若比。把你的頭髮綁起來，賈若比。不要在工作台那邊吃早餐，賈若比。**

　　在出餐服務的尖峰時，廚師追求的是在接到點單後，用最短的時間把料理送到菜口。就像所有的廚師一樣，賈若比也會走捷徑，伊登則教導他哪些捷徑可以走、哪種近路不能抄。伊登也會很老套地總是拿音樂做比喻：**唱片發出去以前，一首歌你會剪輯幾次？動作慢一點。**或是：**要學會補救，表演到一半忘詞，難道你會停下來重唱嗎？不會嘛！你會想辦法唱完嘛！**伊登從頭到尾沒在乎過賈若比半個明星的身分，如果賈若比搞砸了，伊登會比照其他廚師的待遇，大聲教訓賈若比：**你是來幫我的，不是來扯我後腿的。**罵完後再教賈若比正確的做事方法。

　　伊登花了好幾個月訓練賈若比，這些投資在他身上的時間，開始有了回報，伊登把他安排到午餐的出餐服務，賈若比這個學徒也有所進步，攻下了一個又一個料理區。直到有一天早上，伊登決定自己可以睡晚一點，為什麼呢？**因為廚房有賈若比打點大小事。**

　　賈若比為伊登工作了三年，直到「八月」停業，他儼然已是個貨真價實的紐約廚師。不僅如此，賈若比還得以位列一個受人崇敬的主廚大家庭，師承伊登，一路便可追本溯源至法國主廚費南德·布昂（Fernand Point）──他在法國料理發展史中，被許多人譽為艾斯可菲的繼承人。布昂教出路易·烏第耶（Louis Outhier）和保羅·博古斯（Paul Bocuse），而烏第耶和博古斯有一個共同的學徒：年輕的阿爾薩斯主廚──讓－喬治·馮格里奇頓。一九九三年，馮格里奇頓將所學帶到美國，遇見了當時才二十三歲、充滿活力的喬許·伊登，這時候的伊登剛從「法國廚藝學院」（French Culinary Institute，簡稱FCI）畢業。現在，伊登則要把一身絕技傳授給賈若比·懷特。

　　馮格里奇頓怎麼指導伊登，伊登就怎麼指導賈若比，賈若比稱伊

登為「尤達大師」。伊登十分崇拜馮格里奇頓，馮格里奇頓二十九歲那年，憑著他在德雷克飯店「Lafayette」餐廳的廚藝成績，獲得《紐約時報》四顆星的評價。後來他帶著他的料理出走，開了第一家自己的餐廳「JoJo」，料理不必再按照古板的規矩、價格也不再過分昂貴。一開始伊登想辦法在「JoJo」謀得低階的工作，他告訴馮格里奇頓自己可以每天都到紐約各大農人市集，替他找尋最新鮮的食材。馮格里奇頓買了一輛箱型車給伊登代步，伊登勤奮工作，最後還把那部車撞爛。

那時的伊登還不夠成熟，心有餘而力不足。在馮格里奇頓的廚房裡，行政主廚迪迪埃・維羅（Didier Virot）給眼前這個健壯矮小的廚師取了個綽號——「矮子」，從此這個綽號便跟著伊登。馮格里奇頓會毫不留情地批評伊登的技術和動作，有一次伊登負責魚肉料理區，不小心把一塊鮭魚煮過熟，主廚唸他唸了一個星期。但是馮格里奇頓總是在嚴厲過後給予關懷，某個星期五晚上出餐服務後，伊登在為馮格里奇頓、迪迪埃和其他副主廚準備晚餐時，馮格里奇頓走上前給了伊登一個擁抱。

「我每天都對你大吼大叫，但你做得很好，我只是想把你教會！」

「主廚，你這輩子都不用跟我道歉，」伊登說，「我就是來學習的。」

馮格里奇頓揀了一碗磨菇，他告訴伊登：「我來示範一下，我的主廚是怎樣教我料理這個的。」就這樣，伊登從馮格里奇頓那裡，承襲了另一位料理界傳奇人物的烹飪知識，那人就是和博古斯同輩的主廚保羅・哈伯蘭（Paul Haeberlin）。

馮格里奇頓教會伊登許多事，但最重要的一課便是時間的價值。

他教的不是「每分每秒都很重要」這麼理所當然的觀點，而是一個內行人才會較清楚的概念：起始的時間點比其他時間點都來得關鍵。

當廚房忙到不可開交，點單不斷湧進時，馮格里奇頓的口頭禪就是：「各位，熱鍋！」**在你做其他事以前，要搶先一步，鍋子上火爐、開火、立刻熱鍋。**

馮格里奇頓習慣這麼說有兩個原因，第一個原因和心理作用有關：在步調這麼快速的環境下工作，廚師需要被提醒，每個平底鍋都成了一個提醒，一個就是一份點單，廚師只要看一眼火爐，就大致知道自己需要完成多少工作。第二個原因和物理作用有關：蔬菜和肉品要料理至金黃 —— 也就是外層金黃酥脆、內部軟嫩多汁 —— 大前提就是食材**下鍋前**，鍋子和油都必須已燒得火熱。加熱鍋子需要一兩分鐘的時間，這可沒有捷徑可以走，因此，只要在接到點單同時熱鍋，準備食材或替食材調味的時候，鍋子也就能開始加熱。然而，如果鍋子沒在一開始就熱，而是先準備食材，等準備好了，廚師還得傻傻等鍋子加熱。一開始只需要兩秒鐘的動作，現在卻多花了一分鐘的時間。所以才說**起始的時間點比其他時間點都來得關鍵。**

即便伊登已經從「JoJo」學成、還到馮格里奇頓的廚房擔任醬汁廚師，他還是花了一段時間才跟上大家的步調。有天晚上，伊登完全被自己的出餐表現重挫，他不斷追著累積起來的點單，但出餐速度就是不夠快，顧客都在等他們的餐點。這時馮格里奇頓近期才提拔的副主廚迪弗雷納，從樓上走到廚房。

「矮子！」迪弗雷納說，「跟不上的時候，一次就要先多煮一點，太多食材浪費也只能認賠，你是寧願被罵，還是想好好出餐？」

迪弗雷納告訴伊登，如果點單多到他應付不及，當下也沒辦法在

火爐上放更多的鍋子，那至少可以每鍋多煮一份。沒錯，這算是抄捷徑：「堆沙包」（Sandbagging）——鍋子內放過多的食材，可能導致鍋子溫度不夠，料理的味道、口感可能會受影響，事先料理太多肉品更可能浪費食材、提高成本。迪弗雷納跟伊登說，寧願在出餐結束後，被馮格里奇頓臭罵浪費食材成本，也不要因為來不及出餐，惹得顧客和同事大發雷霆。

想做好準備，就是必須搶先一步。

主廚知與行

✗ 主廚一刻都不會等

要怎麼開始？「搶先一步」就是主廚的標準答案。面對涉及一連串任務的專案，「搶先一步」開始，也是眾所皆知的常識。

我的主廚——傳授我瑜珈二十多年的大師——說過這麼一句話：**「該行動的時間降臨到你身上的時候，就開始動作，壓力自然就會消散。」**那時候，我以為他在講的是一股開始的氣勢——好比說寫文章時的第一句、開工的第一通電話，或棘手的對話當前，從椅子上起身要去面對的那一瞬間。一直到多年以後，我有機會進入專業的廚房長時間在一旁觀察，這才終於體會導師那番話。他想讓我明白的，是時間在本質上更微妙、深奧的一面：**比起未來，當下才是無與倫比的重要。**「待會再做」和「**現在**就做」，兩者的行動成果是無法相提並論的，因為「**現在**就做」的話，你的行動會有更多時間引發後續的連帶效應。再者，心理狀態會大大影響我們的時間感，當下就行

動可以減低心理壓力，讓心胸更開闊。**「就效果來說，開始行動就是捷徑」**，借用成語的話，可以說是「及時行事，事半功倍」。

「我們總是在水深火熱當中，」伊登說，「但只要出餐服務開始後，工作只會愈來愈容易，因為最困難的部分已經解決了。」

一天剛開始的時候、或著手進行一份專案的前幾分鐘就是最關鍵的時刻，比起其他時間都還重要。現在花一分鐘做的事情，可能將替你省下未來十幾到二十分鐘。經驗老到的主廚或廚師不惜一切就是要縮短「上班」和「下班」的間距，他們都懂得把握開始的契機，為的就是潛在的報酬率。

✗ 主廚為行動做記號

在廚房裡，點單不是按照順序、有系統地出現，而是一波一波襲來，有時候還會如大海嘯般令人難以承受。生意好的時候，往往出餐服務到一半，進來的點單會快到廚師處理不了。深陷其中的廚師，通常沒有空去檢查印出來的單子，也就是點菜單的第二聯。他們也沒有辦法記住主廚或是叫菜員所有口頭要求，所以廚師「搶先一步」的方法就是做記號，提醒自己有任務要完成 —— 尤其是在那些須完成的任務是同時間湧進來時。

為了成功出餐，廚師會在他們視線可及的地方，將每個需要完成的品項，以一個物件做記號，例如在火爐上放一個平底鍋，就是為「搶先一步」做記號；將生的食材放在淺盤、砧板上，也是一種記號。

料理中的平底鍋

待用的平底鍋，
準備加熱。

同時料理的極限

✕ 主廚的兩條時間線

對付拖延，大多數的人都相信一句格言：「先做討厭的事。」而組織管理大師史蒂芬·柯維則給我們一句類似的座右銘：「先做要緊的事。」這兩句話都是在說，**當你有時間、有精力的時候，先做最困難、或最重要的事情**。也就是因為這種思維，許多廚藝界新生一進廚房，就迫不及待開始做起最難的任務 —— 需要額外時間和注意力的複雜刀工，或是手續繁複的備料。然後，等到這些「困難」的事情都做了，才猛然想到，有些應該先做的事情還沒做，而那些事情很簡單、很快就可以完成，例如「**烤箱預熱**」就是。

時間對我們來說是線性、單一維度的，在這條時間軸上，我們安排各種任務：**首先做這個，再來做那個**。許多討論工作產能的文章，都把重心放在做事情的**順序**上，究竟我們該把最緊急還是最重要的事情擺在第一位？是要先做很快就能完成的事情？還是把時間優先讓給最耗時的事？

和我們一對照之下，會發現主廚和廚師早就開始以二維的眼光看

待時間，主廚的思維是這樣的：屬於前景的任務需要人的在場與操作，得用上雙手、思緒與身體；屬於背景的任務雖不需要無時無刻的關注，但是也必須親自啟動或維繫好它的運作。

我將需要親手操作的時間，稱作「**沉浸式時段**」（immersive time），因為這個時段發生的事情需要由我們親自執行，而且絕大部分時候，完全不需要外部的程序或是別人的參與，畢竟**蔬菜自己不會切好**。需要全神貫注的「沉浸式時段」，通常和**創造性**的工作有關──這類工作得要我們整個人的投入。不需要親自動手的時間，我稱之為「程序式時段」（process time），這類任務和專案都仰賴並關係到外部的其他的程序。這些程序有的和人為無關：**米飯需要一定的時間才煮得熟**；而有的程序則牽涉到人事：**喬需要我準備的雞高湯，才有辦法準備醬汁**。由此可見，不需要關注的「程序式時段」和**管理類**的工作有關──關聯到外部其他物件、程序和對象。

「沉浸式時段」的面值等同實際的時間，現在花我五分鐘的精力去做的事，若待會再做，照樣會用去我五分鐘的精力：**我可以現在就把配菜的蔬菜切好，也可以出餐服務前五分鐘再切**。「程序式時段」則不同，它的面值可以翻好幾倍。可以思考一下，如果不事先完成以下這個動作，會有什麼後果：**我把準備煮飯的兩分鐘省下來，但待會我需要的就不只這兩分鐘，如果等到我需要米飯的時候才煮，我必須再等十五分鐘，何況還得加上因為飯沒好，導致廚房各種延誤所賠上的時間、精力和資源**。有些任務在完成的當下，可以啟動後續一連串他人要接著執行的行動，這樣的「程序式時段」價值不但升高了，附加效益更是難以估計。**如果我現在不花個五分鐘好好教喬怎麼用這個設備，我五個小時之後才教他，他這五個小時的人力就浪費掉了。五**

個小時以後，就算我花五分鐘教他，這五分鐘也是白費，到時候喬已經沒有時間操作設備，所以延遲那五分鐘等於浪費了我五個小時。

　　功力高深的主廚，經常不自覺地意識到「工作時間」的兩種性質：需要親手操作、不需要親自動手；沉浸式時段、程序式時段；創造性工作、管理類的工作。主廚知道他們必須安排時間，好好專注在需要動腦的工作上，也明白有些看似無關緊要且瑣碎的任務，其實會帶動後面的重要程序 —— 可將團隊的時間、精力和資源發揮到極致。但**首先**，他們必須先「啟動」這些任務。主廚不斷在這兩種層面上「搶先一步」。

沉浸式時段	程序式時段
五個小時投入（操作）	四個小時不必親自投入（操作）
	一個小時的親手操作
五個小時的親手操作＝五個小時的工作	一個小時的親手操作＝五個小時的工作

　　但是有些任務**太早**完成也有風險。「你必須學會判斷什麼要先開始準備，」馮格里奇頓說，「首先是處理肉品 —— 去骨、依重量裁切，這些都是早上的首要任務。接著削蔬菜，利用肉骨和蔬菜高湯製作醬汁。最後才處理香料類食材，例如檸檬草、菇類、新鮮香草等。」有時候馮格里奇頓也會遇到順序顛倒的年輕廚師，「有人早上八點就切好一整桶荷蘭芹，到了晚上出餐服務時早就都乾掉了。」馮

格里奇頓說。香草類食材很脆弱，處理得好不好，有時可決定一間餐廳到底是四顆星還是零顆星，而且我們連在這種小地方，都能看見「就位」之道的深奧，果然萬物都有屬於自己的**位置**和**時間**。

廚房之外

相信大家都體會過「忘了回信」的椎心之痛 —— 原本只需要花幾秒鐘就可以回覆的東西，卻因為我們的「等一下」，害我們錯失某些機會，或是增加了額外的工作量；又或者是「如果有事先撥個電話，現在手邊早就拿到需要用的東西了」這種悔恨；還有下面這種罪惡感：因為我們延誤回饋自己的意見，好幾天過後才發現整個專案停滯中，大家都在乾等，而我們卻忙著所謂「比較重要」的事。

即便我們沒有自己悟出「工作時間有兩種維度」的道理，也一定體會過「沉浸式時段」和「程序式時段」兩者分別的特性與可能造成的後遺症。在三種層面上，「搶先一步」可以提升時間運用的效益，更可幫助我們分清楚優先順序，俐落地工作。

首先，「搶先一步」是一個提醒、一種**記號**。當下我們沒有時間親手處理的事一旦有了實體或數位的記號，便可確保我們回頭完成該項行動。同時，做記號也多少會督促我們得去完成該任務。

再者，「搶先一步」可製造一股**推力**，類似軍事術語裡的「**搶灘**」—— 從海面進攻時，最困難的第一步。對我們來說「搶先一步」便是替專案布置好所需的環境，專案的發展必也奠基其上。如果無法立刻付出全部心力完成某事，那就朝著終點一次一小步邁

進。

　最後，也是最高層次的影響，「搶先一步」有**加乘**的作用。當下執行的一項行動，可能替未來省去很多時間。想學會掌握時間加乘效應的方法，必須先深諳時間的兩種本質。開始實踐「搶先一步」、培養辨識「沉浸式時段」和「程序式時段」的敏銳度，就能當機立斷讓程序適時運作，加倍影響力和產能。

練習：可學習的技巧

分辨「沉浸式時段」和「程序式時段」

如何判斷一個任務需要的是「沉浸式時段」還是「程序式時段」?

原則上，任何需要你持續投入操作的任務，都算沉浸式；而只需要你花一點時間去「啟動」、「維護」的，就屬程序式。

但是在現實生活中，這兩者有時候不容易辨別，好比上面說的「一點時間」是多久？對我來說，大概是十到十五分鐘，如果超過這個時間，本來只需要用一會兒工夫去照顧的專案，會讓我感覺它似乎更像需要我密切投入的任務。另一個分辨方法是，這個活動占用到的時間，有多到需要標記在行事曆上嗎？同樣的，我發現用這個問題去判斷，我的標準也差不多是十五分鐘。

「程序式時段」要用來回覆訊息、快速做決定、進行短暫的人際互動，或處理簡單的雜事。放在「程序式時段」的任務，可能是與管理工作相關、對別人使出的「小小騷擾」，目的是確保專案的進展、提醒他人要有進度。程序式的工作也包含了分派、委託他人任務。

然而，如果原本應該簡短的指示，變成歷時甚長的教學；決策變成分析；乾脆而實際的回答變成深度對話，那這些任務也就成了沉浸式的了。

「沉浸式時段」帶來的效益，時常大過「程序式時段」，但是延誤沉浸式的任務，不一定會導致你影響到他人或是其他程序。

若想培養「搶先一步」的執行力，其中一項關鍵能力就是要能快

速分辨某任務需要的是「沉浸式時段」還是「程序式時段」，因為程序式的工作，愈早執行效果愈好。下面的測驗可以幫助你培養辨別的能力。

下列任務屬於哪一類？沉浸式或程序式？試著用這個問題來分辨：如果我現在不採取行動，某個程序會不會因為我而停滯？他人會因為我的關係無法做事嗎？答案如果是「會」，請寫下「程序式」；答案如果是「不會」，請寫下「沉浸式」。

1. 回一封電子郵件，答覆對方你是否核准他提交上來的手冊設計。
2. 回覆一封向你要請款收據的電子郵件。
3. 準備下星期會議上可以討論的提案。
4. 幫一位學生寫推薦信。
5. 回覆一位朋友的晚餐派對邀約。
6. 打電話給一間可能為潛在合作伙伴的公司，洽談合作條約。
7. 閱讀一封郵件，裡面包含一整頁你的部門當週的銷售報告。
8. 閱讀一個附件，總共有十頁針對你的部門提出的行銷策略建議。

答案

1. 程序式 —— 手冊設計經你核可的話，工作就可以繼續往下進行，但是遲遲不回覆的話，後續的進度就會停擺。
2. 程序式 —— 收據請款關係到進帳；沒有提出單據就拿不到錢。
3. 沉浸式 —— 腦力激盪需要一段安靜、可好好思考的個人時間，只要你是用自己的時間做這件事，並在會議前完成，那就

不會影響其他人的工作。

4. 沉浸式 —— 寫一封經深思熟慮的推薦信需要花時間動腦筋，不過，晚點寫或許不會害你耽誤他人的工作，但如果過了約定的時間還沒寫，就可能影響你和學生的關係。

5. 程序式 —— 雖然晚餐派對 —— 應該說任何休閒活動 —— 都算是沉浸式的，但是要不要參加應該要愈早確認愈好，這樣不但可以維持和朋友的良好關係，也能節省時間。

6. 程序式 —— 這類電話用到的時間通常不長，而且有接到新工作案的潛力。如果一次需要打很多通，代表這個任務有長遠的效益，那可能就要安排「沉浸式時段」，以妥善處理它。

7. 程序式 —— 一頁的電子郵件可以很快就瀏覽完畢，還可能帶來一兩件具有潛在效益的個人行動需求。

8. 沉浸式 —— 閱讀長篇文件本身算是沉浸式活動。然而，若沒有及時閱讀可能導致某些程序因你而無法進行下去，那還是應盡早完成為佳。

以上工作事項都有它的價值。這個練習的目的是要讓你看出：某些行動其實會關係到其他**牽涉層面更廣**的工作程序，因而需要你著手完成。

有時候並非一定要**立刻**執行程序式任務，但也因為那是種程序，所以應該盡快完成或是發派、委託他人執行。而沉浸式任務雖然經得起延遲，但如果擱置不管太長時間，也可能對你的工作和職業生涯帶來負面影響。

廚房練習：找出好做事的順序

你是否曾替別人準備一頓飯，結果時間抓得不好，導致有些料理做好了，有一些卻還沒準備好呢？像是太早煮義大利麵條，結果醬汁燉好的時候，麵條也煮爛了？或是早餐都準備好了，才發現咖啡還沒煮？下次再碰上這種事情，不妨吃完飯花兩個分鐘，寫下「新的」行動順序，並將這些順序記起來，並找時間再試一次。若想學會沉浸式和程序式工作的並行方式，廚房就是你最好的實驗室。

習慣：可反覆實踐的行為

安排行程表中「沉浸式時段」和「程序式時段」的分配方式

「沉浸式時段」可以產出很棒的成果，特別是對從事創意產業的人來說。沉浸式時段就是你思考、寫作、實驗、探索的時間，而「程序式時段」往往在我們沒注意的時候，就已經產生影響，而且比起沉浸式時段，有時更看得到明顯的成果。我們的確是需要特別投入時間，好好專注在沉浸式的工作，但是也不該小看程序式工作。以下這些建議有助於你安排這兩類工作的時間。

- 就像先前的練習一樣，請養成將任務歸類為「沉浸式時段」和「程序式時段」的習慣。在你的行動清單或是行事曆上（在本書的「第三道料理」會詳述），用簡單的記號（如字母 P，代表程序式〔process〕）標示任務的屬性。記得，任何需要你給

意見並回饋之後才能繼續進行的專案，都屬於程序式工作。

- 每天開工後的前三十分鐘，規畫為「程序式時段」，以此啟動、協助或不妨礙他人工作。

- 將「程序式時段」用來溝通、提出要求等。要避免在「沉浸式時段」做溝通聯繫的工作。

- 時程表上「沉浸式時段」和「程序式時段」應該要相互穿插。管理職責愈大的人，需要的「程序式時段」愈多。

- 評估自己的工作屬性，找到程序式和創造性工作的最佳配置比例。作家和百貨公司經理的時間分配肯定不同，先從各一半開始試起，再慢慢調整你的時段分配方式。

- 安排會議之後的時間為「程序式時段」。經過一段長時間、沉浸式的會議後，可以利用「程序式時段」消化資訊，或著手安排行動項目，在行事曆或是行動清單上做記號，或是直接將任務發派、委託他人。

養成一邊行動、一邊做記號的思維

廚師動作俐落。他們有辦法一邊接收新的要求，一邊保持速度執行手上的任務，因為他們已經建立一套系統協助自己直接執行任務，或是標記起來，提醒自己晚點處理。

你也可以成為一邊行動還能一邊做記號的機器。試著培養以下這些習慣。

1. 隨身攜帶筆記本和筆，即便你有智慧型手機，身上應該還是要有可以快速記下任務內容的東西。

2. 養成標記**每一個行動**的習慣，不管是別人親自委託你的任務，還是透過電子通訊傳達給你的，要一律標記下來。

3. 立刻執行小型的程序式任務（快速回覆電子郵件、簽署文件），尤其在「程序式時段」期間更該如此。

4. 選一種方式標記任務：（1）直接標記在行事曆上。如果不太確定事情的優先順序，你可以（2）直接標記到行動清單上，到了「今日彌思」的時候，再安排順序和排程。（「今日彌思」相關資訊請見本書「第三道料理」：〈俐落工作的生活方式〉）

5. 創建一套電子郵件的標記系統，確實標出需要我們執行行動的信件，也是方便之後再回來處理這些事項。對很多人來說，電子信箱是我們接收任務的主要管道，在忙碌的一天之中，我們可能沒有多餘的時間，去記下每一封電子信件中要求我們做的行動，所以電子郵件本身就要有標記，等我們有空了，再去處理早先標記的信件，並且進一步把信件裡的行動項目，轉移到行動清單或是行事曆上。不管你用的是哪一種信箱平台，標記功能都可以幫助你「搶先一步」。每天重複幾次以下動作，熟悉標記的節奏：

    a. 瀏覽你的收件匣，找出內容要求你執行行動的信件。

    b. 標記這些信件。

    c. 封存收件匣中**所有**信件，包含已經做標記的。收件匣現在應該要是空的。

    d. 接著檢查標記資料夾，找出必須立即行動的事項。

    e. 還沒有空處理的事項，請繼續保留在標記資料夾中，留待「今日彌思」時處理，到時再決定怎麼排程，或將其列入

行動清單中。

f. 查看有哪些信中事項已處理畢的信件，移除標記。

6.記得，不管是還留在筆記本上、標記資料夾裡、一張紙上，或數位清單上的項目，都要在每天三十分鐘的「今日彌思」時統一處理。

有了健全的「今日彌思」習慣，你就能建立起信心，清楚知道自己不會漏掉任何一件標記事項，也會開始抓到感覺，分辨出哪種任務是可以立即執行的；哪種任務看似微小，其實卻是番大工程。你會變成一個行動大師、事項標記專家！

比起未來，當下才是無與倫比的重要；

就效果來說，起始就是捷徑。

🍳 主廚再出擊 —— 不抄捷徑

截至伊登開了自己的第一間餐廳「矮子32」時，「搶先一步」早已成了一種本能。後來他在曼哈頓上東區又重開了一家「八月」，「搶先一步」的工作哲學亦如影隨形。

新的點單一進來 ——「鏘」一聲，伊登反射性地在火爐上放了一個鍋子，他沒有多想、對此動作也沒有意識。現在的這兩秒，待會就會替他省下一分鐘。在完成一道料理前，需要執行一連串的動作，而每一個「搶先一步」放下的平底鍋，就是推動這些動作的第一步。沒有這第一步，其他事情都不會發生。伊登竭盡所能「搶先」各種第一步，每次去趟食品儲藏室，他就會帶回一堆「就位」所需的用具與材料，連同一堆他知道其他廚師會需要的東西。廚房若有新進的員工，都會用不可置信的眼光看著這位主廚。

但伊登清楚：**現在就做，不要等一下。現在的我冷靜、沉穩、有精神；再等一下，我就會緊張、慌亂、筋疲力盡。現在我的動作無比順暢，可以省下時間；再等一下，我會犯錯、浪費時間。要是我現在選了簡單輕鬆的路走，等一下我就得走上數不清的爛路。** 出餐服務時，伊登要求廚師「搶先一步」；就如同他的主廚當初要求他那樣；也如同主廚的主廚的諄諄教誨 —— **各位……鍋子上爐台！** —— 這關於時間的一課，也隨著時間傳承了下來。

成功的配方

讓時間站在自己這邊，從現在就開始。

第五個材料

▌貫徹行動▐

主廚的故事：交得出成品的女子

主廚夏琳‧強森‧哈德莉（Charlene Johnson-Hadley）面前有成堆的蘑菇，算算總共有八箱。她周圍的每寸平面，無一處不沾著泥土，她必須一一檢查、篩選，把不能用的蘑菇挑起來，把可以用的放到淺盤上，接著她得分批將蘑菇浸到冷水中，洗去泥土殘渣、枝條和其他雜質——這個工作也相當費力。最後她還必須將蘑菇切片、送進烤箱烘烤。這堆成山的蘑菇能做出來的成品非常少——經過焦糖化、烘烤、糖分濃縮；蘑菇的水分蒸發、體積縮小好幾倍——美味的蘑菇片就這樣一口接一口，被來訪這間位在紐約市的餐廳「美式餐桌」（American Table）的客人們吃下肚。

夏琳沒辦法專注，她的思緒不停遊走，想著這天必須完成的其他事：還要準備胡桃塔、準備雪酪。好幾次夏琳都發現自己不自覺從自己的工作台走開，要去做起其他事——完全是不由自主的，但她總是及時踩煞車，沒走幾步就趕緊回頭。

「站住，夏琳，」主廚大聲對自己說，「不行，先把這些挑好……」

這些蘑菇。她的潛意識不斷要她離這些蘑菇愈遠愈好。夏琳全程苦勸自己，就像她的主廚、她的媽媽會在一旁耳提面命那樣。

當初還年輕的她告訴自己的母親雅辛托斯（Hyacinth）——一

位擁有教育碩士學位、來自牙買加的移民──她不想完成大學學業時，夏琳內心其實充滿憂慮。自從和夏琳特別親的外婆過世後，夏琳原先攻讀的心理學讓她感到格外的空虛，她告訴雅辛托斯自己想離開學術界，去學做糕點，她已經做好最壞的打算了，但是夏琳的母親卻給了她最棒的回答，她說：「為什麼要畫地自限？不如拿個廚藝學位，這樣你以後就又會煮、又會烘焙。」

從法國廚藝學校畢業後，夏琳換過一個又一個工作，職位也步步高升：她待過弗朗索瓦‧巴亞（Francois Payard）在紐約上東區知名的小酒館與甜點店；在設計師妮可‧法希（Nicole Farhi）開的餐廳，從二廚升到副主廚；後來又到法希在雀兒喜新開的「202」餐館擔任主廚一職。不過到了二〇一〇年尾時，她發現「Aquavit」餐廳的前主廚馬庫斯‧薩繆爾森（Marcus Samuelsson）正在籌備一家新的概念餐廳，地點位在紐約哈林區──這一區最受歡迎的餐廳一向是「Sylvia's」，專賣家常南方料理的餐廳。薩繆爾森是一個由瑞典籍養父母扶養長大的衣索比亞人，他出身自歐洲最優異的幾間餐廳的廚房，最後一路來到紐約。具備獨特背景的他即將踏出令人難以置信的一步：將高級餐飲引進哈林區。他要用他的方式，向在地獨特的文化和種族傳統致敬。夏琳為自己爭取到面試和到廚房「尾隨」的機會，意思就是說她可以觀察主廚；而主廚也會觀察她的表現。她從來沒有在高級餐廳的廚房，看過這麼多非白人的主廚。雖然夏琳已經是個獨當一面的主廚了，但是她在新餐廳做的卻是二廚的工作，目的是為了踏入薩繆爾森的飲食企業。他將新餐廳命名為「紅公雞」（Red Rooster），命名根據的是二十世紀初哈林文藝復興時期，一間夙負盛名的地下酒吧。

　　二○一一年新餐廳開業之際，薩繆爾森時常觀察夏琳，他發現夏琳冷靜、可靠而且自律。後來在二○一二年冬天──這時的夏琳已在「紅公雞」工作一年多──某天晚上夏琳發現有人把手搭在她的手臂上，抬頭一看，竟然是主廚。

　　「跟我來。」薩繆爾森一聲令下。

　　天啊，我做錯什麼事了？夏琳十分不解。

　　走到廚房的一處角落，薩繆爾森告訴她：「你知道嗎？我一直在注意你的表現。接下來我有個新計畫需要你的參與，今天先跟你說一聲，讓你有個心理準備。」

　　茱莉亞音樂學院（Juilliard School）在林肯表演藝術中心打造了新校區，而薩繆爾森在那裡開了一間新餐廳，他讓夏琳擔任新餐廳的行政主廚。餐廳的名字很長，叫做「馬庫斯‧薩繆爾森的美式餐桌咖啡廳兼酒吧」（American Table Cafe and Bar by Marcus Samuelsson）。這個新職位有一個難題：餐廳的中央廚房位在餐廳那棟建築的對街，所有料理好的食物，都必須經由推車運送到餐廳加熱後再出餐，這樣的營運模式需要夏琳竭盡精神和體力來「就位」。

　　開幕之後，某位美食評論家來訪了兩次，非常喜歡餐廳的食物，後來他才發現「美式餐桌」的廚房不在餐廳裡，他將此番成就歸功於「薩繆爾森和瑞典夥伴尼爾斯‧諾倫（Nils Norén）新創的菜色」。

　　在此同時，在林肯表演藝術中心大樓裡，功成不居的主廚夏琳努力地讓「美式餐桌」的引擎運行無礙。而今天，這位主廚的任務就是要從這堆蘑菇中殺出一條生路。如果不穩住陣腳、交出成果，任務就得宣告失敗。

　　半小時過去了，自我苦勸還在繼續：「很好，現在準備浸水。」

即使已經在業界磨練多年，夏琳發現最困難、同時也是最關鍵的原則就是「貫徹始終的心態」。我們都太容易向疲累和沮喪屈服；太容易在工作快完成之際，被「待會一定能做完」的自信矇騙，於是決定休息、暫停一下。她知道，如果放任自己的焦躁不耐煩 —— 即使是抱著想開始下一個工作的心情 —— 這一整天的工作都會泡湯。如果她現在不好好開始準備蘑菇、確實烤好蘑菇；接著開始處理肋排、確實準備出肋排；然後開始製作胡桃塔，確實準備出胡桃塔 —— 到頭來什麼都做不好。夏琳十分遵從一項廚房鐵則：一道完成度百分之九十的料理跟什麼都沒做一樣。

主廚知與行

主廚交出成品

正因為廚房工作的性質獨特，主廚不只對「開始」工有一套哲學，對於工作的「結束」也有一套最高指導原則。

廚房生產食物，也因為如此，主廚被迫拿出「必須完成的決心」。料理大多時候只存在「要不是有、就是沒有」的差別。如果想留住那些吃得出差別的食客，就不能端出一盤沒有黑胡椒醬的法式黑椒牛排；不能在菜單上寫了薯條，但是卻做不出來。假設今天顧客真的沒那麼挑剔好了，再怎麼說也要等廚師把料理完成、送到菜口，顧客**才**有東西可吃。縱使有好幾道菜都完成一半了，可以送上桌的還是沒半道：對顧客來說，準備好九成就是還沒準備好。因此，廚師必須養成確實交出成品的態度。

✖ 主廚避免停下來要付出的隱形代價

「非完成不可」的原因，無非就是因為廚房生產工作的本質 ——
得送出大量高品質的食物。要端出數量那麼多的料理，必須仰賴很多
不斷重複的動作。重複動作所帶來的經濟效益，就是工業化流水線出
現的主因，只要不停重複同一個動作或是任務，單一工人可完成的工
作量就會變多、速度變快。如果其中一個工人停擺，整條流水線都會
被卡住，而停滯的成本不只是停下來的那段時間，還必須加上恢復生
產工作所耗的時間。想像夏琳主廚本身就是一條流水線，她有好幾件
工作要完成，但是她知道，比起「這個做到一半換下一個、在不同任
務間來回切換」，「一次完成一件 —— 或執行同類型的行動」會更有
效率。若想要持之以恆、貫徹行動直至結束，「執行的動力」和「整
合力」便是關鍵的根本之道。

✖ 主廚完成工作是為了淨空環境和思緒

除了交出成品這個目標以外，「結束」還有兩個面向的意義。

從物理角度來看，「結束」表示可釋放出寶貴的空間。許多廚師
的工作環境很狹窄，一天之中，他們的工作台會經歷好幾個階段的
「就位」：備料、料理、出餐。如果工作台還堆滿備料階段的東西，
想要乾淨俐落、有效率地出餐，根本是不可能的事。確實結束手邊的
行動，可以為下一個行動騰出更多空間。

「結束行動」就像洗盤子一樣，能把思緒清洗得乾乾淨淨。已經
完畢的行動不需要我們多餘的關注和記憶；而還沒結束的行動則相

反，否則難以完成。未完成的行動一旦累積起來，就會造成腦袋打結、耗盡我們的心力，即便天生有良好的心理素質足以應付混亂，我們還是花了好多精力，去處理、排序那些未完成之事，這些精力大可用在別的地方。

賈若比回想起有次他在伊登「八月」餐廳的廚房中切紅蘿蔔的事，他把切好的紅蘿蔔放到容器裡、蓋上蓋子，宣告**結束**。

還沒。主廚伊登說：「**容器還沒標籤、東西還在砧板上，還沒放進冰箱，你還是想著那盒紅蘿蔔，把它從你的腦海中移除才算完畢。**」

「我總是強調：開始做一件事，就要做到好為止。」伊登說。

🍴 主廚一開始就設想成果

主廚抱著兩個很衝突的觀念：他們一方面勸別人「搶先一步」有多重要；另一方面卻痛恨半成品，告訴你「**完成不了的東西就不要做**」。

我們要如何「開始」**並同時**「結束」每件事呢？那是不可能的，主廚口中這些話有著更微妙的意思：「開始」不是要你馬上著手做**每件事**，而是去創造一個有輕重緩急的系統，按照優先順序，去安排當下和未來的行動；而「結束」也不只是完成**每件事**，而是在做事情的過程中，學習不被其他事物的「開始」干擾。「結束」也可以是暫時中止某個任務，雖然還沒全部完成，但仍舊花時間確實收尾，讓下次有個乾淨、清楚的「開始」。主廚不喜歡**半路棄之不理**的任務 —— 這些東西霸占物理空間、也盤據你的心思，因為沒有被妥善地暫時安

置，之後也很難讓人再回頭好好處理它。就是因為「開始」和「結束」截然對立的特質，兩者之間能產生巨大的張力，我們必須學會一開始就設想成果：每當你開始一件事，都要問自己**在什麼時候、又該怎麼結束它**？

主廚伊登非常清楚，若在「開始」的時候沒有考量到「結束」會有什麼後果 ——「下班時間都已經過了兩個小時，你還困在廚房裡，就因為早上野心勃勃地開始十六件任務，卻一個都沒完成；但現在也不能一走了之，半途而廢的話所有東西都得作廢。」

「結束行動」這個原則，就是要求我們在「俐落工作」的同時，把別人要求我們的職責，和我們對自己的期望放在心上。

廚房之外

廚房裡的食材都有保鮮期限，但對我們這些主要和文字、數字、影像和人打交道的工作者來說，「結束行動」看起來似乎不是那麼重要。如果我現在沒有寫完這封電子郵件，不需要丟掉它，草稿這種東西不會「腐敗」，但是它可能占去實際和虛擬的桌面空間，比如它現在盤據我的腦海，稍晚我也還是隱約記得有個東西未完成。直到某個人或是某個東西提醒了我：誤期、失約了，草稿才失去了存在意義。

我們要的是正視自己，找出每每快結束時，那個想要暫停、作罷的原因，然後學習如何利用心理、物理的技巧，幫助自己挺過去。

我們要的是享受「結束」為時間、物理和心靈層面帶來的好處，不要事後才自食惡果。

我們要的是給自己一個機會，確實完成手邊的工作，不要一次開

始太多事情，做到一半的任務愈少愈好。

我們要的是替未完成的任務，找到暫時乾淨收尾的好方法，為實質和心理的空間保留更多餘裕。

主廚暨作者麥可・吉伯尼說：「每次在清單上刪去一項任務，你的大腦就會釋放腦內啡；每完成一件事情，那件事就從你的人生中消失。」

廚房經手的是會壞的食材、要端出的是完整的料理，更要在特定時間內不斷重複地產出成品，這樣的工作環境孕育出獨一無二的「結束」文化，我們可以將「結束行動」這個原則，藉以下幾個策略統合應用在生活中。

卓越就是交出品質。

▎練習：可學習的技巧 ▎

找出那些可以完成的任務

想要學會正確「結束」，就必須有正確的「開始」，若想成功完成一項任務，最好的方法就是在一開始就問自己：「哪些是可以完成的？」

透過兩個指標，我們可以判斷出哪些是「可以完成」的行動，那就是**簡易度**和**期望值**。

簡易度就是時間加上精力：我們多快可以完成這個東西？在這段時間內，我們必須花費多少精力？**期望值**就是行動的期限加上利益相關者：這個東西是要做給誰的？什麼時候要？

- 高期望值、高簡易度的任務，即為「**可完成的**」。
- 低期望值、低簡易度的任務，即為「**可延遲的**」。
- 低期望值、高簡易度的任務，**易使人分心**，比較瑣碎。
- 高期望值、低簡易度的任務，性質較**複雜**，最需要仔細規畫。

把這四個分類放在一起看，就形成了另一種「艾森豪矩陣」（the Eisenhower Matrix）。

還記得需要人投入的「沉浸式時段」和不需要人投入的「程序式時段」嗎？我們可以以自己完成沉浸式的任務；而程序式的任務，則需要自己以外的程序或人事的幫忙，因為使用的時間和精力較少，也比

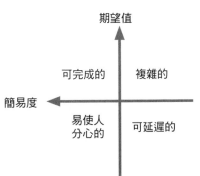

較容易執行，所以程序式任務的期望值通常較高。比起沉浸式任務，程序式任務比較「節能」、有成效，因為部分的工作其實已經由他人完成。程序式任務像是「好摘的果實」，在安排「開始」、「結束」任務的優先順序時，應該首先選擇這類型的任務。話雖如此，有些沉浸式任務的簡易度和期望值雖然較低，但是長遠的效益卻比較高；換句話說，在安排簡易、可完成的任務的同時，我們也必須考量那些不容易完成、不簡單，但是卻能帶來好處的事情。而有意識地練習好好「開始」，就是學習在「可完成的任務」（高期望值、高簡易度）和「複雜的任務」（高期望值、低簡易度）之間，找到最佳平衡。想在現代職場中生存下來，這種平衡就是成功關鍵。

將這種平衡帶到職場上會是什麼光景？我們來看看一位學校老師——席拉的「待辦清單」。席拉現在有四小時的空檔，可著手處理的任務有以下幾個：

- 為明天備課（三小時）
- 學生表現評量，已經完成一半，上星期就該交了（兩小時）
- 校外教學表格，明天要用到（三十分鐘）
- 撰寫親師座談會的邀請電郵，一個星期內要寄出（一個小時）
- 去書局買下學期需要用的教科書（一小時）

席拉應該做哪些事呢？

簡易度最高（以**時間**長短來考量）的任務，依序是校外教學表格、親師座談會邀請郵件、跑一趟書局。期望值最高（以期限來考量）的任務，依序是備課、校外教學表格、學生表現評量。

所以，最可完成的任務（高簡易度、高期望值）就是校外教學表

格。

而最複雜的任務（低簡易度、高期望值）就是備課以及學生表現評量。

席拉沒辦法完成**兩件**複雜的任務，她只能二選一。因為她已經培養出「交出成品」的心態，所以在做決定時，也將自己做的選擇會在政治層面和實際層面帶來的影響給考量進去：就政治層面來說，既然評量學生已經遲了，那再延遲一下應該沒關係，但是新的工作（備課）如果也延遲，這樣同事和上司對她的負面印象會加深；就實際層面來看，她也想為明天的課做好準備，而不是花時間做已經遲了的東西。於是，她決定選一個可完成的任務（校外教學表格），以及一個複雜的任務（備課），這樣總共需要三個半小時。兢兢業業地完成這兩項任務後，她拿剩下的半小時完成了四分之一的學生表現評量，畢竟就這個任務來說，四分之一總是比沒東西還好，所以在有限的時間內，她完成了兩個任務，還有一個任務完成到一半。從職場的政治層面和實際層面權衡，這就是最好的結果。在追求最大利益的前提下，她在可完成的任務和複雜的任務之間找到了平衡，並確實執行任務。

用一個工作天試試看這個思考練習，將這天任務清單上的項目，分別以前述矩陣的四大象限分類，並找出能創造最佳實際與政治效益的組合，依此選擇今天要優先執行的任務。

廚房練習：穩住腳步、交出成果

下次在準備一餐招待別人時，如果發現自己很難在預計的時間上菜，可以問問自己以下幾個問題：

- 哪些東西是可以準時端上桌的？
- 有沒有時間先準備一些簡單的東西，讓客人邊吃邊等？
- 剩下的料理要按照什麼順序烹飪，才可以準時上菜？

擁有「交出成品」的心態，就是要隨時考量並調度：什麼是可以完成的？完成的期望又是什麼？

習慣：可反覆實踐的行為

我們為什麼止步？讓自己努力下去的策略

無法「結束任務」最大的問題，其實就是「**堅持不下去**」，而堅持不下去的理由 —— 為什麼我們很多人會半途而廢，或是在任務快完成之際罷休 —— 每個人都不一樣，解決方法也需要對症下藥。

疲勞使我們無力：堆積成山的工作消耗我們的體力和腦力，而這個問題的唯一解就是休息。我不認同筋疲力盡了還硬撐下去的工作方式，因為你不可能撐一輩子（但是有時候不只是料理專業，很多職業都認為這是無可奈何的事）。加班、熬夜或許是交出成品的策略之一，但只是暫時性的手段，只能偶爾為之。如果你三不五時就需要加班，那你也應該三不五時，就給自己額外的時間休息作為獎勵。我個人提倡以下做法：首先，分辨恐懼和疲勞。恐懼有時候會偽裝成疲勞，並產生相似的生理跡象：眼皮重、肌肉痠痛、甚至睏倦。真正感到疲勞時你需要休息，然而若是因為恐懼而產生倦怠感，通常只需要一杯咖啡、精神喊話、甚至是當頭棒喝，就能再振作起來。再

來，**計算休息的代價**，休息一下再回來工作會更有效率嗎？若有，這樣的效率值得我花時間休息、重新再進入狀況嗎？還是說，距離「完成」還有幾分鐘甚至幾小時的現在，我若停下手邊的工作，就會造成之後**更大**的工作量？現在努力撐下去完成工作，是否可帶來心理的釋放感，讓大功告成後的你得以休息得更徹底？硬撐的結果會不會造成內心沮喪，最後工作也做不好呢？所有堅持不下去的理由當中，疲勞是最能成立的，我們需要找到自己疲勞的真正原因，並拿出合適的應對方式。想知道更多應對疲勞的策略，請參考本單元後面的〈刻意休息〉。

拖累我們的恐懼、憤怒和絕望：有時候我們會沒有信心能完成一項工作；有時候我們則是對自己的處境感到憤怒、絕望，這些情緒會掏空我們的精力、導致我們抗拒工作。不管我們是對自己的能力，還是對自己的意志力沒信心，面對恐懼、憤怒和絕望，最好的辦法只有一個：**一次向前踏出一小步**，真的是「讓腳步一點一點向前」，或是「動一動手臂、手指也要跟著動」，慢慢來。有時候我們需要一點時間去感受這些情緒到底有沒有必要；或是去判斷該怎麼調整才有助於克服恐懼。不管怎樣，不採取動作就不能有所改變，所以請繼做些什麼。想知道更多應對憤怒和恐懼的策略，請參考本單元後面的〈對抗完美主義〉。

野心壓迫我們：野心是個在我們內心暴走的行廚主廚，在我們尚未完成某件事時，內心的主廚就急著命令我們去做其他事，這時候最好的解決方法，就是**暫時將這位內心主廚「降級」**，主廚大人需要冷靜一下。把自己當作員工，而不是上司，告訴自己：在這些蘑菇處理好前，我只是一個二廚，不是主廚；在這個項目做完以前，我只是一

個流水線工人，不是高階主管。不要給自己做其他事的自由。

注意力不集中令人混亂：很多時候事情做到一半丟著，是因為我們的心無法分辨優先順序。突然有人帶著他們的問題來找我們 —— **他們的**問題，真的不是我們的 —— 我們就離開工作崗位去幫忙，因而壓縮到自己完成工作的時間。有時我們腦中一下子有想法閃過，但那件事不急，急的反而是手邊本來在做的事，最後常本末倒置。有時候我們靈光乍現，突然對某個專案有新想法，興奮地坐不住，一刻也靜不下來好好工作。面對這些混亂，就是要**集中精神**：當你覺得無法集中注意力做事的時候，眼睛確實看著工作的內容。試著讓身體穩定下來，雙腳穩穩踏在地上，並盡可能隔絕、迴避外在刺激。

過分自信欺騙我們：我們有時候很異想天開，不僅高估了自己的能力，更低估時間和空間的法則。過度自信的我們，不去預估完成任務所需的時間，也不會特別安排時間去執行任務，過度自信就是我們臨時抱佛腳的主因，也讓我們出現先前描述的「終點線症候群」——例如，明明就在寫一封信件，但剩下的幾行硬是擱著沒寫，或是空下需要再補充的細節，結果兩天後這封信還是未完成，依舊是一封待寄出的草稿。過度自信也讓我們時常忘了，暫停後再開始是需要時間進入狀況的。而對付過度自信的方法，就是誠實看待時間，認清每個人都要遵守物理定律的事實。我知道，有時候我們會如有神助般一天就完成了一整個星期的工作量；或是突然福至心靈，將眼前的任務變得既簡單、又容易。這時候的我們似乎可以扭曲時間和空間，但是這種不可思議的日子太不可靠了，而且只有大師級的人物，才會時常進入這種境界。時間和空間可以被扭曲，但扭曲它們的是那些專注投入的人，不是那些漫不經心的人。

在一週的尾聲檢視自己的進度，如果發現許多未完成的任務，很可能是以上提到的某種情緒正在妨礙我們養成「交出成品」的心態。

收尾

有時我們被迫停下手邊工作，可能是因為突發狀況，也可能純粹是因為時間不夠用。既然知道東西肯定完成不了，就要想辦法好好收尾，這麼做不僅可以收拾心情和實體環境，也能讓下次復工更容易。

一些策略如下：

- 先將該專案的材料收集起來，並統一收在同個位置。
- 立刻寫下腦中首先想到的各種想法和點子，之後可用來提醒自己。
- 排定之後回來繼續工作的時間，或是設置提醒，屆時再把工作排進時程表。
- 向夥伴或是利害關係人報告進度，評估剩餘的工作量，看對方現在或是復工時能否提供支援。

記住這句忠告：既然「開始」的時候，要把「結束」和「停頓點」放心上，那麼「結束」的時候，也不能忘了考慮「開始」和「復工」的時間點。

舉例來說，作家海明威有個習慣，每次結束一段落的寫作時，他都會先把下一段落想寫的第一句話寫好。一九三五年，海明威寫下這段話：「每當你文思泉湧、清楚知道接下來要寫什麼的時候，就該停筆。」這種暫停不只侷限於寫作，任何性質的工作都適用，這麼做可

以幫助你在下次復工時，縮短暖機、進入狀況的時間，並延續先前工作的動力。如此一來，任務再也不會有始無終了。

隨時清除障礙

我們應該隨時疏通停滯的專案，這樣才有機會完成它們。面對每一項重要的目標、專案或是使命，我們都應該問：是什麼導致我無法繼續？是什麼阻礙了進度？

有時候，外部的程序（例如等待上級核准）阻礙了進度，我們被迫停止，但如果我們有能力清除這個障礙（例如說寫封電子郵件追進度），這時候靠自己就可以讓專案再次動起來。有了「交出成品」的心態，自然可以嗅出潛在的「外部障礙」，並學會迴避它們。要是我們無法迴避呢？如果必須讓出控制權呢？那我們就要學會和這些程序**共處**，想辦法移除、避免各種障礙，讓前方的道路暢通好走。

想確實理解「清除障礙」這個概念，可以從都市通勤者每天面對的問題來看，那就是大眾運輸工具。搭乘地鐵或公車時，影響我們前進的阻礙不斷出現，像是旋轉柵門、排隊的隊伍等。等到通過了這些阻礙，我們在車班與車班之間也免不了停下來等待，所以每次到了停頓點，我們的目標是（一）等待的時間**愈短愈好**、（二）利用等待的時間，**縮短**下一個停頓點需要的等待時間。

「**聽起來**」很複雜，但我兒子五歲的時候就懂這個道理了。

有一天他在地鐵的月台上，拉著我走到某一排座椅，他說：「爸，站在這邊。」為什麼他特別選了這一排座椅呢？因為就像大多數紐約人一樣，他知道待會搭車到了我們的目的地站之後，我們會

在哪裡下車。那為什麼是這個位置呢？因為等一下車到站的時候，我們就可以趕在人潮之前，先到達樓梯口。才五歲，他就知道在「起跑點」等待時，可以有策略地**縮減**抵達目的地後的等待時間。這就是在「平衡動作」、「搶先一步」、「結束行動」；這就是「就位」之道！

對抗完美主義

完美主義源自兩種情緒：一種是害怕失敗；另一種是對即將出現的失敗深感絕望。而完美主義者也有兩種：一種是會投降放棄的；另一種是不肯輕易放棄的。這兩種完美主義者內心都有恐懼，但前者的對策是乾脆放手，後者則是不願善罷甘休。

記住，**追求完美**和**完美主義**不一樣。追求完美者和完美主義者都是朝著理想努力，但是追求完美者知道「卓越」不是創造品質最好的東西，「卓越」是接納各種限制 —— 期限、期望、突發狀況、他人回饋 —— 之後，仍舊交出品質最好的成品。主廚不可能花一輩子追求一盤料理的十全十美，顧客會餓、食材會壞，主廚必須**交出成品**。

這個社會認為求快、趕出來的東西很難有品質，但是在主廚眼中，期限對品質來說**不可或缺**，因為沒有成品就沒有回饋；沒有回饋就無法持續改善，自然就無法創造卓越，而**卓越就是交出品質**。

期限可以鞭策出卓越。洛恩・麥可斯（Lorne Michaels）製作九十分鐘的「週六夜現場」（Saturday Night Live）—— 在電視圈深具影響力的喜劇節目 —— 長達四十年。他說：「每次開播都不是因為萬事俱備，而是因為晚上十一點半到了。」雖然「週六夜現場」播出過很多稱不上完美的喜劇，但是十一點半到了，喜劇小品還是要準備好上

場，爭取創造完美的機會。千萬不要讓完美主義害你**錯失機會**。

切割時間

將大型的專案切割成數個小任務，並在安排好的時程內完成任務。拿捏好任務大小的尺度，例如我知道自己通常可以在一至兩個小時內完成約五百字的寫作，所以我會將寫作專案以這個標準下去切割，我也不勉強自己在時間內多寫，只要按部就班，我就能夠確實完成一個專案。完成小型任務能給我們信心，因為我們會更容易看到成果在成形。做法如下：

1. 分析專案的架構。
2. 找出合適的停頓點。
3. 執行任務時，把目光放在停頓點上。

刻意休息

我們總是向老天求饒，希望手邊的**工作可以快點結束**，但為什麼每當到了將完工之際，我們卻無所不用其極「逃避」呢？

原因很簡單：那些我們老是抱怨不已的「程序式任務」，其實比沉浸式工作容易多了。再說，每每完成一件程序式任務，我們的大腦就會釋放腦內啡；反觀困難很多的沉浸式工作，卻很少帶給我們完成時的滿足感，也因為這類工作需要思考，迫使我們向內探索自己，我們的情緒和需求全部被攤在陽光底下，也難怪我們總是將需要動腦的工作丟在一旁，轉而在社交媒體上閒聊、滑手機上網。

創意 —— 親手創造東西；用文字、數字、設計、影像或音樂創造東西 —— 不是線性的。如果你替自己規畫了兩個小時的沉浸式時段，卻每分每秒逼自己像服刑一般痛苦地絞盡腦汁，這麼做就大錯特錯了。創意發想也需要喘息的時間，就像我們一樣，不管是心理、生理，還是社交方面，都需要適當的休息。若想要善盡職責、符合期待地俐落工作，就不能忽略刻意休息的必要。

規則如下：

1. 動腦的創造性工作期間內，**想休息幾次都可以**。

2. 在一張紙或是試算表上，記錄每次**刻意休息**的時間。

3. 在最上方註明開始的時間。

4. 每次休息，重起一行紀錄開始和結束的時間。

5. 在休息時間旁，請寫下休息的原因。

   * 心理因素（如：想找人聊天、上網，或你就是沒想法）
   * 生理因素（如：上洗手間、吃零食、伸展筋骨、起身走動）
   * 社交因素（如：有人打擾你、和朋友或是同事聊天）
   * 工作因素（如：處理其他專案）

6. 動腦的創造性時段告一段落時，記錄結束時間。

7. 計算開始到結束的時間，減去休息用掉的時間。

你也可以使用時間管理的應用程式，養成記錄刻意休息的習慣。我替我的動腦時段製作了一張試算表，它會自動計算某個時段的工作百分比，我發現如果百分比低於七十五的話，說明那次的創造性動腦時段特別有挑戰性。

但是，重點**不是**要你提高工作百分比，而是要幫助我們理解自己

什麼時候需要休息、**為什麼**需要休息。了解之後，就能更妥善地規畫動腦創造的時間，促進創意發想的過程。

刻意休息紀錄			
紀錄開始：早上十點		紀錄結束：下午一點	
開始時間	結束時間	原因	分鐘數
早上 10:10	早上 10:15	心理	0:05
早上 10:29	早上 10:31	生理	0:02
早上 10:45	早上 11:05	工作	0:20
早上 11:30	早上 11:35	社交	0:05
下午 12:02	下午 12:06	生理	0:04
下午 12:20	下午 12:30	心理	0:10

工作完成紀錄		
總時間	休息時間	工作時間
3:00	0:46	2:14
工作百分比：74%		

🍳 主廚再出擊 —— 強而有力的結束

夏琳‧強森‧哈德莉每晚從廚房下班後，在家迎接她的是十一歲的女兒克羅依，還有她擺得到處都是的七彩美勞作品 —— 繪畫、塗鴉、雕塑品 —— 全部都完成到一半。

身為主廚的夏琳，實在看不下去克羅依的創作模式了。克羅依對每個作品都有想法，可能是要再加點什麼，或是還有哪裡要修改，但未完成的作品一天一天增加。終於，在某寧靜時刻，夏琳說話了。

「克羅依，你是個聰明的女孩，但是你都無法集中精神。」

「我知道，媽咪。」克羅依回答她，夏琳頓時啞口無言。

「但是，」克羅依繼續說：「有時候就是我想一次做很多事。」

「那沒關係啊，」夏琳告訴她：「有時候我們必須同時做很多事，但你不能開始五件事，五件事卻都沒做完，不能一些事只做了百分之七十、八十，另一些又只做了百分之二十、三十、九十。就算是做了百分之九十的事，那還是沒完成。如果你想要一次做超過一件事，先試試看做兩件就好，等到這兩件事做完了再去做第三件事，如果可以做到這樣，等到你十四歲，就有辦法一次做五件事了，而且到時候每件事都可以完成，重點就是要完成。」

夏琳看著克羅依，希望她有把話聽進去，如果克羅依能學會「交出成品」，那她就學會了一項強大的生活技能，她可能不會像媽媽一樣當主廚，但她會成為自己生活的主導者。

幾個月後夏天來臨，在布魯克林社區舉辦年度街坊派對的那個早上，夏琳走出家門，看到克羅依已經在桌上擺了好幾個完成的作品，一旁都用油性筆寫了標價，這些全是克羅依一手包辦的。

那天派對結束時，所有的作品都賣光了。

成功的配方

堅持交出成品。任務快完成之際，確實完成它。隨時清除障礙。

第六個材料

慢慢來比較快

主廚的故事：跑壘選手

安傑羅・索薩（Angelo Sosa）——澤維爾高中棒球隊「獵鷹」的中外野手，想爭取先馳得點的機會，在對方投手發現以前，他已經跑到二壘和三壘的中間了，三壘手接到球、想著要觸殺的那三毫秒，索薩早已衝上壘包。索薩可是盜壘高手。

索薩在社交場合十分內向，到了球場馬上變一個人。他的父親是個多明尼加裔的前美國陸軍上尉，後來轉職為心理醫生。在康乃狄克州郊區長大的索薩和他六個手足，被父親以軍事教育的方式扶養長大：做錯事必定嚴懲；如果被叫去做家事，索薩絕對風馳電掣。離家獨立後，他更是一刻都慢不下來。

高中畢業後，他對棒球的熱情轉移到了廚藝上，回想在CIA最初的時光，他說自己像個訓練不足的菜鳥警察，到處找事做：參加學校的奧林匹克選手徵選；還請求面見當時的校長斐迪南・麥茨（Ferdinand Metz）。麥茨的助理看著眼前這個一年級新生，嗤之以鼻地說：「學生只有在畢業典禮的時候可以見到校長。」索薩鍥而不捨，某天早上他逕自跑到麥茨在校園內的住所——這麼窮追不捨，到底有什麼話想說？

「麥茨校長，我是安傑羅・索薩，請記住我的名字。未來，我將躋身世界上最有名的廚師之列。謝謝你，抱歉打擾了。」

索薩從CIA畢業後，他獲得研究基金的補助，也因而得以進入克里斯帝安・伯特蘭德（Christian Bertrand）的廚房內工作，更一路做到副主廚的位置。一九九九年，索薩在餐廳工作三年多，伯特蘭德問他想不想去見一個人，那可是凡身為紐約年輕一輩的廚藝工作者都想拜師學藝的對象 —— 讓－喬治・馮格里奇頓。當時正值開在中央公園附近一間飯店裡的四星餐廳「讓－喬治」甫開幕不久。

索薩記得那一片白色的會面場合：閃閃發光的象牙白瓷地板、一塵不染的廚房、馮格里奇頓身穿白色的主廚制服，讀著《紐約時報》。雖然馮格里奇頓說的每一句話，索薩都只聽懂一半，但是他的聲音卻令人欽佩莫名。馮格里奇頓示意要索薩跟著他，他領著這名年輕學徒去看剛從法國運來的「Bonnet」烤箱，像是在介紹一台法拉利跑車似的，他將索薩的手指拉到烤箱手把上，讓他感受烤箱門的重量，馮格里奇頓微笑著說：「**看見沒？**」索薩被他的光芒迷惑，接受了六點二五美元的時薪，並降級為蔬菜廚師開始做起。談完新工作後，索薩整個人輕飄飄的，一路走到中央車站，車都坐回康乃迪克的史丹佛站，他才猛然發現：新工作的薪水不到他現在賺的一半。更慘的是，週薪還不夠他付大都會北方鐵路的月票，房租就更不用說了！索薩下車後，家也不回便直接到附近一間銀行，說服對方給他美金一萬三千元的貸款，暫時補足荷包的缺口。

那個星期稍晚時，索薩去找馮格里奇頓談話，他說：「這是我這輩子做過最大的投資，我只想讓你知道，我會成為你聘請過最棒的主廚。」因為索薩的膽識，馮格里奇頓還將他的時薪加到十二美元。

以前打棒球的時候，索薩知道自己有能力打進小聯盟。現在他在這裡，可說是另一個領域的大聯盟，正如在球場上和之前待過的廚房

那樣，速度就是他的優勢。他把自己想像成一個武術家、一個忍者，在工作台上像一陣華麗爆破般地工作，令其他人目眩神迷。

事實是沒有半個人這樣覺得。

馮格里奇頓很喜歡給廚師出難題，有時候他會在出餐服務開始前一個小時，才把當天的菜色全換掉，然後看他們忙得暈頭轉向。索薩四處奔走，但慌亂奔走的同時，他開始出錯，他端出的料理幾乎都達不到馮格里奇頓和副主廚雅各‧奎倫（Jacques Qualin）要的水準。他會忘記很簡單的事，例如汆燙蘆筍的水忘了加鹽巴 —— **丟掉、再做一次！**切的蔬菜大小不一致 —— **丟掉、再做一次！**索薩很慌，但驚慌讓他變得更心急。他愈急，落後愈多；落後愈多，闖禍愈多。

其他廚師開始調侃他。「矮子」伊登幫他取了一個外號：「做很快但還是得做第二次的索薩」。每天晚上奎倫還會把索薩「就位」好的東西丟掉。索薩開始提早進廚房，有時候還穿著制服入睡 —— 前提是他如果有時間睡覺的話 —— 只為了能早點開始準備。有一天索薩因為料理忘了調味，又被奎倫臭罵一頓。和他一起負責蔬菜區的夥伴再也忍不住了，他說：「**你的工作台亂七八糟，老兄，你根本沒資格在這裡，我還沒遇過這麼爛的夥伴！**」

真是夠了！索薩心想，帶著滿腔憤怒和挫敗地奔出廚房、經過咖啡區，朝門口走去，他的皮夾和便服都還在員工休息室。**管他的！**索薩暗自呢喃，反正皮夾半毛錢都沒有，但是站在發著紅光的出口指示牌底下，索薩感覺自己撞上一道隱形的牆，他動不了。接著，他竟轉身走回工作台，一把抓起他的夥伴，告訴他：「**你敢再這樣對我試試看！**」

因為這番強悍的發言，其他廚師不再捉弄他，索薩的心情也放鬆

了。情緒得到舒緩,他開始變得和以往的他不一樣:他慢下來了。他的動作開始變慢、犯的錯開始變少,隨著失誤愈變愈少,他也開始做到「讓－喬治」廚房所要求的成品精巧度。索薩找到了他所謂的「**均衡狀態**」──速度和精緻度的最佳平衡點。現在他的動作媲美**真正的**忍者:步履不再踉蹌,而是行雲流水。發現錯誤時也不會失控驚慌,如果紅蘿蔔切得不好,索薩會停下來深呼吸、收拾環境、從頭開始、將紅蘿蔔切到完美為止。

　　某天出餐服務開始前,馮格里奇頓經過索薩的工作台,其他人都急忙地準備,只有索薩一個人不疾不徐地擦拭著一組銅鍋,馮格里奇頓露出一抹微笑。

　　「很好,主廚。」語畢,馮格里奇頓轉身離去。

主廚知與行

✕ 主廚不奔跑

　　主廚和時間的關係一向矛盾,他們每天都在和時間賽跑,但有時候他們似乎能夠凍結時間。時間或強硬或柔軟;是有限也是無限的。主廚知道哪些時刻特別要緊,他們知道一個人的時間感和空間感脫不了關係,而與時間和空間相關的各種概念一經結合,便成了幾乎可以用量子力學去解釋的「**慢慢來比較快**」一說。

　　索薩離開CIA後才學到的道理,瑪莉莎‧葛雷(Melissa Gray)還在CIA就讀時,就已經開始領會。在高品質食品生產課的廚房裡,葛雷東奔西跑,指導主廚大衛‧麥丘(David McCue)一開始也只是

靜靜地觀察。

最後他說了一句話：「主廚從來不奔跑。」

葛雷停下腳步，看著他。

「你有在這裡看過主廚奔跑嗎？」他問，葛雷想了想，修業四年一次都沒看過。

「主廚不會跑，因為他們總在對的時間，站在對的位置。」他說。

這句話的意思很明顯：奔跑，就代表你沒準備好；奔跑，就是在浪費精力；奔跑，就是忘了動腦；奔跑，讓你看起來像個廚師。

許多專業的主廚稱自己為「廚師」，是因為謙虛所以沒冠上令人尊敬的「主廚」頭銜 —— 葛雷也相信，這個頭銜不是自己說說或是有個學位就能拿到的，真正做到專業水準才夠格被稱為主廚。只是在葛雷許多同儕眼裡，「廚師」還是個羞辱人的字眼，好比說用在教訓別人「不要像個廚師一樣！」在CIA，一個學生是「廚師」還是「主廚」，全看他／她是否掌握了生理和心理的「就位」——**主廚懂規畫，廚師不懂；主廚看見的是整個廚房，廚師眼裡只有他們的工作台；主廚的動作沉穩而流暢，廚師又急又趕。**

葛雷還記得她的技術指導老師魯迪·史貝肯（Rudy Speckamp）在她第一次實作考試前給她的建言，這個考試會決定學生可否晉級。

他說：「用**假裝**的也要假裝出冷靜的樣子。」

✕ 主廚不會恐慌

基本概念如下：面對迫近的期限，人類最自然的反應就是趕和恐慌。不要趕，因為人一趕就會開始丟三落四；不要慌，因為人一慌就

會開始忘東忘西。如果你發現自己開始心急或是恐慌，或是兩者都有，請停下來、深呼吸。如果焦慮感催促你做些什麼，那就開始整理環境。整理環境，例如動手擦拭你的工作台，會迫使你好好呼吸。請環顧四周，思考你現在的處境，以及接下來你必須抵達的位置。好好想一下該採取哪一步才能到那裡，然後，慢慢踏出那一步。

韓德森主廚還記得剛開始在「wd-50」工作的某天，她恐慌發作了。那時餐廳才剛開始提供午餐服務，迪弗雷納主廚一刻都沒讓大家閒著，廚房員工必須連做兩班。「我們又餓又暴躁。」韓德森回憶道。那時候的她還有些家庭問題纏身，當天她去農人市集買草莓，卻買到錯的品種；後來做開胃小點，怎麼做怎麼錯。時間不斷流逝，她急急忙忙地料理全體員工的家庭餐，卻把稍晚要用的白花椰菜烤焦，眼看離出餐時間所剩無幾，她瞬間崩潰、奔出廚房。過了一兩分鐘後，迪弗雷納出現在她身旁——廚師巴澤爾知會他韓德森出狀況了。「小莎，怎麼了？」他說，「集中精神，我跟你一起做家庭餐，然後再解決開胃小點的問題。」迪弗雷納拆解她的任務，並引領她一步一步完成，出餐服務一切順利。**有時候，影響你的其實是心中對工作的恐慌，而非工作本身。**

🍴 主廚先講求準確，然後才追求速度

對廚師來說「慢下來」有兩個重要的效果：首先，「放慢速度」可以穩定身體，讓動作變得更流暢、更準確。再來，「放慢速度」可協助大腦將一連串的動作，拆解成連續而獨立的步驟。也因為這兩個效果，「放慢速度」最大的價值就在於：**唯有放慢動作，廚師才有機**

會培養出品質與速度兼顧的能力。這也是我們大腦的運作方式。

　　人類的動作和思考，全是神經元之間同步溝通的結果 —— 神經元就是我們的腦細胞。而溝通的物理傳導途徑就是「軸突」和「樹突」：軸突負責對其他神經元發出訊息；樹突則負責接收訊息。人類的大腦會製造一種稱為髓磷脂的物質，加速神經元的傳導，某個神經元與其他神經元連結愈多，就會有愈多的髓磷脂包繞著該連結的軸突，這個包覆的過程就叫做「髓鞘化」，是一種不斷重複某個動作、某種思考模式所產生的生理機制，也是我們學習、熟諳知識或技能的原理。

　　「髓鞘化」之所以有趣，就在於髓鞘的形成也涵納了動作、思考和練習的品質，如果你不斷拙劣地重複某個動作，那髓鞘就會為你將動作中的拙劣給保留下來。而如果你不斷準確地重複一個動作，那份準確度就會被髓鞘保存下來。或許速度加快會讓你的準確度下降一點，但如果在拙劣的習慣上要求速度，那麼準確度根本不可能提高。因此，如果要在速度和準確度間兩者擇一的話，準確度絕對優先。就像美式足球巨擘文斯·隆巴迪（Vince Lombardi）說的那句金句一樣：「練習無法造就完美，完美的練習才能夠造就完美」。

✕ 主廚放慢動作，也讓時間慢下來

　　主廚相信，物理環境的狀態不僅能對心理造成影響，更可以改變一個人的時間感。如果你的工作台很髒亂，這天就會變得很緊繃；如果你的工作台很整潔，一整天都會感覺舒坦。一旦開始擔心時間，你的情緒就會反映在物理環境上，與時間和平共處，你的工作空間就會

變得澄淨。

　　主廚是性格實際的一群人,但只要一談到「就位」之道的話題,他們卻往往用上很抽象的語言。記得主廚利普瑪吧?在談論做計畫的好處時,他提到平靜與「迎接每一天」的哲學。當他滔滔說著邊工作邊維持環境整潔的益處時,更談及了生命中一股無形的能量,他形容自己「可以漂亮地呼吸,做出美妙的料理」。

　　主廚必須把握每分每秒,但是和我們不同,他們不會遲疑規畫和組織是否會浪費寶貴的工作時間。他們**深知**花點時間整理空間的智慧;他們**深知**如何節省時間,又如何創造出更多時間。放慢速度、流暢地動作在主廚眼裡重要性數一數二。

　　每當我們深陷人生的泥淖中、當期限在我們眼前步步逼近時,要我們慢下來真的很難。讓人感到安慰的是,主廚這種人每天都在和自己的衝動對抗,但是他們不怕失敗嗎?當然怕!他們會和時間賽跑嗎?必須的!經驗豐富的主廚很清楚「忙進忙出」和「倉促行事」的差別;也知道「急迫感」和「恐慌」不一樣。透過流暢的一舉一動以及堅持到最後一刻的沉穩,主廚平撫了自己的思緒,更延展了時間。他們掌握了**情緒的清淨**,進而俐落地工作。

廚房之外

　　談到「放慢速度」這件事的時候,我們說的大多是「肢體動作」——也就是移動雙腳、手臂、手指等。但是「放慢速度」也可以是認知上的慢下來,也就是指放慢我們的思考;更可以應用在人際關係和理論層面上——如何開始新的專案、如何開始一段新的關係、

如何投資金錢和資源。

　　在廚房之外，無論是生理、心理還是社交方面，我們都可以將「慢慢來比較快」的原則，加以應用、統合。

▌練習：可學習的技巧 ▌

緩慢而沉穩的動作

　　在掌握速度以前，我們必須掌握沉穩。想要學會沉穩，就必須刻意減緩速度。下面幾個練習，有助於學習如何「放慢速度」。

- 當你覺得心急時，**延展你的動作，而不是加快動作**。如果是用到雙腳，不要跑，只要加大步伐即可。如果是用到雙手，想像自己是個舞者一樣，優雅地伸展雙臂。

- 練習**間歇呼吸**：準備一個碼錶或可以間格定時的計時程式，選一個你常做的任務做五分鐘，其間每六十秒就停下所有動作，然後深呼吸一次。

- 不管是在電話中或是面對面，對話總是讓我們失去耐心，和他人說話口氣難免變得失禮。對話是「控制速度」很好的練習機會。一旦發現自己開始喋喋不休，或是打斷別人說話，就馬上把**說話速度放慢**，你會發現這樣做會讓自己冷靜下來，對方也不得不專注在你的言語上，對話結束的方式會令人感到更真誠、有禮且坦白。

- 面對壓力，思緒會變草率。下次腦袋打結的時候，拿出一張紙，並開始把**腦中的各種想法寫下來**，這種思緒「卸載」動作可以緩和心情，說不定你還會畫出一張心智圖，不僅可能讓你冷靜下來、對行動產生新想法，甚至還能幫忙解決問題。

任務步驟分解

找一件你習慣匆促完成的任務，或是一件你覺得很難熬、很害怕、老是做不好的事，試著將它拆解成獨立的步驟。

1. **先執行一次該行動**，例如完成一份銷售提案，或任一種常見的含視覺輔助元素的企業報告。從頭到尾執行並確實計時。

2. 把**完工所需時間**記下來，並在每次**出現阻力**時，都做個紀錄：是找不到圖片還是什麼資料嗎？或花太多時間在確定格式上了？

3. 最後**將行動的各個步驟列出來**，步驟不要過簡易或過繁複，盡量控制在五到十個步驟左右。將行動拆解成個別獨立的子行動，以撰寫銷售提案為例，拆解後的步驟可能是這樣：（一）收集資料（二）撰寫大綱（三）收集圖片（四）製作投影片（五）最後校正，完成後準備呈交。像這樣拆解任務，可以幫助我們釐清很多事，或許我們在收集資料上花了太多時間，下次可以安排足夠的時間收集資料，或是在執行任務以前，事先委請他人收集資料，這樣我們就可以專注在其他步驟上。又或許你發現調整投影片的格式很麻煩，因為你沒空製作統一的樣本，若有的話工作會更有效率。

4. 行動被你拆解、切割的分段點就是需要你另外新創程序、先修正某些問題，或是加強自己某方面能力的關鍵之處。請暫停下來、放慢動作，然後替此行動在時程上另外安排時間。

這個練習的目的，就是透過有意識地分析，放慢速度去執行有潛在結構的程序，經由刻意的練習，便可以找出程序的最佳流程，並加

快執行速度。這個練習就像是練習演奏樂器一樣，紐約大學教授、音樂學家傑夫・派瑞茲（Jeff Peretz）打比方，他說：「遇到特別困難的曲目，我會讓學生把這個任務拆解成小任務 —— 然後很緩慢地重複練習那些片段，等到小任務都完成了、手指頭的速度都跟得上了，就把這些小任務接在一起，然後練習銜接它們。如果不拆解曲目，一開始就直接練一整首，很難彈得好。」

遇到複雜的任務，花一點時間放慢腳步、先好好分析。雖然分析的時候感覺很像在浪費時間、如坐針氈，但是就長遠的眼光來看，這麼做反而可以省時。

廚房練習：放慢動作

身體可以緩和心靈，對很多主廚來說，沉著的身心能創造出比較好的料理。下次料理餐點時，試試看刻意讓動作變得更緩慢、穩定、流暢，然後觀察這麼做能為身為廚師的你、那次的表現、做出的食物，以及自己和你招待的客人的心情，帶來什麼影響。

習慣：可反覆實踐的行為

拖延症終結者

「慢慢來比較快」這個思維，給予我們對抗拖延症的力量。

伊薇特（Yvette）是個會計師，她現在必須處理一堆公司年度審計的試算表，因為手邊的工作太多了，才打開第一個文件她就感到心

浮氣躁，所以她點開網路瀏覽器、點開電子信箱 —— 開始做起無關緊要、讓她暫時忘記工作的事情。

「慢慢來比較快」是另一種處在當下的方法。如果伊薇特覺得工作窒礙難行，她不需要讓自己分心，只需要放慢動作就好 —— 她可以**緩慢地**敲打鍵盤，例如一次只按一個鍵；如果她需要統整文件，可以緩慢地收拾、動作流暢宛如在跳芭蕾一般；如果她需要打電話找人要資料，可以慵懶地按下每個電話的數字，她甚至可以放鬆自己的聲線。放大每個動作、透過這些行為調整呼吸。她肯定還是十分厭倦處理這些事，但至少她的一舉一動變得像是場遊戲、也像動態的冥想。雖然進度緩慢，但工作終究一點一滴完成，而最大的差別在於：（一）她沒有喪失主導權、（二）即使貌似疲乏無力，她還是不斷前進、（三）每個動作的思考時間變多、思慮也更周延了（這和面對排山倒海的工作卻只能崩潰、難以前進，可說是天差地遠）、（四）她將行動拆解成連續的單位，就像我們先前練習的那樣。針對大型專案，「拆解」已經是公認有效的方法，但是我們通常不會把這個方法用在規模較小、性質普通的活動上，像是寫電子郵件，或是準備會議資料等，不管這類任務耗費的精力再小、時間再少，還是有可能帶來不小的心理壓力，所以利用拆解的方式去完成較小的任務，同樣能幫助我們突破阻力。

阻力愈多，動作就愈慢，但請不要「停止動作」。這個「動作慢而不止」的技巧適用在任何你不情願做的事情上：像是早上起床（先移動左腳、再移動右腳、然後起身、雙腳落地）、洗碗盤（收集髒盤子、打開水龍頭、沖濕盤子、拿洗碗海棉、以畫圈的方式刷洗）。

製作恐慌、突發狀況專屬的檢查清單

　　無論是在公、私領域，每個人都有自己可能被觸發恐慌的弱點。如果你發現自己容易一再因為某些事陷入恐慌，可以利用各式檢查清單，幫助自己面對這些事情。（檢查清單相關內容請看〈第二個材料：安排空間、改良動作〉裡的說明）

　　舉例來說：每次出錯惹上司生氣，弗雷德就會崩潰。他的手會抖一整天、變得健忘，然後犯更多失誤，狀態因而每況愈下。幾個小時之後，某個朋友就會把他拉到一旁，試圖安撫他。與其重蹈覆轍，弗雷德不如記取教訓，並準備一張危機檢查清單，固定放在辦公桌上。

上司抓狂時：

1. 聽取上司意見並在內心檢討。

2. 不要道歉、不要辯解，因為上司討厭聽到對不起跟藉口，而總是會說：「去把事情做好。」所以只要回答「我會把事情辦好即可」。

3. 冷靜身心！不管事情有多緊迫，先到一個安靜的地方，好好深呼吸兩分鐘，身體向前彎曲碰腳尖、起身、伸展四肢，重複動作十次。然後到洗手間用冷水沖個臉。

4. 寫下解決問題的步驟清單，判斷每個步驟需要多少時間。

5. 如果時間很緊急，別忘了將部分工作委派他人或是請求支援，讓團隊、同事幫助你！

6. 任務完成後，記得知會上司「問題解決了」。

7. 如果任務在下班前完成不了，向上司報告進度，並給出預計完成的時間。

　　利用檢查清單幫助面對問題，對工作上、家庭中的人際關係都很有幫助，例如，若某些特定情況（上司抓狂、小孩忘了做家事）會讓你情緒失控，不妨替自己量身打造一個危機檢查清單，提醒自己該怎麼處理（深呼吸、記得這不是世界末日、冷靜地提出自己的需求等），這樣在激動失控時，就有個暫時的依靠可幫忙保持鎮定。

　　情緒激動的時候還要靠檢查清單控制情緒？有的人可能覺得這個點子很扯。但請試想：航空駕駛員都必須接受情緒控制訓練，以應對後果可能更嚴重的緊急事件。當飛機出現狀況時，駕駛員的**第一個動作**就是拿出檢查清單，因為他們很清楚，情緒會引發各種無濟於事的不良反應，甚至還會讓人出錯，危害到飛航安全。航空界的飛行檢查表就是為了拯救生命而存在的。每當有不幸的事件發生，航空業者會根據飛行記錄器仔細探討問題所在，試著找出可以改善的程序，避免未來再有遺憾發生。

　　難怪在商業用語中，這種從錯誤中學習的方法被稱作「黑盒子思考」。

反射性整理

　　感覺恐慌的時候就整理工作台，這裡指的是實際的和／或電腦中的桌面。讓你視線所及變得乾淨、將東西物歸原處、關掉應用程式。雙手不要停止動作，但是速度要放慢、愈放愈慢。接著，再深呼吸一次，環顧四周，好好思考下一步，將你的任務、動作銜接起來。現在，又慢又穩、流暢地再次開始工作，別忘了還要漂亮地呼吸。

🥄 主廚再出擊 —— 速度的代價

在版圖不斷拓展的馮格里奇頓料理王國裡，索薩已經是個令人信賴的副官角色了。後來他出走到歐洲**見習**，爾後更回到紐約開了自己的餐廳，但是追求速度帶給他的教訓還不夠。

索薩的孩子出生後，被診斷出罹患遺傳性疾病，身體會不斷地衰弱，索薩決定是時候暫緩他的事業心。但是在兒子心臟術後復原期間，「Bravo」電視台實境秀《頂尖主廚大對決》的製作人不斷邀約他參加節目錄製，他再三婉拒，而對方窮追不捨。最後索薩的好勝心作祟，決定參加這個料理競賽。

諷刺的是節目的第一個「快火」挑戰正好是「就位」中的**速度**考驗，索薩用連馮格里奇頓都會替他感到驕傲的速度完成挑戰。最後他雖然速度位居第二，但因為整體的備料品質較好，他成功贏了該次挑戰。接續的一整季他都全力以赴地料理 —— 直至筋疲力盡。最後一集他敗給了腸胃炎，身體不適的他糊里糊塗地在料理中放了太多鹽巴。經過一季的競賽，索薩表現特別傑出，但是卻被節目描繪成一個不擇手段的參賽者 —— 那種會偷偷離開原壘包、盜壘爭取優勢的人。那年後來他再度參加了全明星賽，但也輸掉了比賽。

這位年輕的主廚明白速度的代價，他的名聲雖已遠播，但是在電視實境秀裡，眾人卻看不見他真正細緻的一面。索薩深呼吸，放慢動作，從頭開始。現在你會在他紐約的三間餐廳的其中一間看見他，而餐廳的料理美味，氛圍十分輕鬆。

成功的配方

盡量流暢、沉穩地工作。利用身體的秩序，找回心靈的秩序。不要急、不要趕。

第七個材料

打開眼睛張開耳朵

主廚的故事：求知若渴的廚師

從一開始就沒有人希望伊莉莎白・布里格斯（Elizabeth Briggs）進廚房。

她的母親不希望。布里格斯從小在新英格蘭長大，家境十分清寒，小時候的她如果想看媽媽做菜，都會被趕出廚房。

她的第一個廚藝老師不希望她進廚房。她在技職學校的指導老師告訴她，她在業界「不會有半點成就」。

她認識的第一批主廚也這麼想。一九七〇年代，布里格斯在新罕布夏州的懷特菲爾德（Whitefield, New Hampshire）找到一份在「山景」餐廳（Mountain View House）的工作。她和另一位六十九歲的女廚師佛羅倫斯（Florence）被安排到中央廚房外面的小房間工作，因為當時普遍的歐式作風就是：火線（hot line）上不能有女人。

她在新罕布夏州一家知名的高級度假村「The Balsams」擔任冷盤廚師的時候，這種廚房排斥女性的文化還是存在。後來她又到了佛羅里達州棕櫚灘（Palm Beach, Florida）的「Everglades」俱樂部工作，那裡法籍主廚對她的態度依舊相當惡劣。

男性在廚藝界拜師學藝時，都能爭取到站在主廚導師左右手的位置學習，但是像布里格斯這樣的女性，往往被推得遠遠的，布里格斯得像棒球選手偷學敵隊暗號那樣，在廚房裡偷學各種技能。也因為如

此，她培養出非常敏銳的聽覺和視覺。

在「Everglades」俱樂部的廚房，主廚禁止任何人觀察他準備獨家肝醬（pâté），製作肝醬的時候，更是不准其他廚師接近，他小心翼翼不讓配方外流。但是布里格斯總是睜大眼睛觀察，主廚休假時，她便溜去主廚收藏肝醬食材的冷藏室，仔細秤重並記下所有資訊，然後竟然靠自己成功複製出主廚的寶貝肝醬。

布里格斯善於觀察和聆聽的能力，源自她內心的一股渴望，她想揭開廚房內的各種祕密。幾十年後她成為CIA的主廚指導，對她的學生來說，這個時代的廚藝世界宛如一本敞開的書，網路上到處找得到技術和食譜，也因為隨手可得的資源太豐富，新進的學生根本不需要用力地睜大眼睛、打開耳朵，去學習並爭取他們需要的東西。布里格斯面對的就是這個世代的學生。

今天，布里格斯像是母雞帶小雞一樣，在廚房催趕著新生。

「好了，不要擋路。讓路，不要擋路。」

新生也很像小雞，嬰兒肥的臉上眼睛瞪得老大，一個個穿著才剛發放、太新、太白的廚師服。一群人擠在入口和烤箱之間的狹小空間，沒有布里格斯的命令就不知道要移動，他們站著時左右交換重心，就像企鵝寶寶一樣，還互相擠來擠去。這群寶寶好像還聽不懂人話，不然為什麼布里格斯必須重複同一句話好多遍？

「好，這就是清潔員每天要做的……」布里格斯主廚看了看學生，然後看著學生艾琳娜（Elena）說：「**你**！出去一下，看看走廊，走到盡頭，再走回來。」艾琳娜推開七號廚房教室的前門、向右轉，消失無影蹤。

「她要回來了，」布里格斯說，「把空間讓出來、讓開，注意

看，看好了。」

但是艾琳娜沒有回來。

「叫她回來啊，她是跑去哪了？」布里格斯問另一個學生，繼續說道，「天啊，她該不會回家了吧！快叫她回來，喊她『回來！』」

一位男學生探頭向門外說了一聲：「回來？」——語氣不像命令，更像疑問。

艾琳娜沒聽見，她在走廊盡頭，被主廚的指令「看看走廊，走到盡頭」搞得一頭霧水。

「好，現在大家都往後退，這樣她才可以看到整個走道，讓開、讓開，讓她一進來就看見走道，把水桶移過去，移開。」

另一個學生喊到：「她走去另一邊了。」

「我的天啊，有沒有搞錯啊！」布里格斯主廚說。

換那位學生把頭探出前門大喊：「艾琳娜！回來！」

過了一下，艾琳娜再次回到廚房，不知所措，布里格斯主廚要她注意教室右邊的走道，主廚說：「你看。」

艾琳娜看到了她之前沒發現的景象：廚房亂得一蹋糊塗。艾琳娜離開廚房不過幾分鐘，廚房裡什麼都沒變，唯一變了的是她的視角。

「離開廚房，就像是把這裡發生的一切淨空，對吧？」布里格斯說，「正是因為周遭太混亂，你沒辦法思考、也看不清楚，所以你走出去，站在門外一下，下次不用跑到波基普西那麼遠，知道嗎？但你出去了、腦袋也清晰了，回來的時候是不是嚇一跳，想說『天啊，這是怎麼回事？』」

布里格斯主廚在CIA用這個方法教新生已經有二十八年了，像其他導師教「準備」、「安排自己的工作台」、「邊做事邊收拾」一樣，

她也教學生各種「就位」的原則，但是最難教會技巧就是「聽」和「看」──她現在正在努力講解、優先於其他原則，同時為廚師必須培養的基本能力。

主廚知與行

✖ 主廚平衡內在和外在的覺知

主廚的工作需要他們專心。有些主廚會告訴你，有時候他們會專注到忘卻身邊的混亂：談笑聲、熱氣、動作、呼喊聲。

但是在這喧譁吵鬧中，他們必須聽見、看見特定的訊號：喊單、命令的聲音，點單機嘎吱作響、吐出點單的聲音；肢體語言、走動、他人的敦促；哪些鍋子在煮滾水、藉平底鍋裡的嘶嘶聲判斷食材的熟度等。出餐服務忙到不可開交的時候，新進廚師很容易太專心在展現雙手學到的技巧，而全然忘了自己另一半的工作，也就是做好一個運行中的有機體的一員：他們不僅要回應其他人，還必須察覺身邊各種物理訊號。「料理到渾然忘我」牴觸的正是廚師執行任務時所需的覺知，有的人稱之為「**廚房覺知**」，也就是隨時運用五感：視覺、聽覺、嗅覺、味覺和觸覺。我們先前提過，「臨在」是廚房裡的三大要素之一，廚師要「處在當下」，但是料理逼迫廚師同時處在兩個地方：「她的思緒」和「廚房這個空間」中。基本上這裡談的就是同步達到兩個層面的臨在：內在和外在。經驗老到的廚師就擁有這種能力，這或許也是現代人最羨慕廚師的一種能力：專注的當下仍保有多個層次的覺知。為了方便我們討論如何在廚房以外的地方培養這種覺

知，姑且將這種能力簡稱為「**耳聞目見**」。

✄ 主廚不會完全進入自己的世界

　　要習得「廚房覺知」非常不容易。我在 CIA 做研究那段時間，最讓我深感自慚形穢的就是在「美豐盛」觀察學生首次進廚房開伙的那天。我在廚房試著評價他們接收、處理點單的能力，我只需要站在那，眼睛卻跟不上他們的動作，更記不住一半以上的點單，重點是我跟這些學生可不同：我不需要料理任何東西。

　　我眼前的挑戰和布里格斯在教室帶一批新生時面臨的問題類似，有的學生天生很有警覺心，有些人甚至可在極短的時間內轉換注意力，「我們遇過學生有 ADD（注意力缺失症）、有 ADHD 的（注意力缺乏過動症），他們很適合這一行，因為他們很會同步處理多重任務，可是有時又太專注了，有點像是管狀視覺那樣，所以我需要他們把視野打開。」

　　如果學生一直忽略布里格斯的呼喚，身為導師的她會使用一些教學技巧去引起他們的注意，基本上就是侵犯他們的私人空間 —— 她會走近他們，近到雖然沒接觸但卻讓人感到不自在，然後就站在那邊輕聲地說：「你知道嗎？注意聽我說話真的很重要喔。」

　　要是遇到對她的指令特別沒反應的學生，尤其是那種用教室廣播系統和麥克風喊了還是不為所動的，布里格斯就會使出很奇特的一招：她會鄭重請那位學生到 CIA 保健室做聽力檢查。

　　「我通常會等到午餐休息時間才告訴他們，因為我不想干擾他們上課，」她說，「一開始他們都以為我在開玩笑，但我是認真的。」

等到這些學生再次回到布里格斯的課堂，手中握著學校護理師開出的聽力正常的證明，這時候的他們已經領悟了三件事：一、「廚房覺知」的重要性 —— 因為主廚和學校不惜用到學生的時間和學校資源，甚至有點小題大作，就是為了強調「廚房覺知」。二、覺得自尊心受損，因而開始把「覺知」這件事放在心上。三、繼續培養在廚房的感官敏銳度是他們的責任。

✖ 主廚調整感官的頻率

除了求知的渴望和意志力以外，布里格斯也教導學生如何進一步加強自己的覺知。

調頻 —— 布里格斯認為「收放自如的專注」和她真正提倡的「選擇性專注」不一樣。她說：「他們必須調到可接收我聲音的頻道上。」她表示專注會築起一道心牆，但是大腦可以開出通道、挖出縫隙，讓特定的聲音通過 —— 主廚的聲音、同事的聲音、平底鍋的嘶嘶聲、點單機的列印聲、從磁磚地板傳來的腳步聲。

觸發 —— 如果你的同事可以在你的頻道上發出訊息，那是再好不過的了。主廚會像按按鈕（有時候像按汽車喇叭）一樣，使用特定的字詞、訊號來引起大家注意：「點單！」、「開火！」、「取餐！」特定的字詞、人聲、聲音、動作 —— 只要和我們是在同一個頻道上 —— 都可以瞬間把我們從忘我的境界中拉回來。

廚房之外

　　我們在自己的工作場合有辦法利用「調頻」和「觸發」培養「耳聞目見」的能力嗎？或許應該先問的是：**工作時，為什麼要對外在的刺激變得更敏銳？我想專心都來不及了！**

　　工作時若想保持專注，通常會面臨三種層面的挑戰。

　　數位的多重任務：科學家和思想家對科技帶來的影響 —— 數位螢幕、網路上滿是內嵌的超文本、行動裝置警示功能、推播通知服務等 —— 抱持著不同的看法。其中一派認為，人類天生無法久坐、成天盯著螢幕，我們的大腦還沒進化到能處理如此龐大的資訊量，也無法適應科技無時無刻強加給我們的干擾和分神誘因。他們認為人類無法「處理多重任務」，更拿出研究指出「處理多重任務」這種事根本不存在，只有所謂的快速「轉換任務」，而且也只有少數人能做得好。因此，這派人認為科技不只損害大腦專注的能力，我們還很有可能正在孕育逐漸失去專注力的一代，也就是 ADD 世代。然而，另一派的人則認為大腦從古至今就是個分心製造廠，他們說只需要閉上眼睛靜坐一下，真相不言而喻。這派人指出人類從混亂中保持專注的能力，源自大腦一個十分強大的功能「不注意視盲」（inattentional blindness），也就是指大腦專注在某一件事物時，會自動過濾其他刺激，而這種能力是可以訓練的。換句話說，我們可以學會如何把注意力放在特定的對象身上。

　　數位移動能力：雖然過去幾十年來，個人電腦一直是工作上不可或缺的工具，但是網路以及那些連上網、功能強大、數量暴增的行動裝置，才是瓦解公領域和私領域界線的致命一擊。工作仰賴的裝置同

時連結著私人生活，反之亦然。這種連結究竟是好是壞，完全取決於個人態度：智慧型手機導致我們在會議裡分心、無法參與其中；又或者智慧型手機可以帶來更多有用訊息和資源。這些設備的存在可以讓我們分享經驗、增進人際關係，也可以抹煞親密感和信任。再者，遠端工作愈來愈普遍，工作不再受限於傳統的辦公環境，這樣的趨勢可以給我們前所未見的自由，也可能令我們被工作全天候綁架。

開放式辦公室：辦公室裡的高牆也倒下了。那些老舊、階級有別、各自孤立的隔間辦公室，原先是企業愛用的室內格局，現在也都已經被寬敞、通風的房間取代 —— 長形的共用桌、各種公共空間 —— 這些設計就是為了形塑一種連結感，如同網際網路一樣。現在高達百分之七十的辦公族都是在開放式辦公室工作，然而根據許多研究發現，這種轉變非常失敗，原本期望員工會得到的好處，如更順暢的溝通、更多的團隊合作、更深厚的情誼，都不足以填補其巨大的缺陷：毫無隱私、更多噪音、更多干擾。最後，慘痛的代價就是生產力降低、士氣一蹶不振。對許多老一輩的人來說，轉換到開放式的辦公室是一種侮辱，因為這樣的工作環境給他們的印象不是某種予人十足勇氣的新世界，反而更像是工業時代的血汗工廠。而對於從來沒有待過傳統辦公室的年輕一代來說，滿足於現狀的代價，很有就可能是生產力大幅降低。換句話說，新一代的年輕人根本不知道倘若設下一些界線，自己的生產力到底能有多高。

當代辦公室儼然成了人類專注力的實驗室。奇怪的是，開放、多重任務同時發生的環境，到了專業廚房卻獲得空前的成功。廚房裡每個人都站著工作，與員工同在的主廚站在菜口，像個指揮家一樣，策畫、評估著廚房大小事；而廚師專注在料理的同時，還要被來自四面

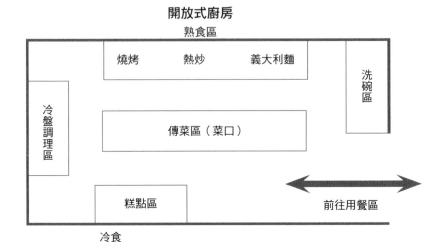

開放式廚房

八方的聲音、影像、氣味轟炸。

　　跟在辦公室工作的人不同的是，需要廚師動腦的工作幾乎**無需言語**，主廚之所以可以一面溝通，同時一面創造，關鍵就在於語言和非語言的工作 —— 也就是接收點單、製作料理這兩件事 —— 使用到的大腦區域不同。型態相似的任務，如寄電子郵件和說話，會用到大腦同一塊區域，結果就是產生神經學家所說的「干擾」，大腦會開始快速轉換任務，研究證實這種運作方式的效率非常低。不過這個說法還有待商榷，二〇一〇年法國科學研究指出，大腦的同一個區域，**確實**可以同時處理兩種相似的任務 —— **三種就太多了**。如果我們認真看待這個研究，那它的確證實了我們前面幾章討論的「平衡動作」、「任務銜接」存在的合理性。不僅如此，這份研究更解釋了另一種開放式、多重**語言**任務環境的可行性 —— 也就是典型的新聞編輯室。照這樣看來，或許將賦予我們勇氣的新世界，道理不過是下一支由玻璃和鈦合金打造出的時髦新手機準備要取代我們老舊手機的功

能 —— 如此而已。

　　廚房運作相當於某種小小的縮影，讓我們看見了沉浸式和程序式任務之間的張力；也讓我們知道，成功處在兩種相互交織的系統之中是有可能的。我們可以同時保持警覺、受干擾，卻還是保**有創造力**。就像主廚一樣，我們可以維持感官的清淨，同時一面工作；也可以借用主廚慣用的手法，結合已知的大腦特性，進一步調整、擴展我們的覺知。

┃ 練習：可學習的技巧 ┃

製作物品清單

　　若想將「廚房覺知」轉化成「辦公室覺知」，我們首先要做的就是「盤點價值」。

　　在你的工作環境裡，哪些事物會需要你額外的覺知？準備一份清單，寫下你容易忽略、或偶爾會忘記要溝通的事：你會漏看電子信件嗎？開會時常聽錯資訊或放空嗎？同事是不是都得叫好多次，你才會回神？

　　在你的工作環境裡，哪些東西可以少用到你一點覺知？電腦和手機的通知時常打斷你嗎？旁人的交談是否會害你分心？腦袋裡的思緒和白日夢，是不是常常擾亂你的專注力？

　　「耳聞目見」的目標不是要一口氣轟掉你築起的專注、隱私和冷靜的心思堡壘，而是更像布里格斯說的，要「調整自己的頻率」、適切地畫出界線、把心牆上各扇門的鑰匙，交到可託付的對象手裡。

飢餓遊戲

　　既然布里格斯年輕時利用「耳聞目見」的能力，便習得了成功所需的各種技能，你也做得到。能在企業文化下生存的人，都有種雷達般的覺知：這些人懂得發問；會聽取其他部門的意見；他們善於察覺對方語氣、肢體語言的微妙變化。往往在別人措手不及時，他們早就發現問題的苗頭、防患於未然。這些人就像是辦公室裡善於觀察公司

政治、企業氛圍的氣象專家，如果你也是在這種環境裡工作，請再問你自己另一個問題：**你想學到什麼？想向誰學習？**然後將你的覺知頻率向著這些事情和對象調整、對焦。

VIP 專屬

習慣使用數位裝置的人，請找出三個在工作上你想要有更多連結，或是與之溝通更有效的對象，可能是你的上司、同事，或是助理。在你的裝置中，針對每一位對象，量身打造專屬的聽覺和視覺提示，幫助自己提高這對三個人的覺知。

特定的通知方式：許多智慧型手機都可以為特定對象設置特定鈴聲。電腦的電子郵件系統也可以變更通知設定，只要是指定對象來信，系統就會發出特定音效；或可設定某些郵件要以不同的顏色顯示。就你剛剛列出的三位人選，分別設置特定的音效或是視覺提示，也可以三個人都套用相同的設定。人類天生就懂得過濾掉特定的聲線和聲音，所以使用個人裝置時，務必要花一些時間研究可隨使用者意願來決定的智慧型辨識功能，這樣這些裝置就能幫助我們過濾出重要的訊息。

特地區分開來的管道：若想將重要的通訊內容加以分類，還有一個方法就是另闢專屬管道，例如VIP的信件自動轉寄到某個別的電子郵件地址，或是將通訊限制在封閉式軟體的私人群組裡，類似的軟體有「Basecamp」或是「Asana」。專屬管道最關鍵的就是「專屬」這兩個字，只有你列出的那三個人有辦法透過該管道找到你。當你把其他通訊方式的通知關閉時，也只有該群組的通知可以開著。

　　一旦你將所有裝置的VIP提示設定完成，就可以開始訓練自己要對他們發來的訊息更加敏銳。可以的話，請其中一位VIP協助你練習，請那位朋友在某一天，固定每個小時傳簡訊或寄一封電子郵件給你，每當你聽到或看到那位朋友的訊息就做出一個動作，如果你坐著，請站起來；如果你是站著的，可以跳一下或是坐下來。這個練習的目的在於強化刺激和某種刻意行為之間的連結。相信我，不需要跳一輩子！那天過後你應該就會對特定的聲音和視覺提示特別敏感。

廚房練習：測試你的覺知

　　透過以下練習，測試你的廚房覺知。

- 料理的時候，持續十五分鐘聆聽或收看電視、廣播上，或是網路上的新聞，十五分鐘過後，寫下每則你記得的新聞標題。

- 料理的時候，和一位朋友聊天聊十五分鐘。時間到了以後，摘要朋友剛剛說的話。

- 料理的時候，學著運用你的聽覺和嗅覺：聽到什麼聲音時需要去注意平底鍋裡的食物？可以從料理的氣味，判斷它的完成度嗎？

　　如果想練習如何平衡內在和外在的覺知，廚房是個很合適的環境。

習慣：可反覆實踐的行為

伸出你的潛望鏡

現今的工作環境需要我們無時無刻的覺知，要專注在某個一兩個小時的沉浸式任務上，更得花費極大的心力。若能跟著以下步驟養成習慣，便可透過安排、限制通訊，進而照顧到自己專注的需求。

1. 開啟手表、電腦或是手機上的整點報時。
2. 列出整點時一定要檢查的通訊管道，以確保與他人溝通順暢。
3. 將手機、電子郵件和即時通訊軟體上的通知全部關掉，你甚至可以關掉網路、瀏覽器，或將手機上的 Wi-Fi 關掉。採取任何可以讓你靜下心動的動作。
4. 整點報時鈴響時，拿出那張通訊清單，快速檢查那些通訊管道，只給自己五到十分鐘的時間處理那些通訊內容，緊急狀況例外。時間到了以後，再次切斷對外的連結。

你可以開始多方嘗試這種「伸出潛望鏡」、「收起潛望鏡」的方法。在這個練習中，這些行為都是刻意的：是你 —— **不是其他人，也不是手邊的科技** —— 能為工作中的你訂下規則，你得自己決定要如何與工作環境互動。

分開的裝置

有的人可能擁有不只一部通訊裝置。可以將其中一個用來聯絡情感，另一個則是公事專屬。從一個裝置實際轉移到另一個裝置，可以

有效並大幅度轉換我們的注意力。

提出自己的一套協議

假設你沒有權限在工作環境裡訂下自己與他人的互動規則，例如公司政策就是規定員工統一在特定通訊系統上收發訊息，還要隨時保持連線。我們沒辦法左右公司要求的規定，也無法預測別人什麼時候會利用該管道聯繫我們，但即使不能控制別人該作何反應，多少還是可提出或協議一些簡單的請求，這類請求可能包括：

- 請同事認真看待擺在桌上、掛在門上，或顯示在電腦螢幕上的「專注中：請勿打擾」。
- 請示上司的同意，在完成工作以前，讓你暫停使用通訊軟體。
- 請同事僅在上班時間聯繫你。

電子郵件的自動回覆功能也非常實用，但是這個功能常常被忽略，自動回覆可以讓他人知道你什麼時候有空，不是只有休假時才派得上用場。有的大學教授會在週末開啟自動回覆，讓學生心裡有個底；有的人甚至也會把自動回覆用在平日需要「消失一下」的時候。

找回專注

現實就是我們在工作時一定會被干擾，但是我們可以學習平靜地面對這些干擾。當我們的注意力分散時，可以試著借用東方傳統的「曼特拉冥想」，幫助我們找回專注感。「曼特拉」（mantra）可能是

一個聲音或是聲帶振動的共鳴聲，進行「曼特拉冥想」時，打坐的人必須重複同一個聲音並持續一段時間，可以大聲發出來，也可以在內心默念。

剛開始學習「曼特拉冥想」的人，最常抱怨的一件事情就是「沒有用」——說在打坐時，都還沒靜下心就已經開始在胡思亂想，擔心工作、腦袋不斷重播昨天某個電視節目畫面或想著要把車牽去哪裡修等。

如果是這樣的話，恭喜你，冥想開始奏效了。

冥想就是這樣：你默念著你的「曼特拉」。你的注意力分散。過了一陣子你發現自己沒有在默念「曼特拉」。然後你又再次默念起「曼特拉」。這個過程不斷重複。不需要對自己發脾氣；不用告訴自己或他人冥想沒有用；不用咒罵那個充滿思緒、奇妙的心靈——只需要接納、明白這就是心靈的模樣。各種想法如潮水般一波波襲來，練習打坐的人追求的是乘在浪上，而不是被打得落花流水。

工作時，讓你的專注像是「曼特拉」一樣，同時也接受在所難免的干擾。專注被打斷時不要生氣，而要感謝自己還活著才接收得到外在的干擾。給打擾你的人、事、物一些時間，你可以停下手邊的工作去幫忙，也可以請他們等你一下。接著，你再次回到你的「曼特拉」、回到工作上。

總有些時候你的內在會失衡，沒辦法和干擾對抗，那麼就如同冥想那樣，這時最好的做法，是為自己尋覓一個安靜的地方。

🍴 主廚再出擊 —— 掌握與覺知能力

為期十五週的基礎廚藝課到了尾聲，那些走起路來原本左搖右擺的學生們，現在個個昂首闊步，布里格斯注意到學生變得更有自信、更能掌握覺知 —— 在她的廚房裡，他們運用聽覺和視覺的能力變強了。

課程剛開始時，因為學生都還在學習基本技巧，所以很容易「陷進」任務裡，只求在下課前不要切到自己的手或燙傷自己。「如果我可以幫助學生擺脫那種不安全感，」布里格斯說，「通常在第十八天的時候，他們自己就會茅塞頓開。」

隨著學生愈來愈能勝任手邊的任務，他們的感官也逐漸打開，「他們開始感受到、看到、聽到更多東西，愈來愈懂得溝通，而且會有種『到達某種境界』的感覺。」

布里格斯告訴他們：「要是在開學那天我把每個人的身高都刻在門框上，你們現在就會看到自己又長高了三吋。」

布里格斯說這番話的時候，所有人都聚精會神地聽著。

成功的配方

致力平衡外在和內在的覺知。保持警覺。

第八個材料

▍聽到請回答 ▍

主廚的故事：瘋狂科學家

　　羅伯特・哈爾珀恩（Rob Halpern）在費城雲杉嶺（Spruce Hill）經營餐廳「Marigold」的時候，有一天他到市紅心的瑞丁車站市場買東西。哈爾珀恩穿梭在漫步的行人、逛街人士和遊客之間，不停地喊著「小心後面」想引起別人注意他的行進方向。哈爾珀恩就是改不了在外面使用「廚房用語」的習慣，因為用起來實在很合情合理，所以他十分享受其中 —— 在別人需要的時候給予訊息；收到對方訊息時，也讓對方知道你收到了。

　　一位蔬果攤販告訴他：「番茄一共是四美元二十五分。」

　　哈爾珀恩回應他：「收到。」

　　周圍的人看著他，覺得**這傢伙好像有問題**。

　　但如果他們曾經去過「Marigold」、或是看過他的廚房，就沒什麼好奇怪了。哈爾珀恩**過去**是一個瘋狂科學家：他瘋狂到在費城一個沒什麼活力的區域，買下一間水準普通、也沒特色的簡餐餐廳，將它改造成提供一套含十四道料理、定價美金八十元的無菜單美食體驗，同時也是懷舊風味分子料理的餐廳，而且除了第十道菜以外，客人是無法決定任何菜色的。他端出的獨特料理包括香煎鵪鶉搭配冷凍菜泥製成的「醬料滴」佐龍蝦刈包、「推推樂甜點筒」，還有在液態氮煙霧繚繞下上桌的爆米花。另外他還能將目標所設定的「為六十位食客

烹煮『既無麩質又不含過敏原』的素食者替代餐；總計得上八百種菜式」之大工程，成功付諸實行——這在一般日的晚餐時段，可能少說也要十名廚師合作才有辦法。他瘋狂到自己做的松露蟹肉起司通心粉，竟讓一位年輕女顧客里娜·狄亞茲（Rinna Diaz）發誓一定要嫁給煮這道料理的人；也瘋狂到在狄亞茲此話一出後，沒多久就真的買了訂婚戒指。

到「Marigold」用餐的人會被激起某種狂熱，而在這裡工作的人必須有這份狂熱。哈爾珀恩的團隊是個大雜燴，有廚藝學校畢業的學生，也有實習生——都是二十幾歲的年輕人。這些人每天辛勤工作十二個小時，他們將乾淨的盤子用醋水擦過，好讓盤子更乾淨；小心翼翼地將多蜜醬汁滴在盤子上、刷上蔬果泥；再疊上烹調得恰到好處的肉品。但是他們的狂熱不僅侷限於廚房內，卡莫平時負責冷盤區的工作，在某天前往「Marigold」的路上，原本只是順路到「Dunkin'」甜甜圈店買杯茶，結果在離開前竟然將店裡放甜味劑的區域整理了一輪，糖包被她排列得整整齊齊。「Marigold」的服務生也耳濡目染了「就位」文化，其中一位服務生瑞秋發現自從在餐廳工作以後，她的學業成績竟然進步了。在出餐服務開始前的會議中，你會發現餐廳外場的員工和廚房團隊一樣用心，例如他們會打電話和供應商確認某種起司是否能讓一位預約今天用餐的懷孕客人食用。服務生就像在熟練地跳著一支複雜舞步，領著食物進出廚房與用餐區，來回往復。

想跳好這支特殊的芭蕾舞，不能沒有「鎖步」。要把舞編得完美，就需要代號和共同的語言，否則哈爾珀恩根本無法管理這瘋狂的廚房，光是兩個洗碗工加上一個燒烤廚師，就有三個人都叫艾力克斯（Alex），負責冷盤的廚師還叫做艾（Al），所以哈爾珀恩給他們一人

編了一個「艾力克斯號碼」。

一位服務生將一張7.6×30公分的新點單交給哈爾珀恩，是來自桌號三十六的點單，哈爾珀恩看著手上的單子，開始喊單。

「點單進來了，四人桌，下四人份爆米花！」

「收到！」副主廚提姆・藍札（Tim Lanza）和基斯・可拉耶斯基（Keith Krajewski）回應。

「下四份醬料滴！」

「收到！」冷食區的廚師喊道。

冷食和熱食都收到「『下』（fire）每位客人的第一道料理」的指令，意思就是說廚師要準備好待會能立刻出菜，接著哈爾珀恩會喊接著要為桌號三十六上菜的料理：

「這一桌要四道蘆筍！」

「收到！」艾・厄普肖（Al Upshaw）回答。

「三份香煎鵪鶉搭配素蛋！」

「收到！」在哈爾珀恩身後燒烤區的艾力克斯・維托利歐（Alex Vittorio，也就是艾力克斯一號）與安德魯・寇肯（Andrew Kochan）回答。

大家都收到點單後，哈爾珀恩會把單子夾在菜口的架子上，並把已經「下」的品項圈起來：爆米花和醬料滴。

醬料滴完成後，卡茉大喊：「四份醬料滴！」

「收到！」哈爾珀恩接著說，「服務生上菜！」

其中一位員工出現，哈爾珀恩便告知：「桌號三十六，四份醬料滴！」

服務生端著四份料理，一邊朝用餐區走一邊喊：「桌號三十六出

餐！」

哈爾珀恩在該桌點單被圈起來的「醬料滴」上畫一條貫穿的斜槓，接著哈爾珀恩必須拿捏桌號三十六和其他桌每道料理上菜的時間，他靠著直覺和服務生提供的資訊完成這項大工程。等服務生回來告訴哈爾珀恩：「三十六桌醬料滴收盤。」他就會確認這道料理用畢，接著「下」另一道料理。

一位服務生端著盤子回到廚房，告訴哈爾珀恩：「桌號三十的甜麵包收盤了。」

哈爾珀恩忙著其他事，沒有回應。

「桌號三十的甜麵包收盤了！」服務生又複述，這次提高音量。

「收到。」哈爾珀恩回應。

這種確認是雙向的。哈爾珀恩呼叫一位服務生，一個聲音回答：「收到！」但是卻沒有人來端菜。

「麻煩來一位服務生！」哈爾珀恩重複了一次，「不要光說『收到』卻沒人來這裡！」

「這裡」指的是四號工作台 —— 廚房門口一張小桌子，介於熟食區和冷食區的中間。為什麼他把這裡叫做四號工作台至今還是個謎，但那不是重點，重點是服務生知道他在說什麼，他們也很清楚哈爾珀恩在出餐服務時很常說各種代號，如：

「需要兩個菲爾・科林斯和一個彼得・蓋布瑞爾，四號工作台，謝謝！」

「收到！」一位服務生喊到。

我站在一旁，轉頭看著哈爾珀恩，**什麼東西啊？**

哈爾珀恩忍不住笑了出來，發出可愛、帶點緊張、有點呆呆的咯

咯笑，他解釋說，他是在告訴服務生要不要帶著托盤過去，彼得‧蓋布瑞爾（Peter Gabriel）就是「要帶托盤」；菲爾‧科林斯（Phil Collins）就是「不用帶托盤」。

這個代號的出現也很莫名其妙：一九七〇年代，前衛的搖滾樂團「創世紀樂團」（Genesis）風靡全球。後來到了一九八〇年代，其中一位團員菲爾‧科林斯退團單飛，他的個人專輯《不需要穿夾克》（*No Jacket Required*）贏得了一座葛萊美獎。不知道從什麼時候開始，哈爾珀恩覺得一直講「不需要帶托盤」很無趣，所以他心血來潮改講菲爾‧科林斯，而菲爾‧科林斯的相反「要帶托盤」，自然而然就是另一個創世紀團員彼得‧蓋布瑞爾了。

這些代號很荒唐，但是對「Marigold」一群瘋狂的員工 —— 羅伯特、基斯、提姆、安德魯、卡茉、瑞秋、艾蜜莉、索羅門、艾力克斯一號、艾力克斯二號、艾力克斯三號和艾 —— 來說，根本不成問題。

主廚知與行

✕ 主廚確認溝通有效

主廚和廚師之間一來一往的**呼叫**（call）和**回話**（callback），向來是維繫廚房生命的心跳。

即便這個時代已經數位化：電腦鍵盤、螢幕、影印機無所不在，不少世界上最優秀的廚房在溝通上，仰賴的依舊是口語和人力。

這套傳統的系統做法如下：

服務生在紙上寫下點單交給主廚，或是交給**叫菜員** —— 誰在做

叫菜員工作就給誰。此人負責將點單交給廚師,並收集準備好上菜的料理。

主廚接著說:「點單!」然後將點單的內容喊給廚師聽,有時候這些口頭上的指令會有一份副本,也就是點單的第二聯,廚師會口頭重複主廚的點單,以確認品項和數量,然後用自己的方式把這些資訊記起來:靠記憶;將生的食材放進鍋裡;再看一次副本。有時候他們會忘記自己的進度,這時候他們會詢問主廚「全天」(all day)的內容,提醒自己目前廚房必須準備的料理,譬如說如果燒烤區的廚師問:「牛排目前的『全天』是?」主廚可能就會回答:「『全天』:兩個一分熟、兩個三分熟。」

主廚一對某桌或某道菜發出「下!」的指令時,廚師會複述,並把食材準備在手中,加熱到適當溫度;換句話說,廚師會做好必要的動作,這樣要擺盤時就能及時處理。

主廚確定料理要出餐時會喊「取餐!」——這表示廚師必須把剛剛的品項完成,盡快送到「菜口」,或是主廚和廚師之間的架子上。廚師會確認指令,並盡速完成料理。接著主廚就會喊服務生或是後場人員將食物送上桌。

✖ 主廚協調溝通

廚房的料理區相當多元——燒烤、熱炒、蔬菜、前菜、炸物、甜點等,著實增加了溝通的難度,有時候某些料理還需要不同料理區通力完成。光是牛排搭配炸薯條和沙拉,就需要燒烤區、炸物區和冷盤區相互合作,負責這些區域的廚師必須相互溝通,確保所有的食材

在同一時間完成 —— 不能等薯條都涼了，牛排還在烤；不能因為冷盤區的廚師漏聽一份沙拉，害得牛排在菜口放到冷掉。

「呼叫」和「回話」不只是主廚和廚師間縱向的溝通，廚師之間橫向的交流也需如此。一位廚師可能會問她的同事：「牛排還要幾分鐘？」對方可能會回答：「五分鐘。」這樣廚師就可以藉此拿捏、調整自己的料理速度，去配合彼此完成的時間點。

「雖然我只是個二廚，但有時候就算不是我負責的區域，我還是會口頭複誦那些點單品項，確保每個人都聽到了，」麥可・吉伯尼說，「你必須無條件信任其他廚師準時交出成品。」

「廚房工作這玩意兒，簡直要我像跳芭蕾一樣團團轉個不停，」賈若比・懷特回憶道，「我會對別人說『不要其他什麼事都不管了』，要聽我說的時間，例如我四分鐘之內需要某東西，如果你還需要再三分鐘才能好，也讓我知道一下。當然了，到頭來我們依舊能同時轉過身，也都把各自負責的料理給搞定。」

大多數的廚房充斥著各種噪音：火焰燃燒的聲音、碗盤碰撞的聲音、水流噴濺的聲音，還有通風扇時時刻刻運轉的聲音，面對喧囂嘈雜，不同性格的主廚所管理的廚房，會發展出不同的溝通系統。有的廚師插科打諢、笑語不斷；有的廚房會很安靜，大家把嗓子留給「呼叫」和「回話」用，因為對廚師來說那些訊息極其重要。

「呼叫」和「回話」是一個溝通和確認的系統，也是廚房環境中不可或缺的行為和原則，因為廚房對失誤的容忍度非常低，而失誤所產生的負面效應更是難以估算，一項都不能缺漏，如果點單上的料理少了一樣，整桌客人的餐點都會被延誤。在某些高級餐廳裡，如果一道料理做錯了，其他料理都必須跟著重做，延誤一桌客人的餐點，等

同於打亂整個廚房和餐廳運作的節奏。一個晚上出餐服務不理想，可能造成好幾十個客人觀感不佳，幾十個不好的用餐經驗，可能口耳相傳成了壞口碑與劣評，進而影響營收，最後甚至讓餐廳關門大吉。

像費城「Marigold」這樣的餐廳，堅持以口語溝通的方式創造華麗繁複的料理，在一般客人眼裡看起來或許有些混亂而裝模作樣，廚師一個個看似神經質、怪模怪樣，但是複雜的「呼叫回話」系統，顯然形同堅強又實用的堡壘，保護著餐廳並抵禦隨時可能發生的失誤。

✕ 主廚不含糊其辭

信不信由你，但是在某些廚藝界人士眼中，哈爾珀恩的廚房用語可說精確性不足。

在CIA就讀的時候，瑪莉莎・葛雷和她的同學很喜歡開一個玩笑：**不管朋友跟你說什麼，聽完之後一律回：「收到！」**

「我們是鬧著玩的，」葛雷說，「大家都討厭聽見『收到』。」

葛雷記得只要有人在技巧實作課喊：「收到！」指導主廚魯迪・史貝肯就會說：「獸群（「herd」音近「heard」〔聽／收到了〕）？是牛群還是羊群？不要只說『收到』，要複誦你聽到的指令。」

甚至連「是的，主廚！」這麼帶有榮耀、崇敬和尊重的一句話，對某些主廚來說仍舊不夠。

「你要做四份鱸魚。」主廚利普瑪對「美豐盛」廚房裡一位負責熱炒的學生說。

「是的，主廚！」學生回答。

「不要說『是的，主廚！』」他說，「重複我的話，你要做四份鱸

魚。」

「四份鱸魚，主廚！」

「特定的溝通」在專業廚藝中已經傳承超過一百多年，在軍事界開始得更早，但是許多專業都到很晚近才慢慢開始採用。現在「特定的溝通」最常被應用在心理治療和輔導諮商上，也出現在企業溝通課程裡，他們把這個技巧稱作「**積極聆聽**」或是「**鏡像式溝通**」：複誦或是簡述對方語意，不管對象是夥伴或是同事都可以。積極聆聽可以讓發話者確認訊息被接收到，也可以幫助受話者更有效記住接收的資訊、將文字「內化」。由此可知，積極聆聽可建立信任，也攸關戰場上的生死，不管面對的是前線戰火還是廚房中的爐火皆然。

✖ 主廚受人尊敬

不管是廚房還是軍隊中，尊重都至關重要。「主廚」這個頭銜可以、也的確展現了溝通的位階。在頂尖的廚房裡，**主廚**這個詞還有更微妙的意義：不只是我的「領袖」，更是我的「導師」。而**接受**別人稱你一聲主廚就代表一份責任。這是一種雙向的承諾：一方承諾願意學習、信任；一方承諾願意諄諄教誨且值得信賴。在這些廚房裡親耳聽見此起彼落的「是的，主廚」是一件非常美好的事。

✖ 主廚力求簡潔

「像傳簡訊一樣跟我說話，」利普瑪這樣告訴他的學生，「因為我真的沒有看完《亂世佳人》跟《教父II》這種動輒四小時片長的巨

片的觀影耐心，請用五個詞，能更少就更少，告訴我你需要什麼。我讓你們從十個詞開始練習，但是你得學會用五個詞去溝通你的意思：**主廚，請幫忙過濾醬汁。**」

雖然對利普瑪主廚來說可能還太多了，但這幾個詞在社交和實際功能之間取得了平衡：不失禮貌，同時又能傳達最關鍵的訊息，這句話展現了對他人的尊重，以及對時間的尊重，那可是主廚最寶貴的資源。在廚房裡，冗餘的訊息是不受歡迎的，有時候主廚還會很直接地要你「**說重點**」。

莎曼沙・韓德森從企業文化轉入廚房的時候，就特別注意到這種差異，而且她非常樂於甩掉她所謂的「禮節的重擔」。

「很少有哪個行業可以像在廚房一樣，直接說出你需要的東西，或是你的想法，」她說，「你也不用粗魯或是沒水準，就是直截了當：有什麼不對就直接說出來，需要什麼就立刻說『我現在就要、我昨天就要』，多餘的話術都可以省了，沒時間讓你小心翼翼。管理一間有效率、具成本效益的廚房本身就是件非同小可的工作，所以客氣真的是在浪費時間而已，客氣反倒會妨礙你把事情做好。」

很難想像眼前這位謙虛的韓德森，如果哪天又回去企業上班的話，會怎樣叫她的同事**閉嘴、說重點**。她熟悉辦公室光怪陸離的社交現象。反觀廚房，工作可以很有趣、也是一種社交，但是工作時間就是**拿來工作**；在辦公室裡充斥著低效率、逃避現實、毫無自律的溝通方式，大幅貶值了企業花大錢從員工身上買來的東西：他們的時間。

✕ 主廚幾乎不開會

　　過去的這幾十年，我們看見許多主廚踏出廚房、開創自己的事業版圖。一九九二年，艾力・布隆貝格（Eric Bromberg）和弟弟布魯士・布隆貝格（Bruce Bromberg）在紐約開了「藍帶」（Blue Ribbon）餐廳，到了二〇一五年，藍帶集團旗下已有二十九間餐廳，超過一千兩百位員工，範圍遍及四座城市。現在布隆貝格主廚儼然已是布隆貝格總監，但是布隆貝格沒忘記他從「就位」之道中學到的事情。在他的公司，員工的出走率低得驚人：一九九二年跟著他一起創業的十四個人，二十年過去了，還有十一個人持續為他效力，其中一個原因就是布隆貝格的作風，他堅持部門間的溝通不可「拖泥帶水」。

　　「我們沒有開過會。」他說。

　　「從來都沒有？」我問。

　　「至少在公司辦公室一次都沒開過，」他回答，「我們可以工作好幾個月都不開會，我覺得開會是在浪費大家的時間，工作的時間就是拿來工作，我們都是以簡訊或是（一對一）電子信件溝通，有問題時就直接面對面解決，盡量做到和每個人之間都有連結。電子信件和大型會議很容易讓情感疏離，公司（大量的）內部信件寄出去沒有人會讀，所以我都說『跟替你做事的人說話』。如果有人可以積極地引導會議進行，那會就可以開，但我對『團體治療』這種調調的事敬謝不敏，只要公司出現問題，我們不會檢討員工，解決問題都是由上往下，因為所有的失敗都是從頂端開始的，也就是因我而起。」

　　布隆貝格抵制開會、要求確實的人際溝通的政策，或許不適用於許多辦公室，但就如同韓德森談及客氣在辦公室中特別浪費資源的道

理，布隆貝格看待會議的態度也是如此。大多時候辦公室之所以需要員工會議，不是因為對員工有幫助，而是對「**老闆**」有利。

現今的美國辦公族的耗費百分之四十到五十的工作時間開會，每年平均浪費掉三百七十億美金。一個只需要幾位經理出席的會議，每小時就可以花掉公司好幾千塊美金的工資成本。開會文化說明了在白領辦公室中，大量、恣意地浪費時間不僅是常態，還很能被接受。主廚若是踏上了創業這條路，不意外地，往往無法忍受這種浪費。

辦公室文化可以向專業廚房學習的地方太多了：千萬不要以為你的時間很多，而且你要加倍重視那些為你工作的人的時間，努力讓你的員工、同事和上司的工作變得更容易。關鍵的第一步就是將他們的時間和你自己的時間視為珍貴的商品，並且效法主廚致力於溝通時也做到乾淨俐落。

廚房之外

在廚房工作的廚師必須接下一連串的點單、確認點單、和同事協調速度，最後交出料裡的成品，而這之間的溝通只有兩種形式：口頭和文字書寫。

廚房裡的通訊不會來自電話、語音信件、簡訊、視訊、電子信件、即時訊息、共享的任務管理軟體、推特訊息、臉書即時通、FedEx快遞、郵局包裹或是突然出現的訪客。

廚房裡的溝通很複雜，但是辦公室裡的溝通更是盤根錯節；廚師的點單可能連續不斷，我們接收的訊息卻是五花八門；廚師料理、動口，我們動口、提筆、打電話、動手繪製插畫、計算、推銷、測量、

補救問題 —— 要做的事不勝枚舉；廚師的工作地點不變，我們的工作地點多變。廚師間的溝通雖然狂亂，卻直截了當。我們的工作速度和他們差不多，但是往來的通訊卻更加繁複。對廚師來說，出餐服務結束的同時，溝通也戛然而止；對我們而言，訊息卻像永無止盡般不斷湧進。

因為兩者差距懸殊，有時候我也懷疑在「有效溝通」這件事上面，廚房真的可以為其他工作領域提供有用的參考嗎？而我的結論是：可以。正因為廚房和辦公室大相逕庭，「就位」和「呼叫、回話」的系統以及其背後的思維才顯得特別有助益。

- 廚房的資訊來源是單一的，這麼看來，資訊來源愈少愈好。
- 溝通理應**清楚**、**精簡**、**尊重他人**。
- 同事之間應該要有**共同的語言**。
- 溝通時必須做到確認內容；不夠準確或是擔心有缺漏時，應該二次確認。

若想要有良好的溝通，這些一體適用的原則就是廚房能教會我們的智慧。

▌練習：可學習的技巧 ▌

彙整溝通管道

現今的通訊媒介不斷在增生，導致工作時間被大幅吞噬，也為想在工作中打造一個有效「就位」系統的我們，帶來了艱鉅的挑戰。管理通訊媒介的最佳方法就是加以「**限制**」，雖然不是每個人都能把通訊媒介的數量刪減到剩下一個，但至少可以透過以下做法，做到減少或是盡量簡化。

彙整瀏覽器和電郵地址：很多人都有一個以上的電子信箱，如果你沒辦法把其他信箱關掉，那就把電子信件通通匯入同一個信箱，或是變更瀏覽器的設定，讓你可以同時瀏覽多個信箱帳號。

減少社群媒體和通訊軟體的數量：臉書、推特、領英（LinkedIn）這類社群媒體讓我們能與外界連結、提供我們娛樂，但是開始愈多這類的服務平台，資訊輸入的途徑就愈多。最好的做法就是活躍於兩三個平台就好，不要將心力分散在十幾個地方。至於那些你用來記錄想法、筆記和任務的應用程式、服務和軟體，規定自己使用一兩個就好。這麼做就可以減少需要你一一檢查的程式數量。

語音訊息自動跳轉：有些電信服務可以將語音訊息轉換成文字檔，錄製個人的語音問候語時，可以請來電者將訊息以電子信件的方式寄給你，不要只留下語音訊息，或者你也可以直接將「來電留言」的功能關閉。

抑制特定通訊平台的活躍度：你可以替某些電子信箱設定自動回覆的功能，或者也可以選擇不去回應、不檢查某些社群媒體上的訊

息，久而久之身邊的人就會知道哪些管道是連繫不上你的。如果某個重要人士總喜歡在你不常用的通訊平台上連絡你，即便百般不願意，你通常還是會被迫使用那個通訊服務。當然，你可以禮貌請對方改用其他途徑聯繫你，但這就得取決於你們的交情了。又譬如某些企業要求員工使用特定的通訊服務，那你就更應該在進入私領域後，限制自己使用這些服務的時間和地點。

善用自動轉寄和通知功能：很多社群媒體都有電子信件通知的功能，通知用戶有新的訊息，開啟這些功能後，你就不需要特別上網或是開啟應用程式去讀訊息。有的第三方服務甚至可以幫你把訊息彙整起來，電子信箱和諸多社群媒體服務都可以設定通知，只關注特定對象或特定主題的消息，重點就是要減少需要你逐一檢查的媒介數量。

廚房練習：一起下廚

下次和你的同伴一起下廚時，不要只顧著聊天，不妨討論料理的分工，在烹飪的同時互相報告進度，運用廚房內的溝通技巧。

- 同伴「呼叫」你時，確實「回話」。
- 共享料理空間，用廚房的語彙提醒對方，如「小心背後！」、「燙！」等。
- 提出請求（如：菠菜什麼時候會好？），然後回答時間（如：兩分鐘！）。

你可能會有些意外 —— 謹慎、特定的溝通可以促進彼此的信任感，讓合作的經驗既有效率又令人享受。

▎習慣：可反覆實踐的行為 ▎

確認要緊的通訊

並非所有的溝通都需要「回話」，但若是在要緊的聯絡當口就絕對少不了。

為什麼呢？根據數個針對企業電子信件通訊的研究指出，收信者有一半的時間都誤判信件的內容，但他們卻自認為有九成的時間都有正確解讀內容。這樣的誤會也發生在發信者身上，另外一篇研究報告指出「誤解電子郵件內容與自我中心的關聯」，也就是說：有時候發信者本身也不夠在乎信件會被解讀方式。

「回話」有四個層次，「確認」只是第一層：

1. **確認** —— 簡單的回覆，向對方表示收到訊息了（如：收到！）
2. **安排途程** —— 針對發信者（或信件提到的問題）表示「會稍後回覆」；或將信件直接轉給負責的人／單位；或是不直接回答對方問題；或是告訴對方這件事不在你的管轄範圍內，表示應由他人做主。（如：明天以前會回覆。）
3. **精簡回答** —— 只需要回覆是或不是、好或不好；或是一個特定資訊（如：明天下午五點見。）
4. **詳細回答** —— 任何需要用到超過一分鐘的回覆

「確認」是最簡單的選項，而「安排途程」、提供「精簡回答」則是最有效率的，因為這些信件等於被你處理過了。如果你沒有足夠的時間提供對方「詳細回答」，那照理說這次的「回話」就應該要被收到你的行動清單或是行事曆上。

至於哪些東西和對象對你而言是「要緊的」，應該由你決定。不過大致上，通訊對象還是有**優先順序**，請參考以下排序，1是最重要的。

1. 經理、夥伴、客戶、老師、家人
2. 員工、同事、朋友
3. 廠商、律師、相識之人

也可以按照事情的**輕重急緩**去排序：

1. 健康相關
2. 財務相關
3. 管理、行政相關
4. 創意相關
5. 社交相關

「確認」不一定要即時，但是應該顧及彼此的關係和對雙方都方便的時間，盡早給予回覆。雖然現在很多工作場合都期望對方在幾分鐘到一小時內回覆訊息，但一般來說，與工作相關的內部人員溝通只要在二十四小時內回覆都算合理。

在所有的通訊往來中，若能養成「積極聆聽」和「鏡像式溝通」的習慣，你和他人的關係與交流就會變得更緊密、穩固，也不會老是忘記執行特別要緊的動作，更能順利完成那些看似簡單卻容易被忽略的程序式工作。

善用行動語言

我們很難控制他人的溝通行為，但是我們可以畫下合適的「界限」、設下互動的「規矩」、培養並善用行動語言（action language）

去影響對方的做法，從行動語言中不斷將「討論」和「要求有所行動」的差異區分清楚。

　　會議不只是用來討論的，會議理應要催生可以實踐的行動，這種時候我們就需要行動語言的幫助，利用「問對的問題」去引導身邊的人，回應要求、付諸行動：**我們的共識是什麼？你今天開完會有什麼感想？下一步是什麼？有誰需要幫助？我可以幫上什麼忙？**

　　行動語言也可以用在電子信件裡。如果你發現某個信件已經往來太多次，或是發現自己深陷一個對話群組卻毫無頭緒，那就可以善用行動語言。當然最理想的做法是從一開始就只談要緊事，但總有無可避免的時候，這時你可以在某封信裡面，尋求類似「全天」的東西，你可以說：**抱歉，這個信件串拉得太長了，我有些混淆，可以請你大致講一下最初的問題，然後告訴我你需要什麼嗎？**

　　如果對方的請求不夠清楚或完整，你還可以創建一個表格，請對方列出他們需要的東西，這樣可以大幅節省你和提出請求的人的時間，因為對別人來說表格很容易填寫，收到表格的你也可以立即行動。

　　但請注意，表格就像會議一樣，在企業文化裡是一種位階的展現，就算你的位階不高，如果太堅持別人使用你的表格，便很可能淪為展現權力的惡習。主廚湯瑪士・凱勒就很討厭各種形式的表格，尤其是當團隊裡的高階主管向廚房的員工提出新表格時，他會馬上介入。

　　「不要這樣對他們。」他告訴團隊的高階主管：**廚房員工一天工作十二個小時，凌晨一點還在廚房，隔天中午就來報到。你之所以在這裡，就是因為有一群年輕人在你上床睡覺的時候，還在廚房刷刷洗洗，不要增加他們的負擔，你的工作是讓他們的工作變得更容易，要填表格你填，那是你的責任。**

🍳 主廚再出擊 ── 收到

五年的光陰之中，羅伯特・哈爾珀恩將「Marigold」打造成費城最受歡迎的其中一間餐廳，在這期間他的人也和餐廳同在 ── 可不是某種隱喻修辭，他真的睡在餐廳樓上一個沒比更衣室大多少的房間。

二〇一四年的某一天，這位主廚覺得自己在「Marigold」的工作已經圓滿，他準備要和未婚妻結婚、搬到加州去，就這樣，哈爾珀恩離開了。提姆和安德魯從他手上收購「Marigold」，成交價比哈爾珀恩提出的三十萬美金少了一些，他們也重新談了房租契約。

自我去拜訪「Marigold」的一年後，我再次回去看看餐廳經營得如何。

提姆和安德魯將基斯提拔為行政主廚，也花了好幾個月重新整修餐廳，在這段時間他們盡可能地留住原先的員工。他們簡化料理，把比較過氣的菜色和需要動用到液態氮的品項都拿掉，他們的料理方式聚焦在更傳統的手法上，同時保留了一點哈爾珀恩的搞怪風格。他們也簡化了新的工作台，新版「Marigold」的廚房鼓勵人人都是「全能手」，意思就是廚師必須懂得如何料理菜單上的每一道菜。他們也簡化溝通方式，不再用前衛搖滾白人男性的姓名做為奇怪的代號、不再延續哈爾珀恩惱人的做法 ── 把便條紙貼在工作台上，寫著：這裡可以再清乾淨一點。不過他們還是有保留一些過去的習慣，即便工作台從頭到尾就沒有按照數字一、二、三去編號，服務生到熱食區取餐的位置還是叫做四號工作台。

基斯的料理口碑很好，客人源源不絕地上門，但是這位新銳主廚必須嚥下一口悶氣，因為當初真正準備松露蟹肉起司通心粉的是他，

贏得迪娜‧狄亞茲芳心的是他，不是哈爾珀恩。廚房裡的同事也老是戳他的痛處，總是戲謔地說：**你想想嘛，基斯，如果哈爾珀恩沒有借花獻佛，那娶狄亞茲的人可能就是你欸**。但現在人在加州的是哈爾珀恩，在四號工作台的是基斯。

在那個當下，哈爾珀恩可能正在他帕索羅布列斯（Paso Robles）占地三十畝的杏仁果園裡，沐浴著陽光。他那一千六百平方英尺的豪宅外面，大概有雞群恣意在柿子樹、桃子樹和梨子樹下東啄西啄，他可能正開車前往當地的農人市集、酒廠，或是那間聘請他為特殊活動擔任特約主廚的度假中心。等到於醫院手術室擔任護理師的狄亞茲下班回家後，兩個人再愜意地一起喝杯美酒。

費城這裡的老員工壓根不知道他的近況，「他好像有買地，」基斯說，「他跟我們說他應該會開一間農場。」

那他會繼續做菜嗎？我問。

他們擺擺手，表示沒收到任何消息。

成功的配方

處理要緊的溝通時，要做到確實向對方確認訊息，並且也預期收到對方的確認。聽到請回答。

第九個材料

▌檢查和修正▐

主廚的故事：笑開懷的指導

　　食評家一致認為：比爾‧泰勒潘（Bill Telepan）懂料理。

　　二〇〇五年底，《紐約時報》的食評作家弗蘭克‧布魯尼（Frank Bruni）拜訪了泰勒潘才剛開幕不久的同名餐廳，當時布魯尼給這間餐廳的評價很一般。而美食相關媒體讚賞的，也是泰勒潘在其他廚房料理符合當令季節食材的表現，例如他在中城區的高級餐廳「Judson Grill」的作品。這間新餐廳「泰勒潘」是他自己開的第一間餐廳，非常低調，隱身於曼哈頓上西區一處住宅區的路邊。布魯尼的食評寫道：「餐廳和相鄰的連棟房屋共用一樓，形成多個不合理的空間，菜單無趣。」然而到了二〇〇六年，在他撰寫的新評價裡，他卻直說太吃驚了，他一次又一次被看起來樸實卻迸發美妙滋味的料理折服。他寫：「都不是什麼稀奇的料理，但是卻充滿活力。」──如蔬菜麵包湯、多汁的鮭魚排和煙燻鱒魚佐俄羅斯傳統薄煎餅。布魯尼熱情洋溢的文字形同這裡的食物「沒有花拳繡腿，全都是扎實的真功夫：料理新鮮、風味純粹、鮮明，展現主廚十足的料理技巧」。其他食評，像是《紐約雜誌》雖然給了餐廳的裝潢和價格負評，但還是指出「泰勒潘的確是個很有才的主廚」。

　　當然餐廳的食物都不是泰勒潘親自**煮**的，身為主廚兼經營者，泰勒潘的新工作是「**檢查**」他的料理。所有品項的食譜都**出自他手**，但

是料理這些的卻得靠他人之手 —— 被泰勒潘訓練過的手。他觀察他的料理、觀察廚師做菜、聽取顧客享用完餐點後的意見和批評指教，然後進行調整。

　　泰勒潘和他的料理很像：平易近人卻深藏不露。他從紐澤西某餐廳的熟食部做起，一路晉升到布魯尼眼中「紐約頂級主廚」的行列，這一路上他不斷觀察、聆聽、調整自己，精益求精。他在一個工人家庭中長大，父親在通用汽車的工廠上班，母親則是哪裡有錢賺就往哪裡去，他高中就開始學會下廚，因緣際會進入「Garfunkel's」餐廳擔任燒烤廚師 —— 布魯尼把這間餐廳比喻成高級版的「星期五餐廳」（TGI Fridays）。但是他卻為了讀大學離開餐廳，後來又對學業感到厭煩、想念廚房生活，「Garfunkel's」的主廚便引薦他到CIA學習。在CIA就讀的那兩年，泰勒潘簡直經歷了味蕾宇宙大爆發，接著他到查理・帕爾默的「河水咖啡廳」見習，沒一會兒工夫帕爾默就將泰勒潘，介紹給他現在的導師艾夫列・柏特利。

　　泰勒潘初到「Gotham Bar and Grill」餐廳工作時，餐廳才開了三年，但是柏特利已經將這原先表現中庸的餐廳，蛻變成舉足輕重的世界級餐廳。露絲・蕾西爾（Ruth Reichl）是連年在《紐約時報》食評上給予「Gotham」三顆星評價的眾多食評之一，她剖析：柏特利和他的團隊「找到了讓美國人自在享用精緻餐點的方法」。引領著「美式新飲食」潮流的瘦小柏特利喜歡用高度來呈現料理，他不畏嚴苛的挑戰，有許多道馳名料理都具備了十足高度而沉穩內斂。泰勒潘回憶道：「餐廳廚房非常忙碌，每個晚上都要以非常高的規格服務三百五十到四百位客人，所以每個人都必須全力以赴，柏特利從不開口罵人，但是做錯事的話，他會對你**感到非常失望**。」

泰勒潘在「Gotham」做了三年廚師，離開一陣子、後來又回歸，擔任了四年的副主廚，四肢瘦長的泰勒潘——一個很容易爆笑到全身發抖的澤西小孩——和安靜、拘謹的柏特利站在一起，形成了強烈的對比。泰勒潘讚揚柏特利對食材與一致性的堅持，更特別推崇他身為首席檢查員的作風。柏特利不必動手料理，動手的是他的廚師，柏特利教導他們怎麼料理，並不斷檢查、修正他們的成品，直到做對為止，至於為什麼他有辦法做到這個程度？那是因為不像其他和他地位差不多的主廚，柏特利會親自待在自己的餐廳，待在廚房的菜口，守住那道攸關三星評價和他設下的嚴苛標準的最後防線，時至今日他還是事必躬親，他說：「自己待在廚房我比較放心。」

泰勒潘耳濡目染這些嚴格的標準和追求精緻的做法。輪到他指導別人料理他的食譜時，他仿效柏特利，開始不斷地觀察、也教別人怎麼觀察，在泰勒潘的餐廳裡，所有料理都要經過三道關卡才能送到客人眼前：廚師、叫菜員、首席服務生。通常泰勒潘會自己擔任叫菜員，他忙別的事時，跟著他很久的後場人員達爾文（Darwin）就會接手。八年過後，泰勒潘和這支陣容堅強、完美呈現他的料理的團隊，將餐廳推到二星的地位。他的餐廳高朋滿座，顧客來自四面八方，有在地的居民、有愛好美食的人，也有去附近林肯表演藝術中心看戲、順道過來的客人，面對如此絡繹不絕的人潮，他決定開第二間餐廳。

他在比較高檔的翠貝卡（Tribeca）一帶找了新地點，那裡的美食與餐廳更比比皆是。他想要嘗試美式的西班牙下酒小菜，靈感則來自他的原生背景澤西區的療癒美食，即一小盤一小盤的——精緻版披薩、水牛城辣雞翅、培根包小香腸、炸蝦球、烤起司三明治，甚至是高級版的「Cheez-It」（起司餅乾），再搭配烤肋排、甜麵包、小牛胸

腺、慢烤五花肉、烤田螺一類的食物。他把餐廳取名為「泰勒潘家鄉味」（Telepan Local）。

二○一四年一月餐廳開幕，泰勒潘只邀請了親朋好友，後來他決定讓「家鄉味」先低調營運一陣子，至少在解決場地問題的同時，可以有穩定的收入。新場地的問題還真不少：天然氣管線還沒拉好，所以不能同時使用所有的設備，很多火爐和烤箱就只能閒置在旁；廚房的加熱燈也還沒裝好，料裡一做好就必須立刻上菜；但是廚房和外場人員的調度還不夠成熟，時機常常抓不準，外場人員也還需要再受訓。

泰勒潘必須把重心轉移到市中心，照顧他的「新生兒」餐廳，他將上城區餐廳的副主廚喬爾‧哈維爾（Joel Javier）指派為新餐廳的行政主廚，泰勒潘訓練哈維爾熟譜將近三十種料理和技術，然後再由哈維爾訓練新招聘的一群廚師。時值二月某個寒冷的夜晚，泰勒潘和哈維爾一起站在菜口，哈維爾負責喊單、取餐、檢查料理，最後輕撒粗鹽、橄欖油，然後交由服務生上菜。

哈維爾說：「維持一致水準的同時還要兼顧精緻和縝密，非常困難。」——這也是泰勒潘從柏特利那裡學到的一課。哈維爾也說：「這就是為什麼速食連鎖品牌那麼成功的原因，不管你什麼時候去哪一家店，都可以吃到一樣口味的漢堡和薯條，當然不是特好吃就是了。」縝密這種東西無法以自動化來達成，這也是為什麼哈維爾和泰勒潘會不斷地觀察。

他們兩個都注意到一位新的實習生黛安娜（Diana），她是從哥倫比亞大學俄羅斯研究學系畢業的學生，後來跑到附近的國際烹飪中心（International Culinary Center）就讀。她在「家鄉味」已經工作三天了，還是搞不定她負責的六道菜。

泰勒潘發現黛安娜將烤盤紙上剛烤好的蘑菇，直接從烤箱拿出來就倒在盤子上，盤子裡有東西還沒完全煮熟，但是蘑菇倒下去就來不及補救了。

　　「準備一份新的。」他告訴她。

　　黛安娜十分倉促。她負責西班牙番茄麵包（pan con tamate）的烤麵包，烤好後泰勒潘再上蒜頭、鋪上番茄混和蒜頭的頂料。她將一份麵包放到工作台的小烤架上，一分鐘過後，泰勒潘發現她提早把麵包拿起來。

　　「那還沒烤好，」泰勒潘吼了一聲，「再烤一份，**有耐心點**，這是烤起司三明治，對吧？」

　　「對，」黛安娜回答，「烤這種東西急不得。」

　　哈維爾指導她，告訴她麵包要烤到金黃，這樣她在抹蒜頭的時候，香氣才會出來，如果烘烤得不夠久，番茄頂料鋪上去麵包一下就會軟掉，而泰勒潘也擔心可能是火爐本身不夠熱，那就是設備上的問題了。「我知道這不過是烤起司三明治，」他對黛安娜說：「但它就必須是個真他媽好吃的烤起司三明治。」

　　「畢竟我是比爾‧泰勒潘，」他說，「不能連烤起司三明治都做不好！」

　　話才一說出口泰勒潘就已經笑到不行了。

主廚知與行

🍴 主廚眼觀六路，耳聽八方

經營餐廳非常不容易。

二〇〇五年發表的一份研究指出，有百分之六十的餐廳在開幕後三年之內倒閉。使用昂貴、有期限的食材製作手工料理，去滿足顧客挑剔的胃口 —— 對許多投身餐飲的創業者來說，這是個過不了的關卡。高級餐飲的成本很高，食材價格較高、設備昂貴、餐廳租金高，還要高薪聘請人才。

失敗隨時可都能出現，也許是因為一整季用餐區都沒什麼客人，生意漸漸蕭條，也有可能是因為一則負面評價而一下就讓餐廳倒閉。失敗的源頭可能是一道料理的失誤，或是一百道普普通通的餐點。有時候出問題的可能不是料理，而是呈現這些料理的方式和態度。

優秀的餐廳得要裡面的人時時戒備。這份警覺並非衍生自常會印在勵志海報上的老生常談 —— 某種「追求卓越」的精神；反而來自根深柢固、普遍而永無止盡的對失敗的恐懼。

在這個存活率低的行業，廚房就是左右生死的心臟，員工得拿出自己最好的表現，但由於其中也不乏經驗不足、自我要求不夠高的人，所以專業的廚房必須不斷訓練、加強員工素質。

因此，最優秀的廚房提供學習的環境；最優秀的主廚傾囊相授；最優秀的廚師積極學習。

✕ 主廚朝完美前進

「**檢查和修正**」是主廚追求完美的方法，這裡用到的詞是「追求」，因為完美是永遠到不了的終點。優異主廚能做到的就是拿出**一絲不苟的執行力**，這是廚房設計師由井從主廚昆茲那裡學到的說法 ——「**一絲不苟的執行力**」，其中包含了主廚的野心，也帶了點堅忍克己的意味：**人只能盡其所能**。

✕ 主廚接受指教

「**檢查和修正**」是一種不斷自我再教育、不斷完善技能的系統，所以「謙遜」和「**虛心受教**」是不可或缺的元素。主廚承擔起教導廚師的責任，廚師則遵循主廚的智慧和引導。廚師必須致力於自我約束、不停磨練自己。主廚必須持續在自己的直覺，和顧客、食評的反饋之間維持平衡。而主廚和廚師都明白，這些追求都是永無止盡的。

✕ 主廚不斷來回查看

「**檢查和修正**」最主要的舞台就是「菜口」，又稱為傳菜區，是廚房和用餐區之間的料理檢查點。你可以把這個位置想像成沙漏中最狹窄處，通過這狹小的關口，顧客的點單被送到廚師手裡；廚師料理好的餐點則被送到顧客跟前。

負責菜口這個檢查點的人是叫菜員，通常你會在這裡看到主廚，有時候副主廚或是經驗豐富的後場人員也可能會負責叫菜。叫菜員有

很多重的任務在身，他們是廚師的屏障，負責評估、調整點單進廚房的速度，確保廚房不會忙到人仰馬翻；他們監控廚師料理的方法、程序和習慣；最後，他們替顧客和餐廳把關，檢查每一道送出去的料理。

這個工作需要叫菜員熟諳餐廳運作的節奏，觀察用餐區的狀況來拿捏各種決定。叫菜員必須運用所有的感官：主要是視覺，但同樣要用到聽覺、觸覺、嗅覺和味覺。

泰勒潘說：「我負責傳菜時一整晚都在試吃。」他的廚師們也不斷試吃：用試吃湯匙嘗醬汁、試吃蔬菜和澱粉類。出餐服務開始**以前**的好幾個小時、甚至好幾天前，就已經開始不停試吃了，製作醬料和燉品時要試吃，也必須試吃那些要花比較多時間準備的東西。泰勒潘有一次在研發新的沙拉，他從一位廚師「就位」的東西當中拿了一些甜菜根，泰勒潘放了一片在嘴裡，馬上吃出食材已經放了超過一天。他壓抑住怒氣，找到那位廚師，給他一片新鮮的甜菜根，「你吃吃看。」他說，然後又拿了一片廚師自己「就位」好的甜菜根，「換吃這個，告訴我有什麼不一樣。」泰勒潘有教過他們怎麼試吃，但在出餐服務開始以前，他還是會花好幾小時一一試吃過所有食材。

叫菜員不僅要觀察，更要提供諮詢和指導，不僅要檢視，更要修正。有時候問題出在方法不對：鍋子不夠熱就下食材、生魚肉沒有確實拍乾、蔬菜或是肉品的大小不一致等，但是更多時候，問題出自對「就位」原則的妥協。

「我都會跟廚師說：『不要得過且過』，」泰勒潘說，「不要把事情做一半，也不要以為你掩飾得很好，因為我一定會發現，我知道那道菜需要四分鐘，但是現在才過了兩分鐘，不要就這樣端出來，我寧

廚房的品質管理檢查點

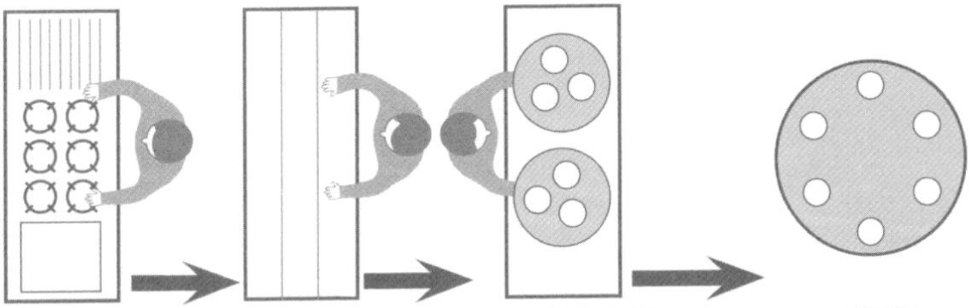
一號檢查點
流水線廚師
二號檢查點
叫菜員（菜口）
三號檢查點
服務生
顧客

願你多花一分鐘把事情做對，稍微延誤到出餐服務沒關係，但不要給我做一半的東西。先省下那一分鐘，只會再耽誤你六分鐘，因為我肯定會叫你整盤重做。」

主廚教你自我批評

廚師必須內化學到的東西，並像主廚一樣評估自己的表現。

「我跟新進的廚師說『把你的工作台想像成你**自己的餐廳**，而且每個人都是抱著檢視你的心態來的』，」泰勒潘說，「你必須維持工作台的整潔，做到像你自己當主廚開餐廳時想要的那個樣子。現在怎麼管理你的工作台，以後你就會怎樣經營你的餐廳，所以現在就要養成好習慣。」

廚師偷抄捷徑可能是因為懶散、健忘、疲勞，也有可能是因為發現自己做錯了，一時為難。「我總是告訴他們，比起被我發現，你不如直接告訴我『主廚，我搞砸了、我漏掉這個了、我得再做一次』，直接講很好啊，失誤在所難免，廚房裡的機器也只是**凡人**啊。」

✖ 主廚解決問題、利用問題

失敗為成功之母，主廚會吸收錯誤 —— 正確來說是把避免這些錯誤的方法統合進工作流程裡。因此對廚師來說，每一次的錯誤都是學習的契機。

有一次「法國洗衣坊」的主廚湯瑪士·凱勒特地從紐約邀請一位四星餐廳前主廚到店裡，為他旗下「Bouchon」各餐廳的主廚示範一些經典法式料理。這位優秀的主廚被一群年輕主廚團團包圍，一時太緊張，竟搞砸了法式料理基本中的基本：歐姆蛋（Omelet）。

「他整個做失敗了，」凱勒回憶道，「我得做點什麼救援。」

凱勒靈機一動，讓每一位廚師動手試做自己的歐姆蛋，原先的教學便成了一場實驗活動。

「實驗的結果非常驚人。」凱勒說。接下來的三十分鐘成功催生了一種預先烹調歐姆蛋的技術，後來凱勒就是利用這個技術，每天在他拉斯維加斯的餐廳替六百位客人準備早餐。「那位主廚試吃、我試吃、所有的主廚都試吃，我們異口同聲『哇喔！』叫出來。那樣做出來的歐姆蛋看起來超漂亮、簡直完美。沒想到因為一個人的失誤，我們竟然發明了一種新技術。」

✖ 主廚計算妥協的代價

主廚的標準有時候看起來花俏大於實用。「乾淨、潔白」的廚師服和料理好不好吃、好不好看似乎沒有絕對的關係，但是身著「乾淨的白色」卻是很普遍的標準。廚師什麼時候會妥協、又為什麼會妥協

呢？針對這個問題，凱勒用一個反詰句來回答。

「如果你Ｔ恤上有一個別人完全不會發現的洞，你會穿嗎？」他問。「是吧，或許沒差吧，我可能明天才要洗衣服，我可能有六件Ｔ恤，今天穿到第六件，結果第七件乾淨的上面有一個洞這樣。我是要穿那件乾淨（而破洞）的，還是要把髒衣服拿去洗？這就是妥協。不管是對自己還是其他人，我們都要有商議和妥協的空間，妥協可以，但是不能影響到我們期待的結果。」

因為主廚很清楚妥協可能會產生滑坡效應，終致混亂，所以他們非常小心計算妥協的代價。

如果說完美主義代表一個人為了追求品質而無法準時交出成品；那麼退而求其次就是犧牲一點品質，只為了準時交出成品。「卓越」本身就是這兩者的折衷：交出好的品質。

主廚和廚師準備每道料理時，都在拿捏這兩者的微妙張力，每一盤成品都體現了兩者間的平衡。在他們努力累積的經驗中，最無價的能力就是學會掌握那個臨界點：他們知道自己什麼時候流於草率，可以再嚴格一點；他們也知道自己什麼時候太過講究，需要適度放手。

廚房之外

不管是工廠的流水線運作或是某個科技公司的品管程序，大多企業都是大規模在評估作業的成果。

但是我們在這裡談的評估，是小規模、個人化的；不是那種人力資源部要你填寫的死板乏味、和你沒什麼相關的企業員工自評表。我們這裡的評估是指檢視個人的產品或是服務，規模可小至一封電子郵

件、大至一本書。

　　在廚房外的世界工作的我們，只是表面上重視諮詢和指導，實際上卻沒有認真去體會它，許多公司或創意產業中，並沒有像主廚那樣的角色，沒有人在乎職員的再教育或個人成長。舉例來說，專業的廚房有個原則，一位學徒如果認真勤奮地跟了某主廚好幾年，主廚自然會主動替她聯繫其他機會，並將這位學徒推薦到其他優異主廚的廚房學習，幫助她繼續充實她的履歷內容。很難想像企業會有這種做法。我們也沒有像叫菜員那樣的角色，助理和秘書或許可以幫忙安排忙碌的行程，但也只有少數人可享有這種特權。再說了，助理也不能算某種導師的角色。對員工來說，經理或許可以和叫菜員相比擬，但是在絕大多數的公司文化裡，經理都只做了叫菜員一半的工作：他們都很會批評，但是卻不懂得調整團隊的工作量，總是讓人忙到喘不過氣。在學術界中，老師收到回饋的方式，通常是由同事、行政人員或是學生給予評價，然而這些評價幾乎都是以分數呈現，用分數來決定教學品質似乎不是很可靠。對任何專業來說，在評斷品質的時候，若只要達到某個數字指標，就和一個姿勢不標準的體操選手不小心拿到一分沒什麼兩樣。而這也像文字工作者在沒有編輯的情況下工作。傳統的新聞編輯室那種把關與控管的傳統，因為一層層的荒殆，正在逐漸消失中。對我們來說，頂多也只能靠電腦的拼字檢查功能了。

　　我們需要一套方法來評估自己和他人；我們需要一套方法來幫助自己改良做事的方式、提升產品的質量，並學會把從錯誤中學習到的知識，加以融會貫通到整體的工作中。如果身旁沒有導師引領，那責任就落到我們自己身上，我們要自己發展出一套檢查和修正的系統，為自己把關、找到平衡。如此一來我們才能有所回饋地**俐落工作**。

最優秀的廚房提供學習的環境；最優秀的主廚傾囊相授；最優秀的廚師積極學習。

▌練習：可學習的技巧▐

設定標準

凱勒主廚問：「你的標準是什麼？」

在我們評估自己的工作表現以前，我們必須先問自己這個問題。只有清晰定義出我們理想中的卓越，我們才有辦法適切、有效地檢視自己的工作表現。含糊的定義只會帶來馬馬虎虎的結果。

想要釐清自己的理想，請試著回答以下問題：

1. 誰是你工作領域的榜樣或是導師？此人哪些表現、做事流程或舉止行為，促使你想要效法？

2. 在你的工作領域裡，有哪些優秀的產品或服務？它們有什麼過人之處？

3. 你可以養成哪些習慣去達成你的標準？

4. 你有哪些不好的習慣阻礙你達成目標？

5. 哪些環境對你有幫助？哪些環境會產生不好的影響？

6. 你期望你的工作可以帶來什麼外在的獎勵或結果？

7. 在哪些方面或哪些情況下你願意把標準降低一點？在哪些方面或哪些情況下你不願意妥協？權衡的標準是什麼？

先回答這些問題，接下來的練習會更簡單。

控管品質的檢查清單

依據你剛才列出的標準，並利用我們在〈第二個材料〉學到的檢查清單，進一步評估你所創造的產品或提供的服務。這個檢查清單不只是拿來計算結果的，假設你是一個銷售員，你可能會覺得清單上面最重要的項目就是「有沒有把產品賣出去？」然而，它應該要著重在你可以掌握的因素上，這是一份檢視自我行動的清單，與他人無涉。是要檢視你是否有拿出**一絲不苟的執行力**。

檢查清單上面的項目應該要：

- 可付諸實行
- 講究數量或品質
- 項目的數量不超過一頁篇幅

計算錯誤的次數

利用一天的時間，計算你犯錯的次數，不管錯誤是大是小、是公事或是私事，並且在每個錯誤的旁邊寫下後遺症或是結果。

錯誤的類型可以很一般，如「錯誤：忘記帶傘。結果：多跑一趟回家拿傘」；也可以很重大，如「錯誤：誤判與前方車輛的距離。結果：追撞」。

在這一天結束以後，針對每一個錯誤，寫下一個改善或是預防再犯的方法。

這個練習不是要讓你難堪或是有罪惡感！剛好相反，記錄錯誤的過程能帶給我們以下好處：

- 有所查覺：錯誤其實時常發生
- 養成連結「錯誤」和「後果」的習慣
- 學會如何減少或預防錯誤

廚房練習：試吃

下次你為朋友或親人下廚的時候，請他們針對你的料理在一張紙上寫下評價。你可以告訴他們你特別想加強的地方，並請他們不用客氣，盡量誠實、直接！當天晚上，閱讀你收到的回饋，注意這些回饋帶給你的感覺，然後將這些文字整理成一份行動清單，以供下次再料理同樣的食物時參考用。

鼓勵別人給你回饋、接受批評指教都不是易事，但是要成為更好的廚師、更好的專業人士，或是更好的人，這些都不可或缺。

▌習慣：可反覆實踐的行為 ▌

製作修正用的檢查清單（或是修正你的檢查清單）

主廚之所以能化失敗為成功之母，是因為他們會發現並修正錯誤，不管是料理或是工作程序，他們都願意調整自己的做法。

在廚房外生存的我們，腦中自然有一套內化的工作方法，但如果我們在某種情況下經常犯錯，我們需要的就會是借助實體與外部工具的做法，來自我引導改進。想消弭工作時產生的失誤，最有效的辦法就是製作檢查用的清單、修正檢查清單。

下次再犯下連自己想到都頭皮發麻的失誤時，立刻利用先前「計算錯誤」的練習，將錯誤記錄下來。接著在「今日彌思」時加以檢討，並找出一個或是多個可行的措施，避免下次再犯。如果你手邊已經有該程序的檢查清單，那就把修訂的步驟直接加進去，沒有的話就創造一個新的檢查清單。就算你只是暫時使用這份檢查清單，養成好習慣後就把清單收起來也沒關係。善用工具記錄錯誤，利用它有效排解你面對那些錯誤的情緒。

✗ 以人為鏡

有機會的話，一定要借用別人的眼睛和耳朵，來檢視自己重要的工作成果。盡量和那些可以為你提供不一樣視角的人，培養良好關係。

上司：許多上司都很樂意指導下屬。對指導別人不感興趣，只要求你把分內的事情做好的算是極少數。如果你的上司剛好很樂於助人，一定要好好善用這個機會。

導師：再屬害的冠軍都需要教練，但是太多人把導師這個形象，想成是遙不可及的「楷模」，或以為這是在培養「人脈」。這裡要建議你的是：「真心地」與合適的對象發展師徒關係，這個人應該要能夠不定期評估你的工作，教你如何更有效評估自己的發展。

同事：不管是相互批評求進步、排解專案中的疑難雜症，還是定期聚會討論彼此的進展，精進既有技術、學習新技能 —— 如果在工作上能找到一位值得信賴的同事，等於是找到了最佳盟友。

員工：你可以訓練某位優秀員工或是助理，成為你另一雙眼睛和一對耳朵，確保你行事妥當，成為你的品質管理助手。主廚總是會把

自己的技巧教給那些為他們工作的人，如果你有助理的話，愈是信任對方、把這類工作交給他，他愈能有所成長。

自我編輯的手法

在檢視自己的作品時，我們必須盡可能「抽離」。

作者蘇珊·貝爾（Susan Bell）在《巧妙編輯》（*The Artful Edit*）這本著作中建議了許多方法，幫助任何從事寫作工作的人去轉換視角、檢視自己的作品。這些方法只要稍微調整，就可以用在不同的創意工作領域，讓我們能從更多角度去看事情，也讓我們除去自己創作者的身分，搖身一變成為編輯。

變換環境：如果你想要用不同的視角看自己的作品，可以直接改變作品所在的環境，例如在電腦上完成寫作，可以印出來檢查。

運用不同的感官：假如你的創作需要用眼睛去看，那檢查時就用你的耳朵，好比說寫作的人可以大聲、慢慢地朗讀文字，也可以用不同的口音朗讀。

假裝自我對話：假裝自己是某個願意幫自己檢視作品的人，試著和這個人對話，試問他會如何評估你的作品？

你也可以善用軟體、應用程式或是線上服務來檢查你的作品品質，如果有合適的虛擬助理，也可以派上用場。從事寫作的人，可以使用校對軟體「Hemingway」檢查語意是否簡潔清晰，「Grammarly」和「Ginger」也都是功能強大的工具。

主廚再出擊 —— 評價

二〇一四年四月，《紐約時報》評價了「泰勒潘家鄉味」。

「半調子、沒有說服力。」食評彼得・威爾斯（Pete Wells）這麼描述。他不能接受「家鄉味」的食物（太小盤）、裝潢（桌子也太小）和價錢（太貴），干貝跟蘑菇好吃是好吃，但是份量不夠，他提到「起司帕尼尼搭配西班牙番茄大蒜抹醬和橄欖油，的確很好吃，但小到根本不能分食」，威爾斯覺得培根包小香腸太……怎麼說，就是太培根包小香腸；炸蝦球也是了無新意，威爾斯評價「『家鄉味』似乎想挑戰『紅龍蝦』（Red lobster），看來是失敗了」。他吃了兩種甜點，很喜歡甲卻超討厭乙，最後他給了「家鄉味」一顆星。

這篇評價上線的那天，泰勒潘人在上城區的餐廳，他二話不說馬上跑去找哈維爾和士氣大受打擊的團隊，出餐結束後帶他們全部去喝一杯。

泰勒潘覺得評價並非不公允 —— 他本來就在考慮換大一點的盤子、改成比較常規的服務了，但是被說價錢太貴這一點讓他很受傷。接下來的幾個月，他努力改善餐廳的服務、將料理做到他認可的味道，然而接下來的那個夏天 —— 紐約的夏天一向是餐廳淡季 —— 翠貝卡的人潮實在少得可憐。十一月時，泰勒潘決定將餐廳收起來。

「泰勒潘家鄉味」都還沒熬到開幕一週年就結束了，「爛透了。」泰勒潘表示，但這次失敗給了他未來創業可參考的寶貴一課，他計畫開下一間餐廳時，要投資更多時間培訓「外場接待」；也必須找一個能讓他經營社群關係的地段，就像他第一間餐廳「泰勒潘」做到的那樣。而且他決定就做那些讓他聲名大噪的料理就好。

　　泰勒潘回到上西區，回到他在菜口的老位置，繼續他的檢查工作。這裡沒什麼變，泰勒潘旗艦店還是蒸蒸日上；餐廳甚至剛獲得米其林一星；晚間的出餐服務照樣穿插著泰勒潘一再發出的咯咯笑。

　　「這個工作絕對不只是勾勾寫寫而已。」他說。

　　山姆料理的煙燻鱒魚非常受歡迎。泰勒潘的龍蝦肉醬義大利麵由米賽爾準備 —— 他從一九九一年就跟著泰勒潘在「Gotham」當他的二廚 —— 這道料理風味新鮮濃烈，顧客就是來回味這一味的。今晚，主廚不需要退回廚師料理的任何一道菜。

　　泰勒潘手下的廚師是真的懂做菜。經泰勒潘一手調教的炊事 —— 成品確實美味。

成功的配方

不斷自我提升、接受別人的指教、給予他人指導。自我評估。

第十個材料

▌物盡其用 ▌

主廚的故事：有肝膽的傢伙

　　一台載著肉品的貨車，穿梭在羅德島普羅維登斯（Providence, Rhode Island）的道路上。這台貨車有兩個側門，一邊打開全是擺在碎冰上、切好的特選肉品 —— 大塊肌肉、里脊肉、肋排、後腿肉等；另一側的門，專門為葡萄牙和義大利移民所在的貧困區域而開，裡面載滿了各種動物的五臟六腑 —— 心、腸、胃、肝、腎等，這些部位價格比較便宜，因為有錢的顧客看不上眼。內臟類肉品不美觀，氣味也不是特別誘人，要把這些食材烹調成佳餚，需要時間和技術。

　　一九〇〇年初期，羅莎莉・柯桑提諾（Rosalie Cosentino）和她的家人從拿坡里（Naples）舉家搬遷到美國。她知道如何處理這類食材，因為不用這些食材的話，家人就沒東西吃，而且對她和家人來說「瘤胃」（俗稱牛肚）是很傳統的食材。羅莎莉首先處理牛的胃，先將其浸泡並水滾好幾個小時，牛胃煮熟後肉質也會變軟嫩。只是在烹煮過程中，整間屋子都會充滿一股腥味。接著她會將屬於牛肚的部位以葡萄酒、番茄、香草等食材一起調理，燉至味道濃郁美味為止。

　　隔著納拉甘西特灣（Narragansett Bay）和普羅維登斯對望的新港（Newport）是詹姆士・瑟斯頓・伊斯頓（James Thurston Easton）現在所居住的城市，他是羅德島殖民地時期其中一位皇家總督的後代，也是這座城市創建人的子孫。伊斯頓在家族企業：伊斯頓早餐香腸食品

公司（Easton Breakfast Sausage Company）上班，這間公司早在美國內戰時期之前，就已開始提供東部沿岸地區各式以動物內臟、碎肉製成的食品。

然而柯桑提諾一家和伊斯頓一家在當時屬於少數派，絕大多數當代人過的是「大魚大肉」的日子 —— 一望無際的土地、興旺的牲畜、豐碩的收成，致使美國成了麋擲之地，也讓我們的料理手法也變得怠惰。隨著殖民時代來臨，美國原住民和他們講究環保、充分利用資源的生活型態，全盤遭到殖民者推翻。然而追求節儉的其他烹飪次文化卻落地生根，到處開花結果：可見於移民文化中，舊大陸上祖國的傳統隨著人一起飄洋過海；也可見於貧困人家；在非洲奴隸後代之間亦可見到，因為他們向來只能從歐裔主人那裡拿到不受重視的食材。這些被許多人視為不能吃的食材，到了非裔美國人手裡卻成了一個美食派系，人稱「靈魂食物」（soul food），現在有許多文化都會用這個詞，以此讚頌來自家鄉的質樸美食傳統。但過去在大多數的美國人眼中，質樸是一種恥辱，而揮霍浪費大自然給予的美好，才是美國人的真傳統。

一直到第二次世界大戰期間，美國的中產階級才第一次體會到何謂「糧食短缺」。日本襲擊珍珠港之後的五個月，糖交易全部停擺，全美上下開始了史上第一次大規模的食物配給制，配給的項目包括咖啡、罐頭食品、肉品、乳酪製品、奶類和動物油脂。政府鼓勵民眾在自家的「勝利花園」種植蔬菜，以減輕食品供應鏈的壓力。「勝利食譜書」也紛紛出現，像是一九四九年由茹絲·伯羅茨海默（Ruth Berolzheimer）出版的《美國女人的食譜》（*The American Woman's Cook Book*）—— 收錄了因應戰時資源短缺的食譜和策略，包括如何煲

湯（伯羅茨海默寫道「所有進到廚房的食材都必須回收再利用」）、節省脂肪和油類（政府亟需用此來製造炸彈），並改吃較便宜、數量豐富的食物，如海鮮（「應該不會有短缺的問題」），以及較容易腐敗、相對不受歡迎的肉品，像是肝臟、小牛胸腺、腎臟、心和牛肚等。

「這樣一點都不刻苦，」伯羅茨海默寫到，「好處反而更多，因為這些部位的維生素含量比我們平常吃的部位都還要多，而且不浪費食材就可以省更多錢。」

在這場資源大戰裡，像柯桑提諾和伊斯頓這樣的美國人有著傳統撐腰，但諷刺的是二戰期間的配給制導致伊斯頓公司關閉，主因是香料短缺。戰爭結束後的幾十年，柯桑提諾的孫子約翰娶了伊斯頓的孫女蘇珊、而約翰和蘇珊有了一個叫做克里斯托弗的兒子之後，美國的食物經濟結構也已經改頭換面了。

農作、交通和市場行銷的發展，不僅恢復了美國昔日的豐饒，更讓物產翻倍成長，食物生產成了一種事業。加工食品愈發興盛，連生食都被包裝得像加工過的一樣：蘋果的形狀應該一致、不可以有任何撞傷；柳橙必須又大又無籽，還要好剝；玉米不可以有不同顏色的玉米粒；肉類也開始大量生產，量比以前大、價格更是便宜。肉類需要包裝、添加防腐劑，而且愈看不出動物原形愈好：去頭、去尾、去腳、去內臟。那些鋪了碎冰、載著牛肚和腎臟的貨車在大街上消失，取而代之的是一間間亮晶晶的超級市場，市場內一排又一排的白色保麗龍盒加上透明保鮮膜，包裝的全是不同部位、分切過的特選肉品。蔬菜上的泥土和肉塊上的腥味是不見了，但風味和營養也一併被犧牲掉。這些「完美無缺」的食物連帶製造出前所未見、多到令人髮指的

浪費。新一代的美國人遺失了許多老一輩人的智慧：怎麼去料理、怎麼種植、打獵、捕魚，而有興趣去學的人更是少之又少。約翰、蘇珊和克里斯托弗一點也不想和柯桑提諾的牛肚沾上邊，因為那可是貧困、被遺忘的美國舊時代風味。

　　克里斯托弗（小名克里斯）在一九七〇年代的羅德島長大，他發現自己祖父母那一代有很多讓他喜愛的事物，週末時他會去祖父詹姆士在新港的家，晚餐時祖母海倫會準備烤肉、烤禽類，或是烤扁鰺，海倫會帶克里斯和弟弟一起去釣魚、撈蛤蜊、簾蛤。克里斯也漸漸喜歡上帶著海水鹹味的新鮮生海鮮。祖母會煮巧達濃湯、準備海鮮沙拉和龍蝦三明治。暑假時他們會去祖父母在海邊的度假小屋吃水煮龍蝦和蛤蜊，小屋附近的葡裔美國人俱樂部每年都會舉辦慶況活動，克里斯也是在那裡品嘗到蛤蜊炒辣香腸、鷹嘴豆和羽衣甘藍湯的。有些週末克里斯會拜訪曾祖母羅莎莉的老家，一棟位在普羅維登斯樂山大道上三層樓高的住家，羅莎莉喜歡在窗台上用咖啡罐種羅勒，在後院栽聖馬札諾番茄，收成後裝罐醃漬，和自己釀的蒲公英酒一起收藏在地下室裡。克里斯會幫忙曾祖母將新鮮現做的義大利麵分段、曬乾，幫忙製作披薩皮、炒底料（soffrito）、烤番茄派。只不過煮牛肚前幾個小時散發出的腥臭味，還是會嚇得克里斯落荒而逃。

　　克里斯對食物一見鍾情，可惜的是他和美國當時的廚藝界一樣，一點也看不上那些不受歡迎的肉品部位，不懂它們所承載的傳統、知識和美味。十八歲那年，克里斯報名了羅德島強森威爾斯大學（Johnson & Wales University）的廚藝課程，課程裡壓根不談動物內臟，肉品切割的課程裡也看不見全豬或是全牛。在冷盤調理課程中，克里斯學會怎麼做陶盆法國派（French terrine），指導老師解釋

這是一種保留、利用多餘食材的方法，「就是冷的肉餅嘛。」克里斯心想。然而學校卻沒有教他如何製作家族中最重要的傳承 —— 煙燻鹹肉（charcuterie），也就是灌製香腸的做法。

　　學校沒教的東西，克里斯竟然在華盛頓特區的「Red Sage」餐廳裡學到了。他非常景仰餐廳的主廚馬克・米勒（Mark Miller），米勒一手開創高級西南方風味料理，也非常認真看待教學。克里斯從他身上見識到灌製香腸的魔力：有沒有乳化的差別、細絞肉和粗絞肉的不同等。克里斯離開餐廳時，米勒甚至把所有的配方交給他。有讀寫障礙症的克里斯，買了一本有彩圖的獸醫專書，邊看邊自學屠宰和切割。一九九〇年底克里斯搬到加州，到愛麗絲・華德斯（Alice Waters）令人景仰的餐廳「帕妮絲之家」（Chez Panisse）見習，當時的廚師克里斯托弗・李（Christopher Lee）問團隊裡誰有屠宰整隻領頭羊的經驗，克里斯舉手、假裝自己有、走下樓梯、接著漂亮地完成任務。

　　克里斯在美國許多知名餐廳工作過，但是當餐廳業者馬克・帕斯托（Mark Pastore）聘請他擔任餐廳「Incanto」的主廚時，繞了一圈的他才終於回歸到自己的根本。帕斯托開了一間專門提供義大利家常菜的餐廳，也就是俗稱的農人食物，克里斯很熟悉這類料理。雖然曾祖母羅莎莉已經過世了，他現在彷彿還可以聞到她煮牛肚時的氣味。唯一的不同是，到了二〇〇三年，克里斯的味蕾已經夠敏銳成熟，足以體會傳統、擁抱那些多數美國人覺得不夠精緻的食物。他將曾祖母的「拿坡里風味牛肚」加到餐廳的菜單上，他知道供應商一定有辦法給他上等的牛肚，比他曾祖母以前從貨車買來的還乾淨許多。他運用香料壓過太重的味道，成功讓許多有錢無膽的舊金山人愛上這道料

理。接著，他將更多不常見的部位加進菜單 —— 韃靼牛心、豬腳、豬血和血腸 —— 這些部位在過去不是被供應商當作垃圾處理，就是被轉手賣給狗飼料製造商。

在「Incanto」出現以前，克里斯只看過一位主廚將動物內臟用在高級料理中，那就是莉迪亞・夏爾（Lydia Shire）。頂著一頭紅髮的她個性十分活潑，在她開在波士頓的餐廳「Biba」和許多美食雜誌介紹中，都可以看到夏爾的獨門料理，如烤甜麵包串、豬腦和小牛心等。

在地球的另一端，有位主廚早已在專門料理這類食材，並藉此展現自己的政治立場好一段時間了。時間再早個十年，一位沒有正統廚藝背景的主廚弗格斯・韓德森（Fergus Henderson），在倫敦開了一間「St. John」餐廳，餐廳最大的特色就是整隻動物從頭吃到尾，以致敬經典、卻被眾人遺忘的英國傳統料理。他將許多傳統的食譜和技術收錄在他一九九九年出版的《從鼻子吃到尾巴》（*Nose to Tail Eating*），該書闡述一個簡單的理念，也帶點英式幽默。「如果你宰了一隻動物，」韓德森說，「不把整隻都吃掉就是種失禮。」

克里斯是從安東尼・波登那裡認識韓德森這號人物的，波登造訪舊金山時非常讚揚克里斯的作風。他的著作和旅遊節目《名廚吃四方》（*A Cook's Tour*）更是劃時代的作品，對當時還沒走出去看世界的克里斯來說，波登帶給他很多啟發。

隨著韓德森的知名度高漲，那些原先不起眼的肉品部位，也漸漸受到飲食界的擁戴、成了頂級食材。為了推銷這類食材，主廚更考究淵源、沿用其有年代感、稀奇罕見的名稱：下水（offal 或 off fall）。下水指的是切割動物時從動物身上或是砧板上掉下來的部位；下水也指動物內臟（umbles，很有可能是源自法語的nombles）。也因為

諧音的關係，英國人特別把這個詞用在「to eat a humble pie」這種說法（直譯：吃一塊謙虛的派）中，將動物內臟製成的派比喻為令人恥辱、丟臉的東西。但現在下水不再是上不了檯面的食物了，有許多主廚熱愛使用下水，因為能將下水料理得好吃，就說明主廚的技術夠精湛。煎牛排、烤全雞誰都會，但是要將一塊有韌度或是腥羶味重的肉品烹飪至柔軟、美味、濃郁香甜，那對主廚來說可是個終極考驗。下水的價值也比其他部位高：營養較豐富，風味更多元，而且把下水用在料理中對經濟和生態環境還有許多好處。面對方興未艾的永續運動，素食者一向在政治和哲學論辯上占優勢，而素食者和純素者最抵制的就是整體的肉品生產與消費。下水的興起無疑成了葷食者的最佳籌碼，「如果人類食用牛隻所有可食用的部位，而不是只吃普遍受歡迎的部位，我們就不需要畜養、屠宰那麼多牛去餵飽相同的人口，」克里斯的老闆帕斯托在二○○四年寫下這番話，「這對地球生態來說肯定更好。」

　　就這樣，克里斯成了某種運動的發言人，大家開始稱呼他為「有肝膽的傢伙」。面對這些食材，克里斯抱著謙虛的心，他說：「我不過是向上千位祖母學習，受惠於她們的饋贈罷了。」但事實上，他做的不只這些，這時候的他不僅領會了家族傳統遺緒，這也是他第一次意識到盤中的食物體就是生命的犧牲，人類是一種會吃其他動物的動物。克里斯希望透過某些方式來表達自己的敬意，所以他做了一個決定：每年復活節他都會料理三隻羔羊，既然是他決定要屠宰羔羊，他立誓那手上染血的就應該是他。

　　克里斯會開車到友人在灣區的農場，他會親手屠宰三隻羊，這工作費力是費力，但其實更傷神。

現在他廚房裡的食材都有了更高的價值。在他的眼中，食材不可以浪費、能量不可以浪費、時間不可以浪費、生命不可以浪費，所有東西有其價值。雖然在菜單上，下水料理的比例還是偏小，但更重要的是它展現出一種態度，要讓美國人知道：活生生殺了一隻動物，不是讓你把牠身體的四分之三白白丟到垃圾桶裡的。

主廚知與行

✕ 主廚痛恨浪費

法文中冷盤廚師（garde-manger）的意思是「食物的守護者」。

這個稱謂或許有點突兀，畢竟在現代廚房裡冷盤廚師只比洗碗工高一階。冷盤廚師通常是那個站角落、眼前的「就位」內容是為沙拉擺盤與冷開胃菜而準備的人。

然而準備冷盤揭示了這個職位最原先的功能：確保廚房零浪費。冷盤廚師會將碎肉填入模型或是腸衣，有時候會拌入香料或是高湯凍，例如以魚子醬作飾菜的肉凍；手工熱狗堡也算是這類料理。冷盤廚師在某種程度上也是在守護食材：確保食物儲存方式無誤、不會敗壞；確保先點的東西先做；確保食材的使用量和點單數量相符；確保食譜有效地運用食材。現在這些責任落在廚房的每個人身上，而主廚則必須負起最終責任，確保飲食產業的生態和經濟效益一切無虞。

我們從一開始就很強調廚房與眾不同的工作條件 —— 運用容易腐敗的食材、在有限的時間內做出手工的產品 —— 因此造就出獨特的行為。但是有件事我們還沒討論到，那就是這些行為都是以**節約能**

源為出發點：不僅節約食材，更節約準備這些食材的時間，並以最完善的動作利用時間，還要有效運用空間以減少多餘的動作，更要節約執行這些任務的人的智力和能量。

　　專注和秩序只不過是「就位」原則和「就位」行為的副產品。但是這些行為本身和這些主廚和廚師身體力行的事，無不是在減少浪費。要做到零浪費是不可能的，然而這種思維給了廚房運作一項目標：**物盡其用**，要從四個方面著手 —— **空間、動作**（或能量）、**時間、資源**（包括食材、金錢和人才）。

　　主廚節省空間以節省動作：對主廚來說，空間如果沒有利用得當，面積愈大反而愈吃虧。主廚善用空間安排，讓動作變得更簡單、有效、省力。

　　主廚節省行動以節省時間：動作愈有效率愈能節省**時間**，而動作愈簡潔愈能節省精力 ，好比說若能簡化任務，找到更合適的程序，或將動作變成自動的反應，我們就可以把更多心思放在其他事上。

　　主廚節省時間以節省資源：時間如同心跳，促使人感到飢餓，同時也催生讓食物敗壞的微生物。節省時間可以留住客人、有利食材的保存；節省時間更可以讓人獲得能量、精力充沛。用來工作的時間愈短而有效，能用來生活的時間就更多了。

　　主廚節省資源以開源節流：主廚節省食材，因為能省下一分錢是一分錢。**用到剩一半的紅蘿蔔別丟掉，要想辦法再利用，這樣不僅可以少買半根紅蘿蔔，更是少浪費了半根。**而主廚的經濟利益與更多的其他效益是連動的：不管是在廚房裡還是進出市場，東西少買一點，物流需求就少一點。雖然力行節省無法刺激社會經濟 —— 這也是為什麼美國人被鼓勵要買、買、買！—— 但是節省可以讓人學會尊重

食材，也鼓勵人去研發更好的產品，在這種思維下的開銷節儉，對工作、生活都有偌大幫助。

✕ 主廚拯救他人

廚房裡最基本的「材料」就是人。主廚投資大量時間尋找、訓練、留住人才，會這麼做的目的和其他企業都一樣：有能力的人很難找，但流失人才更讓人難過。加上主廚的想法總是不悖離他們基本的做法 —— 自然也有一套用人方面的「就位」之道。

馬克・喬斯里亞在底特律市中心的伍德沃德大道（Woodward Avenue）上開了一間「Wright & Company」餐廳，響應幾位有抱負、有理想的主廚，一起推動底特律的城市再生運動（Regeneration），但是早在開這間餐廳的多年以前，他就已經知道人力資源有多珍貴了。喬斯里亞曾經在大西洋城（Atlantic City）一間新開的賭場裡，經營一家「渥夫甘・帕克」（Wolfgang Puck）冠名的餐廳，當時這座城市同樣面臨經濟衰退的問題，員工很難找，然而一位新進人員教了他永生難忘的一課。喬斯里亞花了三天訓練一位新員工準備冷盤區的料理，但是這位新廚師做得一蹋糊塗，總是放錯食材、弄錯點單，第四天喬斯里亞受不了，只好開除他。

新進的廚師懇求說：「主廚，在這種地方工作是我夢寐以求的目標，不管做什麼都可以，我一定會更努力。」

忽然間，喬斯里亞覺得做錯事的好像是自己，或許是他沒把人才放在對的位置，害他無法發揮？這間餐廳還有另外一間專門服務簡易用餐區的廚房，食物的項目都是偏簡單的料理 —— 披薩、炸魷魚、

沙拉等等，技術門檻低，但重複性較高。

調部門後的結果根本天差地遠，這個年輕小夥子的表現無懈可擊。六年後，他依舊在這間餐廳當廚師。

喬斯里亞回想過去幾年他曾經待過的餐廳，主宰廚房的那一小群主廚，數量雖然不多但是說話卻很有分量，這些人對職涯充滿抱負，不斷踩著其他人往上爬，抵達自己的目標。然而餐廳之所以能夠運作，依賴的卻是一大群默默無聞廚師——善良、認真做事的人，這些人每天準時進廚房、漂亮地「就位」、出餐服務時全力以赴、然後返家。餐廳也需要這樣的人，餐廳需要的「就位」不僅關乎食材和器具，每個人也都必須克盡己職、堅守崗位。

✕ 主廚拯救自己

吉爾伯特・勒・科茲（Gilbert Le Coze）和他的妹妹瑪姬（Maguy）在紐約開了美國第一家高級法式魚料理的專門餐廳「Le Bernardin」，榮獲《紐約時報》食評四顆星。遺憾的是，一九九四年科茲因為心臟病發辭世，得年四十九歲。他的門徒艾瑞克・瑞伯特在毫無預警和準備的情況下，必須接手經營餐廳。

對瑞伯特來說準備食物不成問題，以前他怎麼做，現在就怎麼做。最困難的是管理「人」，他壓根不知道要如何領導他人，就像許多法國廚師一樣，他待過的廚房都非常艱辛、高壓，且瑞伯特以前脾氣很大——「是股很強烈的能量，」他描述，「那就像從肚臍衝上來一般。」瑞伯特的脾氣最容易在「Le Bernardin」的現場令他失控。彼時，餐廳的營收不斷下滑，員工士氣大受打擊，他不想要失去餐廳

的星星，但是他更不想失去自己的理智和餐廳的員工。

或許冥冥之中自有定數，後來他在一趟巴黎之旅意外發現一本達賴喇嘛的著作《一葉舟上的一百頭大象》（*100 Elephants on a Blade of Grass*，暫譯），從拾起那本書的時刻起，瑞伯特便開始了佛教修行，他察覺到自己內心的無名怒火，於是花時間練習試著將心中的憤怒想像成一朵烏雲，然後擊潰那團黑暗。

他也開始用不同的眼光看廚房。有天瑞伯特口氣很直接地要其中一位表現最佳的年輕廚師準備料理，他發現廚師的手開始發抖，瑞伯特和主廚克里斯·穆勒（Chris Muller）互看了一眼，廚師繼續用顫抖的雙手把醬料淋在盤子上，「別擔心，」他們異口同聲地說，「不要緊張、冷靜。」廚師的雙手便停止顫抖。瑞伯特和穆勒又注意到幾次同樣的現象，一旦他們要求這位廚師準備東西，他的雙手就開始抖，但只要他們口頭上鼓勵他，他的手就會穩定下來，料理也會做得更好。穆勒認為不管是來自外在或內在的因素，一個廚師如果無法鎮定就不能專注在料理上。穆勒在當時算是個年輕的主廚，他已經做過廚房每一區、表現十分優秀。如果用心照料廚師可以讓他們端出更好的料理，那瑞伯特和穆勒需要改變的，就是帶人的方法，廚房裡除了不該有廢話以外，更不該出現會讓人覺得一文不值的語言，因為憤怒會虛耗人心。

就這樣瑞伯特走上一條和傳統廚藝界不同的道路。「友善」在專業廚房裡是個很新的概念；而「照料」廚師這個主張和專業廚房給人的印象也大相逕庭，廚房向來被視為高壓的工作場所，大多數的人總是被這類的話教訓過：**你抗壓性那麼低的話……**

瑞伯特靠改變自己來改變他的廚房，而天生沉著的中西部人穆勒

成了他最合適的助手。穆勒歸納出餐廳裡的三種口氣，並說明這些口氣使用的時機：很平常、和他人交流的時候，用的是「指導的口氣」；夾雜著通風扇噪音的喧鬧廚房裡，他會用「出餐的口氣」去喊單；平時應盡量避免、只有突發狀況出現時才用的則是「急迫的口氣」。

　　但光是改變口氣、調整音量還不夠。「Le Bernardin」廚房的壓力更來自令人難以招架的點單數量，瑞伯特和廚師必須在非常有限的時間內，端出水準一致的料理。因此要轉化廚房的氣氛，瑞伯特和穆勒必須先改變整個餐廳的營運模式：減少桌數、延長用餐時間、加倍廚師的數量。

　　廚房出錯的次數大幅降低，但是「Le Bernardin」擁抱平靜是有代價的。雇用多一點的員工去製作少一點的料理、服務少一點的客人，就表示獲利也會跟著降低，這個差價必須有人來填補，最後來填補的就是客人 —— 頂著四星光環的餐廳，服務的是負擔得起四星餐廳價位的客人。許多餐廳沒辦法做到這樣，瑞伯特知道有太多業者不願意為了員工減少獲利，還只會斥責員工不上心。但現在瑞伯特對這個行業有了更全面的理解，他的心靈也變得更完滿了，他認為良善仁慈和經濟效益脫不了關係，我們不能假裝沒這回事。

　　瑞伯特將這份自覺應用到餐廳經營的各個層面。他從每天早上和員工打招呼開始做起；他記得一百多位員工每個人的名字；他也提供廚師職涯上的建議。和像一個世紀以前的艾斯可菲一樣，瑞伯特和慈善團體接洽，將多餘的食材捐贈給「城市豐收」（City Harvest）。他也珍惜、簡化自己的時間，他將生活看做一個切成三個區塊的圓 —— 工作、家庭、自我，身處在哪一個區塊，就為那個區塊做好

萬全準備、用心處在當下，每個區塊互不干擾。投入烹飪工作時，他的做法呼應了道元禪師的教訓 —— 心無旁鶩。而和太太、兒子在一起時，他也同樣全心全意地陪伴家人。

持之以恆的準備、實踐、改良程序，還要臨在各種當下 —— 我不禁納悶，這樣的價值觀要怎麼教給他的員工呢？

「在我身邊學。」他說。

結果：在科茲和瑞伯特來到美國以前，如果一個紐約的廚師想要在最優秀的主廚底下學習，他／她必須跑到法國磨練，現在瑞伯特和穆勒每天從法國與世界各地收到的履歷多到數不清，全是年輕廚師或是熱衷廚藝的人，他們都想進入「Le Bernardin」的廚房 —— 世界上最優秀的學校之一 —— 學習如何料理、做事、做人。

✕ 主廚懂得放手

馬庫斯・薩繆爾森主廚管理散布在全球的廚師團隊，但是在週末他自動降格成廚房助理。

他站在太太瑪雅的身旁，一起在哈林區連褐沙石房屋的廚房裡做菜，他負責將紅蘿蔔削皮、切塊，太太負責火爐，他將切好的紅蘿蔔給她。

「鍋子還不夠熱。」他說。

「熱了。」她說。

「不夠，還要再**更熱**一點。」

瑪雅一口氣將所有的紅蘿蔔丟進鍋裡，馬庫斯嘆了一口氣，他很清楚她在鍋子還不夠熱時就下紅蘿蔔，現在鍋子會因為紅蘿蔔降溫，

這樣煮不好吃。

「這樣沒有煎到表面，這樣是在烤紅蘿蔔，」馬庫斯說，「風味會出不來。」

想也知道馬庫斯會忍不住多嘴，畢竟他太懂烹飪的化學和物理反應了，但是他也已經明白放手的重要。現在是**家人相處**的時光，不是工作時間，他心中更是清楚主廚的私生活裡有一件事情絕對假不了，那就是你無法「決定**每件事**」。

雖然的確有很多主廚喜歡有秩序的生活，但是有很大一部分的人只把「就位」應用在廚房裡，最直接的證據就是主廚的廚房總是一塵不染，而辦公室亂七八糟。你也可以在出餐服務時觀察廚師，然後等他們下班後一起喝一杯，看看差別有多大。井然有序一整天後人會變得有點失控，也只是剛好而已 —— 每種行動都會產生對等、相應的反作用力。

主廚也知道生活中的混亂是一種必要，一個環境擺滿了書本、紙張和具有代表性的物件，能夠刺激我們的思緒；紛亂的行程表給了我們巧遇他人、即興談話的機會。各種意想不到的際遇帶給我們啟發、製造難得的緣分，有的研究還指出不愛保持整齊的人往往具備創新能力，收入也比較高。

混亂能夠去除某些秩序帶來的後遺症，如執念和墨守成規；秩序也能消去某些混亂帶來的毛病，如懶散拖沓和麻木不仁。每件事都有屬於自己的時間和位置：工作有時、玩樂有時、計畫有時、即興有時，當然收拾也有時、雜物積累也有時。這個世界海納的「就位」包羅萬象。

俐落工作的真諦就是平衡的生活，這本書談的中心主旨，不是要

你整整齊齊、乾乾淨淨；優秀主廚眼中的俐落工作指的不一定是一塵不染、一點髒亂也沒有的環境，也不見得完全沒有隨興瀟灑而過的生活。應該說，這裡強調的習慣與態度是有意識、有次序、做好準備、持之以恆、誠實、自重；剛好就是無意識、消極、毫無準備、懶散、自恃、不誠實的相反。所以，每當混亂成了一種提醒、讓我們意識到什麼才是對的、什麼才是充實的，並把我們拉回現實，讓我們努力對得起自己、家人、工作和世界，這樣的混亂也是一種俐落工作。

而其他東西都是多餘的。

廚房之外

「物盡其用」並不是要我們為了追求最大產量、最高效率，一股腦把**每個**空間填滿、斤斤計較**每個**動作、**一刻**都不得空白、**一點**資源都不准浪費。俐落地工作並運用資源，確實能讓我們學會重視這些資源的價值。**將你最重要的空間收拾整齊，因為空間是非常珍貴的；合理的練習、雕琢一舉一動到最理想的程度，因為你的精力非常珍貴；珍惜光陰，因為每個人的時間都是有限的；善用你的資源，因為這些資源最終都必須和他人分享；用心對待彼此。**

「物盡其用」的相反是什麼？就是我們現在的生活方式、工作型態和整個世界運轉的常態。社會和國家不懂得做計畫，我們過度開發土地，同時也荒廢土地。我們不做重要的事，徒留一堆事情半途而廢。我們汲汲營營、我們盲目、充耳不聞。我們不懂得溝通。我們將就、甘於平庸。我們習慣只發揮半成的力氣。我們的注意力總是無法集中。我們相互輕視。眼看著人類步步沉淪，我們是不是該放棄呢？

不，人類的歷史一向就是在混亂和秩序之間不斷興替，「物盡其用」給了我們機會以另一種方式活著，不替這個世界製造更多苦痛、不成為他人的不幸。「物盡其用」和「就位」的目標就是不浪費生命——你的生命、地球的生命。

　　跟著主廚的腳步走到現在，我們明白了主廚如何用食物和智慧滋養他人。他們不僅教會了手下的廚師，更為全世界上了寶貴的一課。

　　主廚有反本還原的能耐，而身為主廚的學生，我們也做得到。

練習：可學習的技巧

從充分利用開始練習

在你嘗試「物盡其用」以前，不如先從「**充分利用**」開始，試試看以下的練習。

你最重要的工作環境是哪裡？假如是你的電腦，那就先好好整頓電腦內的資料，桌面、書櫃等其他東西之後再處理。

你最重要的行動有哪些？你最容易在什麼地方犯錯？是開會時老是沒準備好嗎？那就先從改進這部分做起。

你最重要的時間是什麼時候？你最常把時間浪費在哪？試著養成好習慣（或是改掉壞習慣），讓自己可以有更多時間。

你最重要的資源有哪些？你最常浪費資源在什麼上頭？好比說你可以從減少家庭或是企業支出開始做起。

對你最重要的人是誰？在生活中最常被你忽略的人是誰？可能是你的員工？或許你需要再多花點心思指導他們？或許你的另一半和孩子需要你的關愛？反過來說，如果你是那種總是不斷付出、毫無保留的人，是時候把自己看得更重要一些了。

練習「閉關」

現在的人總是離不開自己的科技用品，如筆記型電腦、平板電腦、手機。我們並非被動的受害者，老是「被」外界干擾，有時候是我們在**主動**尋求刺激。數位用品將我們和世界接軌，雖然資訊的輸

入、產出方便、訊息四通八達、創意無限，但是要付出的代價就是各種侵擾和逃避。

這種對數位的癡迷也是有救的，解方就是在使用手邊的科技裝置工作時，保持乾淨俐落的原則。底下的建議（不必按順序實行）可幫你掌控好自己的數位生活，有助你在工作、家庭、私生活之間畫下健康的界線。

- 一星期一天，不要使用任何科技用品。
- 和家人朋友相處時，如果剛好在等某通公事來電或電子信件，限制自己一個小時檢查一次裝置，一次最多五分鐘。
- 臥室裡不要放任何科技用品，也就是不把手機或平板當鬧鈴用。
- 如果你從事的創意工作必須用到科技用品，請利用應用程式或是拿出你的意志力，進行創意工作時封鎖所有外在的通訊，確實把推播通知關掉，或是開啟裝置上的「勿擾模式」。

記住！你很堅強，一定可以抵抗數位世界的誘惑和干擾！

廚房練習：零浪費

每星期固定記錄從冰箱和食物櫃丟棄的放到壞掉的食材品項。幾個星期後觀察自己的習慣，然後問自己以下問題：

- 哪些食材可以少買一些？
- 哪些東西比較常用，為什麼？
- 是不是可以找到合適的食譜，幫自己用掉那些常放到壞的食材？

- 剩餘的食材是不是可以固定做成某種料理？舉例來說，法國傳奇名廚雅克・貝潘（Jacques Pépin）每個星期都會煮「冰箱湯」。另外，剩餘的食材也很適合用來做沙拉。

自家廚房在掌廚人缺乏計畫與料理知識的情況下，就很容易大量浪費食材。如果珍惜食物是你在乎的議題，不妨從廚房開始做起，這麼做有助你減少生活中其他方面的浪費。

習慣：可反覆實踐的行為

使用分類的檢查清單

我們在第二道料理的〈安排空間、改良動作〉學到了檢查清單的使用方法，檢查清單也可以用在時間和空間上，幫助我們物盡其用。

我很常在坐火車時改學生作業、一面走路一面收聽新聞、在等客服轉接的時候寫電子信件。若當下不需要休息，我就會把握這些機會，然而一旦沒有事先規畫好，就算多出這些時間、空間，我們也無法有效利用它。生活中的事情太繁雜了，零碎空檔突然出現，我們一下子會很難找到合適的任務去填補空隙。因此，準備適宜的「組計畫表」可以幫助我們留心何時會有空檔、準備好隨時利用這些零碎時間，並將這些程序內化成習慣。「組計畫表」可能包含：

等待專用組：等待時可以做的事。排隊、等接聽，甚至是打開一個載入速度超慢的網頁時，我們都不必傻等，等待專用組的事項不會花費你太多力氣，例如整理桌面、標籤信件、回覆電子郵件等，如果你的活動自由夠大，也可以加入一些體力活，如運動、歸檔、洗碗。

分心專用組：無法專心或是需要從專案中休息片刻時，可以做的事。從事腦力密集工作的人必須適時休息，但如果你不想「休息時間」淪為浪費時間，那就用這些零碎時間做其他事情、或完成其他專案。如果我要從深度寫作工作中抽離一下，我通常會把休息時間拿來做組織或聯絡工作。

地點專用組：前往特定地點或是經過某個地點時可以做的事。如果你每天都需要去影印機那裡拿很多次文件，那就利用這個機會順便做其他事，例如順路到財務部繳交開銷報告。如果你剛好要到市中心走走，那就順道去辦些事情。養成這些習慣就是在「平衡動作」。

維繫人際關係

在衝突發生、結束後，想疏離對方是很自然的事情，而這種疏離可能是抽象的（例如心想「那個人根本有問題！」）；也有可能是實質的（例如對他說「你被開除了」）。

養成以下這些習慣，可以有效幫助我們把衝突變成有建設性的協商，進而維繫、強化我們的人際關係。

每當你和某人起爭執或意見相左時，試著將情緒轉化成文字並思考：（一）本來可以怎麼做，以避免衝突，以及（二）一件你明白對方擔心、在乎的事。先不管你是否覺得自己被誤解，重點是這種情況出現時，要把自己想成多少有能力左右全局，而且應該把對方當人看。

每當同事、員工做錯事或是表現欠佳，試想以下幾件事：（一）她／他的專長是什麼？（二）她／他比較不擅長什麼？（三）你可以

教她／他什麼？（四）你的指導出了哪些問題導致成果不彰？你有多嚴苛檢視對方的表現，就要用相同的力道反省、檢討自己指導出錯的地方。

　　檢討出的心得可幫助你或有意、或無意地預防以後可能發生的衝突。

主廚再出擊 —— 卑以自牧

克里斯主廚在《鐵人美國版料理》（*Iron Chef America*）、《波登不設限》（*Anthony Bourdain: No Reservations*）一類的節目裡，將「下水」發揚光大，然而二〇〇九那年，電視節目差點讓他偏離了自己的使命。那年他和一位夥伴共同主持節目，節目中他們兩人遊歷美國各大城市並和各地的主廚比賽料理、在各種瘋狂的競賽中較勁。在某次的耐力賽中，克里斯循比賽規定吃下了數量驚人的食物，克里斯拿出他身為長程自行車手的精神，不想服輸、又遵從「就位」原則（確實結束工作、不放棄），那次比賽卻超出了他的負荷範圍。那天節目拍攝完後他搭機返家，腹部腫脹、疼痛難耐，帕斯托趕緊把他送到急診室，醫生檢查後竟說是癌症，所幸是誤診。原來克里斯的胃受到嚴重撕裂、潰瘍，確診為重度腐蝕性灼傷，其中一個起因就是他吃下了一整碗辣椒。

他的營養師為他設計了一套治療飲食，就這樣他成了一個不能嘗番茄醬汁、紅酒一滴不沾的義大利餐廳主廚，休養整整五年後他的胃才完全復原。然而，修復他的自尊卻需要更多時間。有人說他沒有原則，克里斯更覺得自己成了鼓吹過度消費、浪費和不道德的共犯。他親眼目睹自己的兒子和同學在看完他的節目後，竟有樣學樣比賽誰能最快吃完午餐 —— 這完全不是他想要的。多年以後，二〇一四年他在哥本哈根舉辦的「MAD食物座談會」中談及這個經歷，更忍不住哽咽著承認自己的錯誤。

電視產業雖然嚴酷地考驗克里斯，卻也成了他彌補過錯的途徑，二〇一二年他決定參加《頂尖主廚大對決專業版》（*Top Chef Masters*）

為帕金森氏症患者爭取募款 —— 他自己的叔叔和弗格斯·韓德森主廚都患有該疾病。最後他在總決賽以韃靼牛心、炸牛筋、血腸還有曾祖母的牛肚料理，成功拿下冠軍。

　　為了回歸他的使命，二〇一四年克里斯在舊金山開了「Cockscomb」餐廳，餐廳菜單上有豬腳、牛肚，還有餐廳的招牌菜 —— 窯烤豬頭（豬頭各部位都以不同方式，最後精緻地擺在木盤上）。他也成立網站「offalgood.com」和民眾分享烹飪下水的技術和食譜。此時地球的另一邊，主廚丹·巴柏（Dan Barber）開創快閃餐廳「WastED」，他和志趣相同的客座主廚 —— 馬利歐·巴塔利、艾波·魯菲爾（April Broomfield）、比爾·泰勒潘、艾倫 杜卡斯（Alain Ducasse）等人聯手，研發一系列僅要價十五美元的創意套餐，而且用的都是經常被丟棄的食材：像是以蔬果榨汁殘渣做的漢堡，還有把太乾太硬的熟成牛肉外層拿來製作濃郁的高湯等。《紐約時報》的食評彼得·威爾斯評價：「幾乎每一口都很美味，只有少數例外。」

　　巴柏和克里斯大力提倡食物革命。「在這個有十幾億人口處於極度飢餓的時代，在高級餐廳工作的主廚常被抨擊使用太精緻的食材，還總是一副菁英的姿態，」巴柏寫到，「但是事實剛好相反。」優秀的主廚無時無刻都注意到浪費的問題 —— 形狀不漂亮但味道完全沒問題的蔬果、內臟類的肉品 —— 這些食材賣不出去他們也很難過，這也是為什麼巴柏想要教育顧客。克里斯則希望改變人們飲食和生活的習慣，而祖父母在羅德島上充滿歡樂的家、豐饒的生活和幸福感正是他行動背後的推力。他想要致敬過去、活在當下、守護未來；要既不枉老一輩的犧牲和辛勞，又能好好把握現在。堅持這樣的生活方式不容易，要有肝膽（guts；同時有內臟與勇氣之義，此處為雙關）才

做得到。

成功的配方

珍惜空間、時間、資源和人才。致力做到零浪費。

第三道料理

俐落工作的生活方式

俐落工作應有所投入

有效「就位」

「就位」的價值和行為在世界各地的專業廚房裡，被成千上萬人成功實踐了好幾十年。這套系統可說是十分普及的智慧，所以「就位」對我們當然也會有效，這套系統是個穩固的基礎，支撐著我們、讓我們利用自身的能力和意志力去創造任何可能。

在本書第三道料理中我們會汲取廚房裡的「就位」原則，將這些可以每天執行的實用習慣，整理成一個完整的系統，並加以應用在廚房以外的世界。而這套系統就稱作「俐落工作系統」——無論你是辦公族、老師、學生，或只是想讓家裡變得更有條理，統統都可以在生活中實踐這套方法。

「俐落工作系統」和「就位」之道有最基本的共同之處：遵從三個中心要點，並運用十種前述材料或行為。你的「就位」和廚房版「就位」最大的差別在於使用到的工具，和平日的工作流程。

接下來，我們會複習：想要俐落地工作得投入哪些努力，並介紹「俐落工作系統」的組織方法；也會一起看看得以俐落工作的一天長什麼樣子、學習如何將上述這些元素，全部融入日常生活中。

有所投入才能就位

「就位」的首要條件就是「投入」。

這兩個詞在字源上其實是有關連的，法文裡的「mise」和英文

裡的「commitment」都是源自拉丁文的動詞 *mettre*，也就是指「放置」。實踐「就位」就是把自己「放在」對的地方，當我們投入某件事情，我們就是把自己和某個人或是某件事「放在一起」。「就位」的履行，就是要落實「把自己投入、放在對的地方，並為生命做好萬全準備」。

　　全心投入工作的廚師能發展出有前途的職涯，馬馬虎虎者則會在乏善可陳、素質不高的工作之間輾轉。無所投入便輕易得來的成功，只能歸功於好運或天賦。但大部分的人不知道的是：許多人眼中的天才也曾經過十年寒窗無人問。只要仔細觀察那些天才的言談舉止，你就能明白何謂天才 —— 天才不是名詞；天才是**動詞**。

　　卓越來自全心全意的投入，這份投入是持之以恆地實踐你的「就位」習慣、你的練習、你的系統。沒有這些投入卻想成功，那就只能靠好運或天賦了。

　　「通往成功的道路有兩條，」主廚艾夫列・柏特利說，「要嘛你是個天才；要嘛你加倍努力、加倍勤奮，我就是後者。我的廚房很少亂成一團，無論來客有多少，我們都可以服務。只要你能確實『就位』好，你就已經完成百分之九十的工作了。」

致力投入於三大要點

　　俐落工作就是投入並履行三大要點 —— 準備、程序、臨在。這些要點離開廚房後，其實換湯不換藥。

✘ 第一要點：確實做好準備，執行每日三十分鐘的規畫時段。

每天花三十分鐘整理你的辦公桌、為隔天做計畫、執行屬於自己的就位工作 ——「今日彌思」。「今日彌思」是想要俐落工作者最不可或缺、最關鍵的習慣。

我們生活中有很多習慣都是不需要商榷也毋須理由的，不管是像洗澡這麼平常、或像運動那麼累人的事，很多事我們自然而然就做了。我們也信守許多對他人的承諾、準時出席會議，也付出金錢、體力、時間履行我們的約定。我們遵循人與人之間的禮節標準，常常把別人的需求擺在第一位。

我們付出那麼多、給了那麼多承諾（對他人，也對自己），但是大多數的人卻很少把時間和心力用來做準備和規畫，我們花好幾個小時整理儀容，卻只匆匆用兩分鐘寫一張待辦清單。就算再不情願，我們還是會整理廚房，因為我們擔心髒亂的後果，我們不想要昆蟲、害蟲出現，也不想要惹室友生氣。但是反觀我們的專業環境 —— 實體的、虛擬的辦公空間 —— 卻是一片混亂，連對私人領域極為挑剔、潔癖的人也不例外。我們很少思考雜亂的辦公室會帶來什麼負面效果，但是家中廚房裡過期的麵包呢？我們很清楚放任不管的後果。辦公桌上擺太久沒處理的工作呢？我們一時很難察覺其壞處，但是長期下來這種脫序卻能帶來更不堪設想的傷害。

每天花個半小時收拾你的桌面、提早為隔天規畫，可以讓生活變得更寧靜。收拾可以將腦中的思緒、設備裡的資訊、公事包裡的東西，還有你背負了一整天的重擔統統放下、換個地方保存起來。也因

為每天確實做記錄，你可以很安心知道自己天天會去檢視這些被放下的東西。由此可見，三十分鐘的「今日彌思」就像營養、衛生、運動，甚至冥想一樣，對身心靈大有裨益。

我建議你和我一樣把每天例行的規畫當作一種「心靈冥想」，「今日彌思」和許多修行有不少共通點：瑜珈、太極、武術等，都需要不斷重複、運用到身體的動作和專注力。就像冥想或是祈禱，最終的目的就是要你專注於提升自己、你的家庭和你所處的世界。除了其他專業以外，我本身也是一個有二十年資歷的瑜珈老師，我把我告訴瑜珈學生的話也告訴你：**開始把練習帶到生活中，然後再觀察有哪些變化出現**。不需要評判，做就對了。盡量不要因為自己沒有把所有事情做到確實，就說自己練習得「很差」。每天固定花三十分鐘做的事情 —— 不管是練鋼琴還是規畫生活 —— 一定會在身上看到成效。

我的瑜珈導師很常說：**只要修行你的心靈，其他事情都會水到渠成**。事實上就像湯瑪士．凱勒說的：**只要把你的工作台維持整潔，其他一切都會就緒**。他的話語同樣蘊含了觸動人心的智慧，聽他說這番話時，我就好像聽到自己導師說話一樣。

確實做好你的「今日彌思」，其他事情自然會就位。

✘ 第二要點：不斷改良程序、讓自己變得更好。

現在的你已經做好計畫了，下一步就是確實執行。如果你想要看到進步，就必須檢視計畫帶來的效果、你創造的產品的成果，並視情況修正。

全心投入一個讓自己變得更好的程序，就是確實遵守你為自己設

計的行程表,同時要善用檢查清單、不斷改良更好的技術和「生存術」。也就是說,要將俐落工作的要點和習慣融入你的工作日中;同時投入心力在改善、甚至摒棄那些阻礙你進步的程序上。

要如何判斷一個程序是好是壞?在這之前我們必須先釐清一件事:我們追求的是**卓越**,不是**生產力**。努力工作就能有生產力,但是只有俐落地工作才能成就卓越。有許多人把努力工作和**職業道德**畫上等號,但是每天加班到半夜,讓心愛的人在家苦等的道理何在?職業道德必須真的包含倫理道德,否則便無意義可言。任何可以幫助你平衡工作職責和私人生活的程序,都是會讓你變得更好的程序。

一味**只**追求生產力很容易落入陷阱,因為「重視程序」和「過度執著於程序」只有一線之隔。生產力並不是所有問題的解答,身為人類的我們還有許多責任和考量,工作之餘也需要休息。我們需要某些時刻的專注;有時也需要漫無目的。我們需要把時間花在別人身上;也需要為自己保留時間。長期失去平衡的工作將會變成一種折磨:只把目光放在生產力上,就像一個人只知道吸氣,永遠不懂得吐氣 —— 這種「投入」是會害死人的。

然而不計成本的生產力卻是許多高階主管、甚至主廚成功的秘訣,這些人不僅犧牲了自己的幸福,他們把身邊的人的幸福也一起葬送了,其中包括他們的另一半、孩子、員工、顧客。許多廚藝界人士都承認:他們把自己逼過頭,再用酒精或是藥物麻痺自己,然後就這樣反覆地繼續下去。如此劇烈、兩極的高壓和釋放,是任何領域裡追求卓越的人所冒的其中一種險,既然我們能辨識出這個危險,那麼就應該設想出一種更理想的工作型態,並且投入理想的做事程序中,讓自己變得更優秀 —— 不只是變得更有效率或更有生產力,而是整

體、均衡地提升自己。

有人過度執著於程序，就有人一味**逃避程序**。對後者來說，跟著行事曆、檢查清單、規則走 —— 就算這些東西是他們自己設下的 —— 感覺上就是很平庸、沒勁，甚至是苦差事。規避程序的人認為自己是藝術家，而創意需要絕對的自由。然而，真正的創作者 —— 那些創作出人們享受的食物、藝術、建築、產品、服務的人 —— 明白「真正的卓越」來自孜孜不倦、勤奮修練的技藝。真正的藝術家都有一套自己的程序。

只要不斷精進自己，我們就可以保有健康的身心靈，我們不會變成那種為別人做出差勁決定的經理，也不會變成忍受那種經理的人。投入心力追求好程序的結果 —— 有所依據、富有同理心 —— 才是**真正的**職業道德。

✖ 第三要點：凡事都盡可能處在當下

俐落工作就是在很多個層面上表現出「臨在」。

第一個層面是身體的臨在：為自己和夥伴準時抵達工作場合，相信自己、也相信他人。日本的廚師用一個很貼切的詞形容這個層次 —— 繼續（keizo-ku）。

第二個層面是思緒的臨在：和工作合而為一，不只與工作同在，更與你的夥伴同在。臨在的表現是專注但不封閉，那才是「就位」的目標 —— 全心投入計畫和程序之中，同時覺知周圍環境的變化。

要做到真正的臨在就要練習**聆聽**，當你聆聽的時候，眼睛正在看著哪裡呢？你的目光是在電腦螢幕上、手機上？還是專注看著說話的

人呢？當你聆聽的時候，你的身體處在什麼狀態？是向著溝通發生的方向還是背離呢？當你聆聽的時候，你的口部狀態為何？是隨時準備要開口發言？還是放鬆而微張的？當你聆聽的時候，你的呼吸又是如何？是緩慢沉穩地呼吸還是不自覺地摒住氣息呢？當你聆聽的時候，你的思緒又在哪裡？你是否用心聽著別人的話語，仔細聽出字裡行間的訊息？還是只聽得見內心的自言自語呢？能夠運用各種感官、投入全身與全心去聆聽，或許就是人類最強大的能力，這同時也是最難做到的事情之一，但換句話說，只要不斷練習，聆聽的能力就會不斷進步。聆聽的能力愈強，就愈能夠掌控自己去以更複雜的方式運用專注力；專注力愈高，你愈能將那份專注用在更廣的範圍。

　　全心投入、處在當下就是要養成「**刻意**」的態度。一旦決定要做某件事了，就要好好完成它。一旦你替某人或自己安排了會議，就務必準時出席；一旦允諾了就不食言；一旦拒絕了就不閃爍其詞；約定十一點三十分就是十一點三十分。隨時慎防那些會讓你偏離手邊任務的外力，培養「刻意的能力」就和培養「聆聽的能力」一樣：好的聆聽者可以接收到更多東西，而好的行動者可以執行更多事情。

　　全心投入、處在當下也代表著學會在工作和家庭之間，畫出**清楚**的界限、壁壘分明。工作的時候我們專注在工作上，不去處理瑣碎的私人事務；和孩子玩到沒趣了，也不能把手機拿出來檢查工作用的電子信箱。無論是工作還是生活都該避免一心二用，應全心投入，讓自己完全處在當下。做到什麼時間做什麼事情；人在哪，心就在哪。

　　在專注投入、刻意工作一整天、完成許多任務以後，要突然踩煞車不是件容易的事，但因為我們懂得「準備」又有「程序」概念，內心的焦躁就更容易平息，我們也能順暢地結束手邊的工作。一天結束

後，該做的事情都已經完成，可以好好享受你的生活 —— 一個沒有工作介入的生活。

應投入心力實踐的行為

俐落工作指的是將「就位」的材料（或行為）整合運用到生活中。

1. 關鍵在於準備 —— 俐落地運用時間

記住：我們應該事先規畫，而不是開始動作了才想到要規畫，好的計畫帶出好的行動，可節省時間、增加機會。規畫包含將任務排進時程裡，也就是說我們必須老實看待時間，清楚自己的能力和限制。

做法：堅持老實看待時間，天天做規畫。

2. 安排空間、改良動作 —— 俐落地運用空間和動作

記住：創造符合人體工學的工作環境，不是純粹把辦公空間弄得好看，而是特意安排空間和物件，讓自己可以有效節省動作、精神和體力。移動得愈少、執行工作愈容易，你也可以把多出來的心力用來做其他事、思考其他事。

做法：致力維持工作台的整潔和秩序。減少影響行動和活動的因子，排除阻礙。

3. 邊做事邊收拾 —— 有系統地俐落工作

記住：如果沒有持之以恆地維持，再好的工作系統都是徒然。組織工作最重要的不是保持整潔，而是俐落地工作：不管你這天的步伐再急、再快，都要確實維持你的工作系統。俐落地工

作可以讓你更有效率、表現更佳。

做法：投入心力維持自己的工作系統，隨時隨地收拾。

4. **搶先一步** —— 事分輕重緩急地俐落工作

記住：當下比未來還要重要，因為現在啟動的程序會延續到未來，更可以不阻擋到其他人的後續工作。

做法：讓時間站在自己這邊，從現在開始做起。

5. **貫徹行動** —— 把自己的職責和期待放在心上地俐落工作

記住：一個完成百分之九十的專案等於未完成，因為這樣的專案交不出去，如果任務總是做到一半只會積累更多的工作。

做法：堅持交出成品。任務快完成之際，確實完成它。隨時排除阻礙。

6. **慢慢來比較快** —— 控制情緒以俐落工作

記住：先求準確再求速度，沉穩的身體可以穩定思緒。

做法：盡量流暢、沉穩地工作。利用身體的秩序，找回心靈的秩序。不要急、不要趕。

7. **打開眼睛張開耳朵** —— 善用感官以俐落工作

記住：卓越需要專注和覺知，利用你的企圖心、能力和自我調整的技巧去培養覺知。

做法：致力平衡外在和內在的覺知。保持警覺。

8. **聽到請回答** —— 善用溝通以俐落工作

記住：有效率的團隊會發展成一個相互連結的「神經系統」，要成就卓越就要積極聆聽。

做法：處理要緊的溝通時，要確實做出確認並也預期收到對方的確認。聽到請回答。

9. **檢查和修正** —— 藉由意見反饋來俐落工作

記住：永遠達不到完美的境界，只能無止盡地檢視和修正自己。

做法：不斷自我要求、不斷接受別人指教、不斷給予他人指導。自我評估。

10. **物盡其用** —— 將資源極致發揮以俐落工作

記住：俐落工作的最高宗旨就是零浪費 —— 不浪費空間、動作、資源、時間和人力。

做法：珍惜空間、時間、資源和人才。致力零浪費。

俐落工作的工具

俐落工作不會讓你荷包失血，你只需要準備這六樣東西。

1. **工作台** —— 也就是我們在〈安排空間、改良動作〉裡一起打造的「乾淨空間」，一張桌子和一張椅子就很足夠了，你必須能在這個空間裡毫無障礙地工作、站立、坐下、移動。你也會需要一些額外的空間安置下面提到的物件。

2. **文件盒＆寄件匣** —— 文件盒收納你接收到的東西；寄件匣則收納你離開時要順道帶走給他人的東西。使用這兩個盒子的目標就是每天至少清空它們一次。「今日彌思」開始的時候，文件盒應該放滿東西，寄件匣應該是空的。「今日彌思」結束後文件盒理應清空，裝滿東西的則是寄件匣。

3 & 4. **行動清單＆行事曆** —— 這些是規畫用的工具。你可以簡單準備紙本的，但我強烈建議你用數位的清單和行事曆，因為這些工具使用起來有較大的彈性（請參考下頁的「科技：軟體

工具」），如果你用的是紙本的任務表或「待辦事項清單」（我們在本書中稱為「行動清單」），請準備兩種表格：（一）一張用來記錄持續接收到的任務（又作「行動接收表」）；（二）以自己執行那些任務所須採取的動作來分類的「使命」清單（又作「行動清單」）。

5. **檔案盒、抽屜、文件夾以及麥克筆** —— 如果你沒有專門放檔案的抽屜，可以用直立式資料夾，如果有檔案盒更好（塑膠製的盒子，可以加蓋而且有提把）。把你「最常使用到」的資料、文件收納在這些空間。你需要更大一點的檔案櫃嗎？看情況，大型的檔案櫃只適合拿來存放不常用的參考文件，除非你的工作需要你參閱大量客戶資料，才需要考慮準備比檔案盒或是抽屜更大的收納空間。

6. **抹布＆噴水罐** —— 使用這些工具不只是出於衛生考量，更是為了提醒並強化：乾淨俐落地轉換任務所帶來的需求和好處。

自選工具

1. **科技：硬體設備** —— 如果你能負擔得起個人電腦、智慧型手機或平板，那就請不要吝惜投資、利用這些設備。但請切記，你的科技用品就是你虛擬的「就位」需求所在，所以也別忘了維持虛擬環境的整潔。你所掌握的科技如同自己的外接神經系統，所以使用其功能時也應該追求零阻礙。

2. **科技：軟體工具** —— 比起紙本，數位的任務清單和行事曆使用起來比較方便，但是個人的組織問題並不會因為這些工具的

出現而憑空消失，如果沒有每天打理好你的數位工具，很快它們也會和紙本的一樣，變得一團亂 —— 行事曆上到處都是未完成的事項，更因為時間的推移被埋了起來；任務清單雖然記載了許多行動，但是呈現的方式卻無法幫助你有效執行任務。照理說行事曆和任務清單應該要整合在一起，如同CIA廚藝基礎班使用的時程表那樣，不過有些應用程式可以彌補這些缺陷，幫助你結合行事曆和行動清單，例如有的軟體可以直接將任務安排進行事曆中，或自動將未完成的任務、行事曆上的活動順延到隔天。另外也有軟體會自動在行事曆上的空檔安排新任務。然而這些應用程式一樣不是萬靈丹，如果我們沒有定期檢視、整理這些程式，過期的待辦事項及伴隨而來的罪惡感終究會不斷積累。

　　有效的方法：針對任務清單，我們推薦你使用「OmniFocus」這類的軟體，該軟體有數位的文件盒（以下稱為「行動接收表」），將你接收到的任務清楚地分類、保存。你也可以以手動的方式，將任務以你預期完成的順序加以排列。行事曆的話，谷歌、蘋果和微軟 Outlook 內建的行事曆都很夠用。

　　如欲參考最新、最好用的組織管理應用程式，請上我們的網站 WorkClean.com。

3.**工具和收納容器** —— 桌面很容易被各種工具（釘書機、膠帶台等等）、各種容器（裝筆、裝迴紋針 一類的）占滿，如果你可以把這些工具收納到桌面以外的地方，請務必這麼做。如果你很常使用這些工具，請把工具以方便拿取的方式擺放整齊。拿我的辦公桌當例子，我的桌上有幾個收納常用物件的容器，

重點是要把物件放在容器裡，不然它們就會四散在桌面上，像我有個盒子專放皮夾還有各種我抵達、離開辦公室時會攜帶的東西。有時候，我在銀行某個專案時需要用到的臨時參考書籍和文件太多，我就會把它們統一集中在一起、收納到檔案盒裡，然後直接放在辦公桌的旁邊、附近的櫃子上，或是檔案櫃裡面。

確實執行今日彌思，自然水到渠成。

俐落工作的系統

如果想要俐落工作，我們就需要一套能體現其內涵的組織系統，因此「俐落工作系統」有三大基礎。

1. **誠實面對時間** —— 我們首先要拋開過去錯誤的認知，開始把任務和約會一視同仁地看作「相同類型的行動」，然後將這些行動納入行事曆和清單中。

2. **加強專注力、減少混亂** —— 我們將行動項目直接連結到手邊的專案、使命，同時利用「首要項目」和「次要項目」去安排這些行動的優先順序。

3. **平衡沉浸式和程序式時段** —— 善用占據特定時間區間的「例行公事」。

✖ 行動：你的材料

我們在生活中做的任何事 —— 思考、寫作、通訊、投入某個過程、處理雜事、參加研討會或開會、做家事 —— 都是行動。

「**任務**」和「**約會**」沒有差別，它們都是一種「行動」。

而「行動」只有一種差別：「**安排好的**」以及「**還沒安排好的**」。

✖ 使命：你的菜單

每個行動的背後都有它的**原由**。

使命就是我們的原由，使命是我們想在生活中或工作上完成的事情，而每個使命都需要數個行動或是步驟才能達成。使命賦予行動意義，最重要的是使命讓行動有了**順序**。使命可以說是最高層級的一種行動，使命是大目標或是方向，完成的時限可能是一年，甚至更久，例如「向投資者提出簡報」是一個需要完成數個行動才能到達的目標，但卻不是一個使命。這個報告本身是一個行動，隸屬於一個更大範圍的使命 ——「開創新公司」。

要創造一個使命清單，就必須像主廚艾瑞克‧瑞伯特一樣，把自己理想的人生分成三大部分：工作、家庭、個人。

各自針對這三大領域列出你在接下來這一年想達成的幾個大目標。撰寫使命清單應該以「動詞」作為開頭，如：

工作	家人／家庭	個人
達成年度業績	申辦房屋重新貸款	減重十磅
開始新專案	多陪伴孩子	學西班牙語
開創副業		變得有條理

　　追求生活中不同領域的使命，可以幫助我們達到平衡。對大多的人來說，比起家庭和個人，工作上的使命總是比較多、比較緊急，單身或是沒有小孩的人或許沒有太多家庭方面的顧慮，所以可能會將生活分成較簡單的工作和個人兩部分。不管你個人的情況為何，所有的任務──無論是關於工作或是個人──都需要「時間」才能完成，想要對時間誠實，就必須考量到所有領域的使命，而不是只偏重工作。

　　同時間可以有幾個使命在身呢？就我目前的工作來說，有六個進行中的使命──四個寫作專案、一個教學工作、一個創業相關。至於我的個人生活（含家庭和個人層面），則有七個進行中的使命，從「計畫和太太、小孩一起做好玩的事情」到「整修公寓」都有。這樣總共有十三個使命在身，有點太多了，我認為對一般有工作的人來說，不要超過十個使命比較剛好。而且我可以很篤定地告訴你，即便這十三個使命對我來說都很有存在的意義，但最後這些使命會因為我野心過大而完成不了，長遠來看這個數字的確太大了。確實，我知道有時候工作量多一點會讓人更有生產力，因為工作量一多、一壓縮到我們的時間，我們就會被迫去做計畫、想辦法節省精神和力氣、

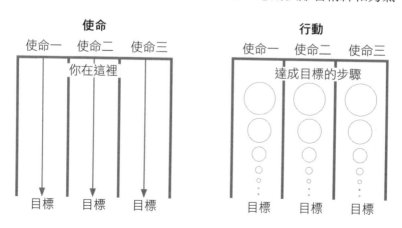

讓自己更有效率。但是工作量和效率之間有報酬遞減的關係：有時候不是我們權衡了自己的能耐，才去對某些使命說「沒辦法」、「等一下」，而是使命過多、早就超出負荷，我們會開始沒參加到會議、忘記手邊的任務 —— 這些差錯替我們說明了一切。所以應該打從一開始就自己決定、控制好合理的使命數量。

✹ 首要項目和次要項目：你的配方

每一個使命都需要一組配方，就像在廚房一樣，食譜就是由一項項的行動所構成的清單，在大多情況下，這些食譜要求的行動都要按特定的程序來，而且很多行動底下都有次要行動。

我們和主廚的差別在於：主廚會花很多時間**琢磨**那些程序。主廚習慣在前一天晚上或是當天早上出門前，就先規畫好接著一天的出餐服務。他們在紙上一邊寫清單，一邊按照順序安排任務 —— **先做這個、再做那個**。在準備食材或是料理的時候，他們也會在腦海中重新安排各種程序。你可以在火爐上看到他們的思考被具象化展現出來：需要立即處理的料理會在前排、後排的鍋子一整天都是滾的、一盤盤等著加熱作配菜的食材擺在一邊。累積起來的點單很容易超出廚師的負荷，所以他們訓練自己的大腦去做兩件事：

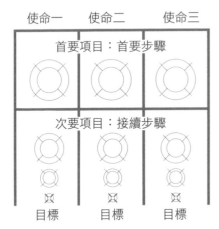

首要項目和次要項目

使命一　　使命二　　　使命三

首要項目：首要步驟

次要項目：接續步驟

目標　　　目標　　　　目標

將每一個接到的點單按照順序排好，然後只專注在眼前火爐上每盤料理的下一個步驟。

「就位」最美妙的地方在於，它激發了主廚和廚師對抗混亂、排除雜念的內在能力，如果一個廚師必須負責十種菜單品項，而每種品項至少都有十幾二十個準備步驟的話，等於她隨時都要準備執行一百二十個到兩百四十個獨立的任務。如此龐大的工作量講求的不是任務的**重要性** —— 這是大多數組織系統在混亂中創造秩序的依據 —— 而是任務的**順序**。不是說最重要的事情就一定要先做，而是要在時間內，按照順序完成行動，進而完成重要的使命。**我現在應該什麼？要怎麼努力衝向終點、拿出成果？**你首先要做的就是要弄清楚第一步是什麼。

現在將每一個接到的點單看成一個使命，每一個點單都必須按照食譜的配方去做，也得確實按照行動的順序和流程走。因為流暢地銜接任務和平衡動作，讓這些行動能連續不斷地發生，乍看之下，廚師似乎可以在同一時間完成數不清的任務，但其實他們在每個當下都只能處理一個使命中的一個行動，也因為這些行動都有緊密的順序，所以一個優秀的廚師總是清楚自己手邊點單的下一個步驟是什麼。

在「俐落工作系統」中，火爐前排（the frontburner）擺的就是使命中必須首先被推進的「首要項目」；其

使命：授課

首要項目	⊙ 撰寫、繳交課程大綱
次要項目	⊙ 建立課程網站
	⊙ 複製所有的學習單
	⊗ 撰寫第一堂課的講課材料
	⊗ 製作第一堂課的投影片

餘的「次要項目」都隸屬火爐後排（backburners）。

我們的注意力應該集中在「首要項目」，首要項目的數量和使命相同，如果身負十件使命，那你應該就會有十個首要項目，一件使命一個。這樣想的好處就是原本你有兩百四十個任務，但你現在要做的只有十個。我們手邊總是有十個行動必須完成，十個首要項目。「十」這個數字當然比「兩百四十」還要容易面對，而且這個思維和我們習慣的「待辦事項清單」也很不同，我們往往會累積任務，直到清單上的項目多到破百。在多數的數位任務清單裡，我們都會針對任務安排大致的重要程度 —— 優先順序一、二、三這樣，而不是以順序去呈現，所以我們會從一開始的幾個一二三，到最後累積了五十個一、兩百個二、五百個三，導致這些優先順序失去意義，根本無從開始。順序（或說程序）是唯一有利於執行的依據：先做什麼、再做什麼、然後又是什麼 —— 以此類推。再說我們本來就很難在同一時間做兩件事，所以視野範圍內的任務太多也沒多大好處。與其創建一個有上百個事項的待辦清單（然後做牛做馬卻常常徒勞無功），不如準備一個只有十個「首要項目」的清單。有時候你可能只身負五個使命、有時候十五個，不管使命有多少，首要項目的數量就是要一模一樣，簡單明瞭。

「次要項目」就是每個使命**接下來**的任務，也就是首要項目完成後接續的那一個，一旦你完成一個首要項目，原本的次要項目就會按照順位向前推，變成新的首要項目，就這樣一個接一個向前頂替直到使命完成。你大概會對前兩個次要項目有印象，再後面的可能就記不住了，完全沒關係，在你開始一個使命前，如果可以一次列出所有步驟那很好，但有些使命是沒辦法一次計畫好的。不需要想得太遠，隨

著使命的進展，每天視情況增加、安排次要項目就可以了。

使命是以年為單位，規畫首要和次要任務時，建議以週為單位。

✕ 例行公事：你的「就位」之道

現在你已列出生活中的使命，也決定了每個使命的首要項目。可是你有好多事情要做。

什麼時候做這些事？

「例行公事」就是我們的解答。理想的行事曆上，應該要有空白「例行公事」時段，我們應該在規畫其他事物之前，先安排好例行公事的區塊——如同由井在主廚和廚師進到廚房以前，先為他們量身打造、設計的工作環境；也如同主廚高山雅方在創作料理前，親自畫出來的盤子圖。將例行公事安排進行事曆和安排行動（任務、約會）不太一樣，例行公事可以安排得較鬆散，比較像是行事曆**之下**的框架，例行公事是一個又一個的「時間區間」。你可以在這些區間裡面安排各種行動，它們就像廚師手邊空的1/9調理盆，專門裝入「空白時間」。

例行公事會**一再重複**，你可以每週調整例行公事的安排方式，但是理想的情況下，例行公事應該要成為常態。

例行公事的分類有以下幾種。

個人時段——這類的例行公事對個人健康和生理健全來說相當重要，但是也最常被忽略，所以在規畫例行公事的時候，應該要優先規畫個人時段。什麼時候用午餐？什麼時候下班回家？什麼時候上床睡覺？什麼時候起床？什麼時候騰出時間陪伴另一半、孩子和朋友？

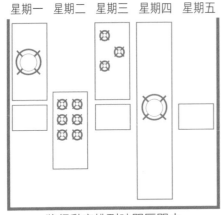

例行公事

星期一　星期二　星期三　星期四　星期五

將行動安排到時間區間中

什麼時候做家事？什麼時候通勤？什麼時候運動？在行事曆上這些行動的字體可以加上外框或是變淺一點，別忘了把每天三十分鐘的「今日彌思」也安排在個人時段裡面。

開會時段 —— 約定的聚會、研討會、電話會議等等 —— 不管這些活動是常態還是一次性的，都是你工作上需要親自出席的行動，大部分的時間裡，首要項目都是這類型的行動。你也可以把特定的時段安排成「熱絡時間」—— 不完全算是開會，你可以利用這個時段，以較輕鬆的方式和同事分享資訊，或是解決一些工作上的問題。

沉浸時段 —— 這些時段是你保留起來從事深度、專注力較高的工作，例如我星期一到三的會議時段比較多，但是星期四和星期五，通常會被我拿來做深度工作 —— 思考、寫作、閱讀或是腦力激盪。很多首要項目也會被安排到沉浸時段裡，你愈是看重自己的沉浸時段，其他人愈能尊重你的時間安排。

程序時段 —— 工作上很多**沒排在**行事曆上的事，最後反而占用我們最多時間：回覆訊息、隨機的對話、突發狀況等。在一天之中關鍵的時間點安排程序時段，可說是誠實面對時間最聰明的做法。在程序時段將同類型的任務集中在一起、一起執行尤佳；在這個時段裡你

也可以執行一些個人的任務，這些任務可能小到很難排進行事曆，但依舊需要時間才能完成：如回撥電話、檢查電子信件、和同事確認彼此專案的進度、文書處理、雜事等；你也可以將某些程序時段，用來完成數個使命裡的不同任務；並利用某些程序時段，將單一使命中的數個任務一次完成。

程序時段所占用的時間，應該比其他類型的例行公事要短，記得程序時段注重「**搶先一步**」的概念：確認自己已經提供他人從你這裡需要的任何東西或資源，這樣即便你在忙別的，其他人替你辦事時依舊可以順利完成工作；程序時間也關乎「貫徹行動」的原則：移除專案中的阻礙。程序時段包含的通常都是規模較小的任務，花費的時間也比較短，但是數量卻很多 —— 如回撥電話、回覆電子信件、填寫表格、給予其他人簡短的指示等等。一天之中，固定在行事曆上安排時間短，但是出現頻率較高的程序時段，建議排在開會時段、個人時段和沉浸時段之間的「轉換點」。如果每天早上花三十分鐘處理程序，可以讓你更有效地開始一天、推動各種程序、減輕你的壓力，那你可以把程序時間安排在那些看似「比較重要的」任務之前。另外，將其他的程序時段安排在中午左右，或是下午近旁晚時也是很不錯的做法。有時候我喜歡隨機安排時間較長的程序時段，用額外的時間處理比較棘手、或是需要更多注意力的程序式任務。程序時段出現的頻率，大多取決於你的工作類型和職業屬性，你管理的人、程序愈多，行事曆上的程序時段就愈多。

限制程序時段的數量和**安排**程序時段一樣重要，稍加不注意，程序式任務就會擴散、滿溢你的行事曆。某些人幾乎每天被程序式工作淹沒，所以事先在行事曆上安排固定的程序時段，可以大幅降低這類

任務帶來的壓力，並且確保每個任務都有始有終。如果能養成這些好習慣，一旦真正的危機、突發狀況出現、我們被迫延遲和他人的約會，屆時也能更游刃有餘。在程序時段裡愈有效率、愈快處理好任務 —— 一次解決同類型的事，如回覆電子信件、電話、填寫各種表格、或是同類的雜事 —— 你愈能在時間內完成所有事情。

安排例行公事

在安排例行公事的時段時，特別注意往返家與辦公室的時間，以及在約會地點之間移動的時間。將這類銜接時段一部分拿來當作休息、喘口氣的時間，一部分拿來安排程序時段。譬如說某幾天的通勤時間可以專門用來跑腿，如果你的通勤時間偏長，又是使用大眾運輸，你就可以利用通勤的時間閱讀，或是安排沉浸時段。記住，「例行公事」不是行動，而是行動專屬的「時間區間」，就像盤子本身不是食物，但是你可以依照桌面的大小，自由運用不同尺寸的盤子。

思考、安排、固定執行程序時段，可以幫助我們有效地工作、不會忙到抓狂。換言之，每個星期的行事曆安排就是時間的「就位」，在這些時間裡，無論事情是大是小、是緊急還是可有可無，它們都有屬於自己的位置。

✕ 進階概念：當行動變成例行公事，它們就是例行公事！

有些使命不需要任何行動清單，因為它的行動是單一、有重複性

的。例如說你的其中一個使命是要「變得更健康」，你想要每個星期至少慢跑三次，這樣的行動：「每星期慢跑三次」就永遠不會從行事曆上消失，因為你的本意就是固定、無限期執行這個行動。因此這個行動項目應該是「安排個人時段：每星期慢跑三次」，這樣這個行動就會變成行事曆上的例行公事。

將使命、行動、例行公事串在一起

　　想要達成使命就必須完成行動，而這些行動都有發生的順序，這樣一來你才會清楚什麼時候該做什麼事 —— 就像「首要任務」、「次要任務」的概念一樣，事情都有先後。不管你的首要任務是什麼，完成任務就是需要時間 —— 你必須將任務排程。

　　將單一行動安排進行事曆的做法有二：（一）將該行動獨立安排至行事曆上的某個時段，或是（二）將行動安排進已經有其他小型任務的例行公事時段。

　　舉例來說，假設你其中一個使命的行動，需要你花兩個小時的時間寫一份簡報，你可以在行事曆上安排一個和自己的約會，最好可以將約會安排至原本就是例行公事的某個沉浸時段。但如果你手邊有一堆規模較小、同類型的行動 —— 回撥很多電話、檢視電子郵件的往來通訊、閱讀短篇文章等 —— 與其將這些活動獨立分開排程，將它們集合在一起放在合適的程序時段更好，如此一來，面對各種使命衍生的小型任務和請求，這些原本很難一一排進行事曆的行動，現在只需要將它們一律歸類到行事曆的程序時段裡，為數雖然可觀，但卻變得非常好應付。

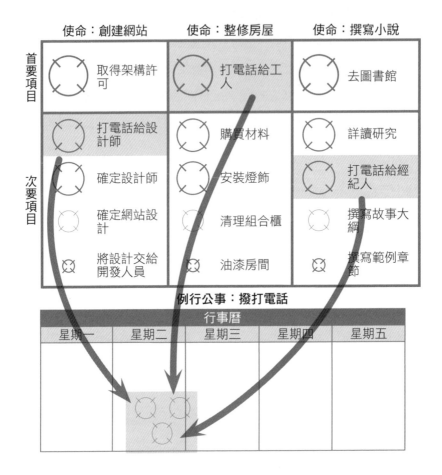

現在的我們說著同一個「俐落工作」的語言了。

- 使命 —— 你的菜單：遠大目標。
- 行動 —— 完成使命的步驟，以「首要任務」、「次要任務」下去排序。
- 例行公事 —— 時間的「就位」，將行動安排進這些時間區間。

接下來我們就要實際運用這些學習到的新詞彙，一起看看俐落工作的一天長什麼樣子，雖然這裡提供的情境是以辦公室生活為主，許

多概念和做法依舊可以應用在不同領域：學術圈、現場工作、各式專業、行業等等。

你首先要做的，就是要弄清楚第一步是什麼。

▍俐落工作的一天 ▍

　　這個世界就像一個巨大的滾輪。如果我們的生活可以多一點組織，運用多一點「就位」的技巧，找到我們真正需要的東西，然後只做我們真正需要做的事情，我覺得我們會多出更多時間。這樣一來，你就能和你的孩子一起坐下來好好吃一頓飯，甚至好好地煮一餐。早一點起床，好讓自己有更多呼吸的時間，試著迎接每一天吧。

　　　　　　　　　── 美國廚藝學院主廚指導－杜恩・利普瑪。

晚上：準備

　　明日始於今，因此我們選在晚上 ── 這時候有的人剛好準備下班，有的人在家、剛哄完孩子入睡 ── 開始生活中的「就位」，從最關鍵的三十分鐘「今日彌思」做起。

　　「今日彌思」有四個步驟，每步驟都有一個特定的功能，每個步驟所占的時間也恰到好處。

　　1.清理你的工作台（大約十五分鐘）

　　2.維護你的工具（大約五分鐘）

　　3.規畫你的一天（大約十分鐘）

　　4.收集資源

　　需要用到的工具有哪些？規畫用工具、行動表、行事曆和計時器。

接下來，我們會一步一步介紹「今日彌思」。

步驟一：清理你的工作台（大約十五分鐘）

在你開始組織規畫之前，必須把所有需要處理的東西，從各個角落收集到同一區。**整理你的工作台代表著淨空、記錄各種接收到的資料和訊息（簡稱輸入）—— 不管是實質的，還是數位的 ——** 你必須整理每個儲放這些「輸入」的地方。也因為生活中有太多「輸入」了，今日彌思的第一個步驟 —— 清理工作台，會花費最多時間。

✕ 第一階段：將實體的「輸入」淨空，加以記錄

1. **皮夾**：一整天下來收集的收據、名片都在這裡，暫時全部收到桌面文件盒中。

2. **背包或手提包**：我們的「收納容器」不是只塞了一堆紙類，還包括了書本、不知名的充電線、衣服，甚至食物。將這些容器都淨空，然後將需要被記錄的東西，暫時收到桌面文件盒中。把大一點的東西物歸原位，裝飾性的東西也收起來。把該放進包中的東西放進去。其他都可以丟了。

3. **桌面**：我們的桌面常常淪為假性抽屜，請把桌面上的便條紙、碎紙、大一點的物件，通通掃進桌面文件盒中。

4. **桌面文件盒**：現在我們已經將所有可以被歸檔的東西收到文件盒中了，開始著手處理這些東西，將與「行動」相關的東西，記錄到行動清單、行事曆上，將無關的東西歸檔或是丟棄。

5. **筆記本**：如果你有記錄「行動」的習慣，將這些「行動」也整理到你的行動清單或行事曆上。

什麼是「輸入」？

　　「輸入」可用來容納任務 —— 也許這些管道是實體的收納空間，或是各種物體的表面；也或許是你的工作台、文件盒或是寫了各種提醒的筆記本。「輸入」也可能是數位的收納工具或是虛擬的平面，像是你的信箱瀏覽器、任務管理軟體或筆記軟體等。

什麼是「淨空」？

　　對於實體的「輸入」來說，淨空就是字面上的「淨空、掃除」，將積累已久、散亂的物件集中起來，然後轉化成行動：名片、便條紙、郵件等等。至於數位的「輸入」，淨空指的就是把所有應用程式、軟體和虛擬桌面全部檢視一遍，找出與行動相關的項目。

什麼是「記錄」？

　　所有與行動相關的東西，都必須收集起來、分類，然後選擇以下其中一種方式處理：

1. 丟棄（如不需要保留的收據或是筆記）
2. 歸檔（如一本放在背包、但已經讀完的書，歸位到書架）
3. 記錄（將「行動」記錄到行動清單或行事曆中）

　　將可以安排進行事曆的行動，立刻記錄下來（例：致電家醫），可以安排一個確切的時間執行，不確定時間的話可以標註：「全天行程」。

　　許多行動確實需要先按照使命分類，才有辦法為其排程，將暫

時還無法安排的活動，先暫時收藏、記錄到行動清單上。

你也可以把一個項目同時記錄到行動清單以及行事曆上，這樣你就有副本了。

✕ 第二階段：淨空、記錄數位的「輸入」

數位「輸入」累積的速度相當快，所以盡可能彙整溝通管道非常重要，這我們在〈第八個材料〉裡已有詳細說明。如果你手邊有數位的行動清單和行事曆，那記錄這個步驟，就可以靠「剪下、貼上」，直接將資訊轉移到規畫用的工具上。使用手機和／或是電腦，檢視以下這些應用程式和虛擬「平面」，把行動項目找出來，一一記錄。

1. **電子信箱**：許多人都非常依賴電子信箱，所以從這裡開始。

   a. 檢視信件匣，標籤所有須採取行動的信件。

   b. 將標籤的、未標籤的信件，通通封存（archive）。

   c. 打開標籤信件的資料夾，將行動記錄到行動清單，可以使用剪貼功能，或是直接將信件轉寄到數位的任務清單（適用於許多此類應用程式）。

   d. 記錄好的電子郵件便可移除標籤。

2. **語音信箱**：檢查語音信箱，有行動項目的話，請記錄下來。接著刪除語音訊息。

3. **簡訊、即時通訊軟體**：簡訊和即時通訊是很快速、很方便的溝通管道，但我們很難確實收集並整合在上面出現的行動項目。檢查所有訊息，將被委託的事情和你答應完成的事情，全都記錄下來。

4. **公司內部的通訊軟體**：許多公司都會應用第三方或私有的軟體，提供員工相互連結的管道，許多這類型的軟體都有內建的行事曆和任務清單功能，有的人也會直接利用這些工具來規畫工作相關的任務。我們**不應該使用兩份行事曆和行動清單**，不應該將工作和私人行程分開，除非你可以同步檢視兩者。

5. **筆記軟體**：使用剪下和貼上功能，將各種項目記錄到你的數位工具中，或是透過電子信件轉寄到你的行動清單上。

6. **社群網站**：透過剪下和貼上功能或是謄寫，將任何行動項目記錄到行動清單。

7. **數位便條紙和桌面筆記本**：檢視記在上面的事項，並整合、記錄起來。

8. **網頁瀏覽器（所有電子設備上的）**：我們習慣把視窗留著、累積一堆開著的頁面，奢望這樣可以提醒自己採取行動。應該使用剪貼、轉寄的功能，將有用的網址記錄在規畫用的工具上。

9. **數位影像**：有的人習慣用手機拍照、截圖來收集靈感，或是提醒自己做某些事。整合並記錄起來所有有用的照片。

✕ 第三階段：安置桌面

現在我們已經將實體、數位的「輸入」都整理好了，接著便可以效法主廚和廚師，將我們的工作環境打掃整潔。

面對實體的工作環境，我們首先要做的是擺正、整理桌面，將物品和工具排放得一目了然、井然有序。我們甚至可以先用濕抹布將桌子擦過，雖然這是一個小動作，但對很多人來說很有影響力。至於數

將實體的「輸入」清空

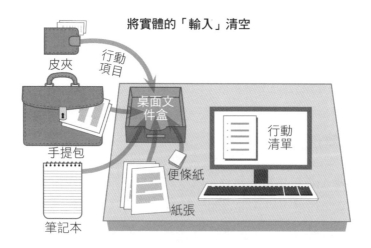

皮夾
行動項目
手提包
桌面文件盒
行動清單
便條紙
紙張
筆記本

整合、記錄實體的「輸入」

桌面文件盒
行動項目
行動清單

淨空、記錄數位的「輸入」

語音訊息
簡訊
社群網站
媒體
筆記本
行動項目
行動清單
電子信箱
數位便條紙
網頁瀏覽器
筆記本

位的工作環境，我們需要將文件分類歸檔，刪除不需要的東西，並將在背景運作的應用程式和視窗關掉。

視線所及的東西，都應該整潔、一目了然。

✖ 疑難雜症

Q：是不是可以直接執行某些行動項目，而不必先整合、記錄下來？ 如果該任務可以在很短的時間內完成的話，就可以先執行，但前提是，執行任務所花的時間，不應該打斷你整理的節奏，而且要記得：你只有十五分鐘完成步驟一，如果只是簡單回覆電子信件一類的小事，那就沒關係。拿我自己當例子，我在進行今日彌思的時候，會順便做的一件事情就是付清帳單，整理到一份帳單，就立刻線上完成付款。記得，不管是執行一個行動項目，還是將該行動暫時記錄到行動清單上，都已經在行動上「**搶先一步**」了。

Q：如果我來不及將所有加上標籤的信件確實記錄下來呢？別擔心，這些信件還是在你的信箱裡，標籤也還在，可以明天再繼續處理。但是我建議，每天都盡量把有標籤的信件處理好，否則有些需要完成的事情，可能會被埋入信件堆裡。如果每天都處理還是處理不完，我建議你將處理標籤信件這件事，直接當作例行公事，安排到你每週或是每日的行程裡，好好整理大批的信件。

Q：我怎麼可能在十五分鐘內整理好工作環境？請你動作快。清理工作台的時間，不應該拿來仔細思考事情，這段時間你的手腳得全部動起來，把東西快速放到該放的地方。假設你每天收到的電子信件超過一百封，處理信箱**當然**不容易，或許一半以上的信件，都必須被

標籤為行動項目。但這並不代表你必須立刻執行這些行動，所以檢視所有信件、將其分類、標籤，應該不是件難事，你必須有意識、不馬虎地利用你的時間。你的「今日彌思」可能會很混亂，畢竟整理工作台是非常令神經緊繃的事。在未來，這也可能成為你一天之中最應集中精神的工作，以下幾個「就位」工作元素，希望能對你有所助益。

- **維持最佳姿勢**：站起來！如果你坐著的話，很有可能會懶得走動、將大件的物件歸位。
- **慢慢來速度更快**：想要有效率的做事情，首先你得放慢速度，如果時間允許的話，給自己幾天的時間，將「今日彌思」延長為一個小時，先熟悉所有的動作和你必須做的決定。在你練習了幾次後，就可以把時間縮短。
- **貫徹始終、完成行動**：當「輸入」量很多的時候，放慢速度對你有幫助。假設你手邊有一份會議資料，裡面寫了滿滿的資訊，你必須一一過目、列出行動項目，如果在整理的過程中，你發現自己開始不耐煩、發脾氣，請你稍微慢下來、深呼吸。你必須確實把事情做完，從容而謹慎地把它做完。你最後會發現「結束了！再也不用面對這一疊厚厚的資料了」。
- **養成隨時整理的習慣**：把平日隨手亂扔東西的壞習慣改掉，盡量把東西放到桌上的文件盒中。

整理工作台最重要的就是：確實處理所有的「輸入」、將所有接收到的行動項目都整合、記錄起來。我們每天都必須順著這樣的水波流向，突破萬難地保持在浪尖上前進。

步驟二：維護你的工具（大約五分鐘）

「今日彌思」的下一步，也是很快速的一步，就是將規畫用的工具就定位，將所有行事曆和行動清單上的行動項目，全調整妥當、分門別類。

✄（一）調整你的行事曆

今天之中有一部分是要用來補救昨天的，首先檢查昨天的行事曆：

1. 替未實現的約會重新約定時間；沒處理的任務也要重新做安排。
2. 將你無法或是不想立刻重新安排的行動，先撤下行事曆並記錄在你的行動清單上（如果本來不在上面的話）。
3. 重新檢視、調整你的例行公事，確認你留給例行公司的時間區間跟今天要做的事不衝突。

提示：我會用不同的顏色標記已經完成的行動項目，這樣在行事曆上檢視這星期或當天已經完成的事項時，可以更一目了然。

✄（二）調整你的行動清單

整理好工作台後，你的文件盒應該會塞滿一堆「未分類」的物件，接下來請這麼做：

1. 將要處理的行動項目，分配到不同的使命群。

早上六點到傍晚七點	昨天	今天	明天
早上六點			
早上七點			
早上八點			
早上九點	9-10am 員工會議	9-2pm 自修時間	3:30-5:30pm 編輯企畫
早上十點			
早上十一點	10:30-1pm 寫企畫		
早上十二點			
下午一點			
下午兩點	1:30-3pm 和 凱莉吃午餐		
下午三點		2:30-5pm 寫企畫	
下午四點	3:30-5:30pm 編輯企畫		
下午五點			
下午六點			
下午七點			

2. 將所有使命群的優先次序安排好，讓合適的「首要項目」列在
　　最上排，並將剩下的「次要項目」也排序好。通常新行動都會
　　是最新的「首要項目」，將之前的「首要項目」往下擠。或者
　　有時候新行動可能也會列入「次要項目」之中。

　　提示：有時候新到來的行動項目可以統整成一個群組，變成同
一種「例行公事」（如回電話、辦雜事等）。如果你用的是數位行動
清單，那就可以利用標籤將任務分類為不同種類的例行公事，例如你
手邊有三項任務，全都是閱讀某些東西，但卻屬於不同的「使命」分

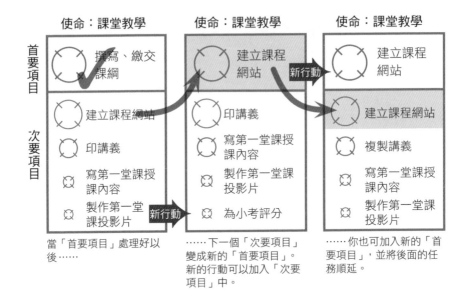

當「首要項目」處理好以後……

……下一個「次要項目」變成新的「首要項目」。新的行動可以加入「次要項目」中。

……你也可加入新的「首要項目」，並將後面的任務順延。

類。這時就可以安排一個閱讀專屬的「例行公事」，將這三個任務加上「閱讀」標籤，等到執行閱讀這個例行公事時，就可以一口氣完成這三個行動了。

現在，你的行動清單的次序應該已經安排好了，行事曆上也不應留有過去幾天未完成的行動。

步驟三：規畫你的一天（大約十分鐘）

明日在即，你很清楚行動和例行公事都已經按照次序安排在明天的行事曆上了。有了這些資訊，就應該：

1. 將明天已安排好的行動和例行公事，和你**想再增加**的行動和例行公事，整合、列成一張清單。

2. 將沉浸式的行動標示出來（花超過三十分鐘至數小時的行動），也將程序式的行動標示出來（可以快速完成，或與同類的事歸類在一起的）。

3. 粗略估計今天有多少時間可以花在新的行動和例行公事上。

4. 將新的行動和例行公事排進行事曆，做到：

   a. 讓「首要項目」盡可能多

   b. 平衡沉浸式和程序式項目所用的時間

   c. 行動數量不要超過你的「彌思值」

自由選擇：建立一份日行程表，以清單的方式來呈現。我每天都會利用便條紙製作一張類似行程表的東西，這張便條紙上寫的都是今天行事曆上的資訊，唯一的差別就是這張表只列出項目。你不一定要這麼做，但我發現，這張便條紙會讓我把各種約會也當作任務，而不將它們看成解決任務途中出現的絆腳石。而且我能寫的有限：便條紙的空間限制也間接地控制了我的彌思值，如果我沒辦法把所有的任務寫進一張便條紙當中，那我就知道今天可能野心太大了。

工作天		八小時
已經排程的行動	員工會議	1.5小時
	電話會議	0.5小時
	午餐	1小時
	程序處理時間	1小時
剩下的時間		4小時
新的項目	準備企畫	1.5小時
	業務拜訪	1.5小時
	今日彌思	0.5小時
剩下的時間		0.5小時

行程不要排太滿。看到行事曆上的空格，我們難免會想要找一堆東西來填滿，以為這樣就是效率。**千萬不要這麼做**，一定要在行事曆上保留空白，特別是會議前後，這麼做不只考量到移動所需的時間，也是為了這些活動前後難免出現的人際互動、各種瑣碎行動保留一些緩衝。在緩衝的空白時間內什麼事都不做、打電話給朋友，或快速起身走走都好。

當然，偶爾督促一下自己是好事，但是我們不能創造根本無可行性、完全不切實際的任務清單和行事曆，這樣只會讓我們對計畫失去信心、失信於自己，最後將計畫棄之不用。如果你明明**知道**自己手邊的時間不夠用，但還是硬著頭皮安排了一堆事情，這不叫野心，這叫做「不肯面對現實」。**掌控好你的行事曆，否則就等著受控於它。**道理就是這麼簡單。學習規畫，就是學習對很多事情說「不」。想成為一個決策者、一個做決定的人、一個懂得取捨的人，你必須先學會做出選擇。

比起過度填滿行程，不如開始試著「放鬆行程」。高級訂製服企業家可可・香奈兒（Coco Chanel）有句話非常有名：「出門以前再看一眼鏡子，拿掉一件東西。」這對規畫日行程來說，也是非常好的建議。把今天排好的行程減少一樣，這一天仍舊會非常充實、完滿。如果一天過去了，竟然比自己預期的完成了更多的事情，你就可以體會到自我超越的喜悅。

步驟四：收集資源

到了完成「今日彌思」的最後一個步驟：將你隔天需要的資源。

全部收集完畢。如果你是在家規畫「今日彌思」，記得把你明天要帶的包整理好。我都會順便查一下明日氣象，這樣明早就不用為了穿什麼傷腦筋，有的人甚至會把衣服先準備好。總之盡量準備周延，讓一早需要做或規畫的事愈少愈好。

✖ 追蹤進度

追蹤每天實踐的「今日彌思」，能有助於自己落實並持續這麼做下去達到四十天之譜。這個數字在生理和心理上，都是成功培養一個習慣的里程碑，可增加成功的機率。

✖ 時間到！

現在，我們把規畫用的工具一一歸位，關掉電子設備，離開我們的工作台，好好享受夜晚的時光。

✖ 疑難雜症

以上是「今日彌思」的理想目標，但生活中總有輸入太多的時候，要是我們沒辦法一次處理完呢？

Q：時間不夠完成所有步驟的話，該不該延長「今日彌思」？

我認為平均一天花三十分鐘，應該很夠讓一個忙碌的人去規畫自己的生活。少於三十分鐘，起不了什麼實際的作用；超過三十分鐘的話，又感覺占用了其他需求和職責的時間，可能會造成反效果。所

以，限制「今日彌思」的時間非常重要，有所限制才會有所節制，也才有效率。規畫的時候，我們不可以慢慢來、無精打采、懶散、分心。如同先前說的，規畫「今日彌思」講求快狠準，動作要俐落、做決定要乾脆。但如果三十分鐘真的不夠用，以下有幾個建議。

今天先完成部分的彌思，剩下的明天完成：如果今天你必須整理的東西太多，那未完成的彌思就可以明天再繼續。例如，你無法在十五分鐘內處理完所有的輸入，那你可以將剩下的留到明天做。如果只是一天沒有規畫完全，我們還是可以掌控全局，最重要的確實實踐三十分鐘「今日彌思」，不管能完成多少都要做。只要持續養成規畫的習慣，總有一天定會趕上自己的進度。

替自己安排一個「超載約會」：如果你的「今日彌思」多半被拿來整理信件，而且真的需要更多時間來安排行動清單和行事曆上的項目，那你可以在今天或是隔天的行程內，特別排一段時間給自己做這些事，十五分鐘、三十分鐘都可以。

將不同的彌思安排在不同天：你每天都必須檢查電子信箱，但是臉書、推特、領英上的訊息，就不需要天天看了吧？也許你發現自己可以一次規畫**很多天**的行動、又或者你不需要**每天**都調整使命中的事項次序，甚至你每個星期只需要微調一次任務清單？如果是這樣，那你可以在特定幾天完成這些任務，讓你自己更專注在「今日彌思」的其他步驟上。

規畫完才開始動作：在規畫彌思的時候，不要執行任何行動項目，就是單純的標籤和記錄，這個階段完成了，再開始行動項目。

如果這些建議你都試過了，但是三十分鐘還是不夠你這種工作量的人用，那請考慮自己是否有精力挪出四十五分鐘，甚至一小時的時

間來規畫「今日彌思」，時間和精力允許的話，就請試試看。然而，就我個人的經驗談，每天用來規畫的時間超過三十分鐘，可能會導致你又開始放任壞習慣，而不是面對它們。

Q：「今日彌思」一定要每天做嗎？要養成好習慣的話，答案是肯定的。我的老師總是說，打破慣性或是改掉壞習慣，需要四十天的時間；確立新習慣需要持續九十天；而成功養成一個習慣則需要一百二十天。二〇〇九年一份研究指出，一個有意識的動作，平均需要持續六十六天的時間，才能發展成一個下意識、自動化的動作。我認為先從持續四十天的「今日彌思」做起，就算是很好的開始，如果第一個四十天裡，你錯過一天，那就請你重新計算天數。養成一個習慣很難，要放棄卻很簡單，所以我們要把「今日彌思」擺在最神聖的位置，就像主廚和廚師看待「就位」一樣。

Q：我能不能在某些日子，跳過「今日彌思」？可以，但前提是你已經養成了規畫「今日彌思」的習慣。如果你符合這個條件，那麼週末、假期和休假日就可以跳過。對我來說，「今日彌思」就是在一種內在修練，它照顧我生活中的每個面向。週末的時候，我會把彌思著重在私人領域事務的安排上，我幾乎每天都實踐「今日彌思」。只有在度假，或是全神貫注在一個沉浸式的工作時，才會暫時跳過。

Q：如果我有一陣子沒做「今日彌思」了怎麼辦？你大概也已經從自己的工作表現看到後果，今天再重新開始就行了！

Q：如果我同時在家也在辦公室工作，需要做兩份「今日彌思」嗎？不需要。你只需要在兩邊的工作台上，都維持這個好習慣，但是請把其中一個工作台做為你最主要的工作環境。如果你覺得兩邊的工作台都很重要，那請考慮週末在家時才規畫你的「今日彌思」，或是

每隔一天就交換一次工作地點。

✖ 行動的材料

「今日彌思」體現了「就位」的各種元素。它是一套**規畫**的步驟，需要你**安排空間、改良行動**，它是「**邊做事邊收拾**」的最佳典範。想要執行使命，就必須在行動之前**搶先一步**，然後**貫徹行動**，更要一步一步**慢慢來，才可以走得更快**。「今日彌思」的目標就是組織，而我們花最多時間做的就是組織我們溝通的管道：把**眼睛睜開**、注意重要的事情；回覆重要的訊息；**檢查、修正**我們的行事曆和行動清單。種種努力，都朝著最終的理想前進，也就是**充分、有意義地利用**我們的時間和精力。

早上：程序

利用前一晚準備就緒，規畫「今日彌思」時必須非常刻意、專注，然而規畫的緊張感告一段落，隔天早上，我們可以帶著愉快的心情、清晰的思緒起床。既然心中有計畫了，自然感覺放鬆、不緊繃。

迎接每一天

想要有成功的一天，最關鍵的一步，就是在早上為自己保留足夠的時間，完成屬於你的例行公事，可能是靜坐、運動、準備一頓健康的早餐、和伴侶說說話，或是與孩子玩耍。如果你的工作或職業非常

忙碌，無法享受這般閒情逸致，那也請至少提早五分鐘起床，利用這五分鐘穩定自己、準備迎接今天。新的一天展開了，就要確實跟著計畫走，按照**程序**一步一步來。

早晨檢查

你已經盡可能規畫了，但是計畫永遠趕不上變化。許多人在一早離開家前會不小心出錯，可能是遺忘、小看、忽略了什麼事情，而這些錯誤會影響我們一整天。

所以在你離開家，開始一天的工作前，記得：

檢查你的行事曆：確認自己清楚今天的行動和**該做的事**，確認自己該帶的資源都帶了。

檢查重要的「輸入」（像是電子信箱或是公司的通訊軟體）：檢查是否有什麼最新的訊息，今天的計畫需要因而變動嗎？有時候你可能得重新安排一天的行程，這樣也沒關係，你費心規畫的計畫不會白費。這份周延的計畫反倒會減輕你的焦慮，面對這些影響行程的變數，你會更有信心做出判斷，知道哪些事可「拒絕」、哪些事能被順延。即使出現任何變動，你也可以提早知會那些與你有約的人，他們會謝謝你的提醒，不會因為你臨時變卦而對你懷恨在心。

善用檢查清單：使用檢查清單，可以把犯錯的機會降到最低。有的清單可以直接記在腦中或是變成口訣，譬如說我出門前都用「BUCK」（雄鹿）這個字來提醒自己，B就是bag（背包）、U就是umbrella（雨傘）、C就是cap（棒球帽），K則是keys（鑰匙），因為我很常忘了其中一樣。現在如果我有課要上，我都會從電腦裡調出一

份專屬的檢查清單，以前沒這個清單，每次授課都忘東忘西的。有時候我也很抗拒清單，感覺自己好像控制狂，即便使用檢查清單讓人感覺有點蠢，但去教課時，那種萬無一失的感覺很好，看上去更是專業。

抵達

考量我們什麼時候到達、如何到達，也是規畫和執行的一部分，是要憂心忡忡、勞碌奔走、慌慌張張、姍姍來遲呢？還是要從容不迫、準備就緒、眉開眼笑地抵達呢？

我們**可以**掌控自己的感受，而掌控主要取決於以下兩件事：

在行事曆上，規畫足夠的通勤（移動）時間：無論是距離三千英里的航程，還是走到對街辦點事情，我們都很清楚自己需要多少時間，我們必須把這個時間**規畫到行程裡**。

尊重自己設下的起始時間：如果我們明知道到某個地方需要四十五分鐘，卻只給自己半小時用來移動，或是我們沒有在時間內完成上一個行動，因而延誤到下一個約會 —— 特別是跟自己的約，如安排好的沉浸式時段 —— 那我們就是不尊重自己的計畫、不尊重每個人的寶貴時間。

偶爾遲到的話可以嗎？當然，但是你遲到的理由夠正當嗎？只要遲到的理由不是因為準備不夠周全，或是做事程序有待加強。重點不是絕對不能遲到、一定要一板一眼，而是我們要學著不再因為自己的大意，而浪費了時間、精神和資源。生活已經夠混亂了，我們就少加油添醋吧。

程序時段

　　到了辦公室之後，你要做的第一件事情就是花個三十分鐘處理各種程序。對於在辦公室工作的人來說，你可以利用這段「程序式例行公事」，檢查新的電子郵件、語音訊息或文件檔案等等。如果你是在家工作的藝術家、自由工作者，這段時間可以開始一些背景工作，例如開啟洗碗機等，這樣你開始某個沉浸時段時，該程序也在進行中。你也可以趁這個時候打電話給水電工，因為一旦你開始工作，很可能就會忘記做這件事；又或者，你是一名水電工，這段時間可以拿來致電今天的客戶，確認到府維修的時間。

　　對所有職業來說，程序時段就是在行動前「**搶先一步**」——確保待會聚氣凝神投入工作時，也已經有許多程序開始在背景進行。

「過渡彌思」

　　程序時段告一段落後，在開始下一個行動以前，利用一至五分鐘的時間進行「過渡彌思」。

　　「過渡彌思」就是辦公室版的「**邊做事邊收拾**」。這個環節講求的是強化並鞏固已安排就緒的環境，將東西歸回其專屬的位置，實際做法如下：

1. **重整桌面**：將先前的工作物品收起來、將打開的文件收拾好、將開啟的應用程式關閉、關掉電腦上的視窗、把桌面擦乾淨、將桌上的東西安排整齊；所有的物件物歸原處。

2. **檢視你的時程表**：在你開始新的專案以前，請放鬆、瀏覽你的時程

表和行動清單 —— 接下來有哪些事情？是誰寄會議邀請給我？有沒有什麼行動需要調整的？

3. **檢查你的電子信箱**：快速標籤需要被處理的信件，然後封存起來。接著到已標籤的信件匣，看看哪些信件是可以即刻回覆的，耗時不超過幾秒或是幾分鐘的，都可以先處理。

如果你還有一點時間，稍微放鬆一下緊張的心情，看是要站起來動動身子，還是和某個朋友小聊片刻，也可以看一下社群媒體或是你最喜歡的網站、喝點水。花點時間「過渡彌思」，不超過五分鐘。

「過渡彌思」好好做的話，「今日彌思」會更容易上手。舉例來說，如果你習慣下班前留下一桌的散漫凌亂，隔天再回到辦公室，你便會不自覺地逃避、厭惡這一天的計畫。但如果在重要的行動和約會之間，這類過渡的過程中可以好好執行彌思，那麼一天的計畫就會更順心、有產能。

沉浸時段：安排定時休息

這天，我們規畫了兩個小時的時間，要專注撰寫一份重要的報告。我們準時抵達辦公室、手邊的資源準備就緒、就要開始工作。

結果兩分鐘後，我們竟然還在上網亂逛。

這時候我們拿出事先準備好的表格，開始「刻意休息」（詳細內容參照〈第五個材料〉），確實記錄這段時間的小憩片刻。一開始第一個小時很難專注，所以我們記錄了好幾次的「大腦自主休息」。這段時間偶爾會有同事出現，所以「工作使然」的休息也出現了，但我們會漸入佳境，第一個小時休息五次；第二個小時可能才休息兩次；

時間快到的時候開始坐不住了，心想著再休息一次，但是我們看了一下進度，咬緊牙關、繼續做下去，確實完成這個行動。我們成功**完成一項工作**，感覺非常好。

<h2 style="text-align:center">下午：臨在</h2>

　　精心規畫的計畫、按部就班完成的程序，通常到了下午就會因為壓力或是某些意料之外的事，全盤崩潰。但是正確的「就位」以及伴隨而來的覺知，可以讓我們專注當下，就算有什麼突如其來的變化，我們也能從容應付，變數也能控制得較小。

意料之外：回應外部提醒

　　進行某個沉浸式工作時，我們肯定會將手機調成靜音、電子信箱通知也關閉，為的就是要全神貫注。但我們也清楚，辦公室就是充滿變卦和危機，所以我們還是要固定檢查電子信箱 —— 請設一個每小時提醒一次的鬧鈴 —— 讓鬧鈴提醒我們**打開眼耳**、對工作環境有所察覺。

　　下午一點三十分，我們打開信箱，發現三點有臨時會議要開：公司總裁要求所有部門的主管：呈報砍掉百分之十的新預算計畫。我們不只要出席這個會議，還必須做好準備。估算準備新預算計畫至少要花一小時、會議進行至少一小時。換句話說，原本想在下午四點前完成手邊這份工作可能沒辦法了！這時候我們必須快速思考，並做出行動。

告一段落：工作無法完成時的暫時收尾

我們還需要九十分鐘，才能完成手邊的沉浸式工作，但眼前只剩三十分鐘，就必須開始準備會議要用的資料。既然三十分鐘內本來的工作不可能完成，那最佳策略就是好好收尾，方便我們下次接軌。

首先要找到止步點：**是要立刻停下手邊工作，還是在時間內能做多少算多少？**這三十分鐘仍舊可以做手邊本來的工作，但我們還是決定開始著手準備會議資料，利用這段緩衝時間「**搶先一步**」，所以這段時間我們不繼續做原來的工作，而是採取步驟一：把專案未完成的部分，以大綱方式記錄下來，這樣等我們回過頭時，就可以在短時間內銜接進度，然後順利**完成行動**。

步驟二就是設定期望，打電話給訂下工作期限的人，詢問是否可以多給我們兩個小時的時間（另一個緩衝時間），然後判斷今天是不是可以留下來加班。但這位同事也剛好被叫去開會，原來**大家**行程都被延宕了，這樣我們就不需要留下來加班，只要在明天安排時間完成工作。這時候也不要急著準備會議資料 —— 這是壓力出現時的常態：急著投入 —— 請再花三十秒，在明天的行事曆上，替手邊的這份工作安排一個九十分鐘的沉浸式時段。

判別情勢：清理手中的牌

突如其來的新預算會議影響了行事曆上**另外**兩個行動，但因為我們知道這些行動沒有會議重要，所以可以大膽將它們延後。但別忘了稍晚進行「今日彌思」時，要為這些行動重新排程。

不過也多虧了這個新預算會議，讓我們有機會執行以下行動：「爭取通過新案子」。製作新預算時，可以順便處理這項行動，這樣一來，我們就是在「**平衡動作**」——利用一次動作完成不只一件事。

衝過頭時：停看聽

我們和同事埋頭苦幹，就是為了在時間內把新預算做好，但是我們不斷犯錯：一下忽略重要資訊、一下沒注意某些細節。我們決定停下來深呼吸，真的是深呼吸。我們站起來、伸展筋骨、然後思考：這份報告最重要的東西是什麼？**數字**要正確。所以這次 —— 雖然時間不斷在流逝 —— 我們放慢速度，繼續工作。這時候我們發現一個問題：預算好像少了某個同事試算表裡的某行資訊。我們花了幾分鐘的時間，詢問那個同事，一問之下晴天霹靂，原來我們一直在參考舊的預算，是錯的版本 —— 只好重頭來過。如果我們沒有提早準備、如果沒有慢下來用伙伴系統檢查我們的報告，最後就會忽略這個錯誤、呈交錯誤的數字，還會不小心刪了屬於我們的預算。

會議：練習臨在

會議開始了，但我們滿腦子還是剛剛的錯誤：**怎麼沒一開始就用新的預算表呢？**

突然間，我們發現自己心不在焉，所以快速筆記了一句：「檢討預算失誤」，然後再把注意力轉移回會議。我們把筆放下、把身體轉向正在發言的同事、用眼神交流、呼吸、積極聆聽。

錯誤：執行例行公事

追求卓越的方式之一，就是利用程序改善、糾正錯誤。我們把每一個錯誤視為一次改進的機會。針對這次新的預算失誤，我和同事們決定一起檢討：為什麼會花了快一小時在計算錯的預算表上？我們發現新預算**一直**都在，我們將它列作一個行動項目，然後加在使命清單裡。但是這個行動被列在「次要項目」中，所以它的位置不斷被往後推，我們和其中一個同事說起這件事，他感嘆地說：「他們寄太多信件了啦，什麼時候讀得完？」

或許多年以前，我們會同意他的說法，但現在的我們看待責任有了不同的視角，花時間讀那些信件、不馬虎辦事的大有人在，我們不可以拿時間不夠當藉口，是時候有所作為了。既然「例行公事」就是拿來處裡那些我們老是嚷嚷沒空做的事，那麼我們就得有決心再創造一個新的例行公事：每星期五在離開辦公室享受週末以前，花個三十分鐘，將這個星期收到的所有報告、文章和會議紀錄，全都閱讀過一遍。雖然這個新的例行公事會壓縮到沉浸式任務的時間，但是我們管理的人變多、預算也更多，所以這個程序的出現也是在所難免。

另外，我們也發現了失誤的另一個原因：在編輯預算報告的時候，我們並沒有先確認手邊是否有最新的版本，因為要做的事情太多，光是用腦袋已經記不住了。因此我們得更進一步**改良做事的程序**：從此要準備一份預算審核專用的檢查清單，畢竟財務單據對我們的福祉來說太重要了，這種細節禁不起出錯。

晚上：準備

現在是下午四點三十分，會議結束了。我們**竟然**還有時間，還剛好就是九十分鐘，完成那個本已經延後到明天的工作，我們可以現在就做，還能準時下班。

但既然我們已經將這個職責**重新安排**到明天、從今天的行動中排開，我們決定直接開始三十分鐘的「今日彌思」，提早規畫。設定好計時器，我們花十五分鐘整理工作環境。也因為這一整天我們都很勤勉地隨手將信件標籤、清空收信匣，所以這個階段很快就完成了。也因為我們一直都有在安排明天要做的事，行事曆的變動也不大（想動也不動了，因為今天延後的事已把明天行程塞滿），我們利用「今日彌思」多出來的時間，更徹底地整理了我們的辦公桌，把一些老舊的文件清掉，騰出更多空間。

我們甚至可以隨性行事，現在就下班，然後比平常早至少一小時到家 —— 給家人一個驚喜也很不錯。

我們搞不好還會下廚呢。

想都不用想，我們的左手已經拿起筆記本，右手則握著一枝筆。

我們開始寫下一份清單……

結論

「就位」的奇蹟

在現代生活裡，我們最害怕的就是清除堆積如山的工作。

然而「清除」本身還算容易——一隻手就可以把所有東西掃開、游標輕輕一點就可以刪除檔案。

培養出一個系統也不難——只要有很多清單、有不同顏色標註的行事曆、文件夾、簽字筆，再加上好的出發點就可以。

最困難的是持之以恆地維持系統，真正地俐落工作：妥善運用空間、時間、資源和人才。

「今日彌思」可以協助我們維持這個系統，因為「今日彌思」本身就是**專門為維持組織系統而生的組織系統**。

「今日彌思」背後的概念和「就位」的整體原則如出一轍：**卓越的關鍵在於人**。

面對現今的速食文化，卓越就是人們依舊造訪高級餐廳的理由；即使在這個科技和機器的時代，最令人垂涎的產品仍是由純手工製造，最昂貴的服務依舊是專人服務；雖然大型企業不斷出現、成長，甚至擁有龐大獲利，但如果沒了顧客，或管理階層和員工出走，這些大公司照樣會狠狠倒閉。

即使人類不斷地嘗試，自動化終究無法創造出卓越，這種追求是徒勞無功的，為什麼呢？因為人是有**價值**的，因此《就位》這本書正是給相信人類有未來可言的人所讀的一段宣言。

　　培養出一套個人「就位」工作系統的人心中很清楚：不管是什麼老師、系統、軟體、演算法、公司，甚至金錢和資源都無法代替你完成你的工作。必須「親自出馬」的是你；必須做決定的是你；必須有所作為、向前邁開步伐的也是你。而你也清楚這其中必須付出的犧牲、取捨和心力。

　　你就是奇蹟。

後記

洗碗工

　　一名青少年站在洗碗槽前盯著一堆待洗的鍋碗瓢盆，或許全國上下好幾萬個在餐廳工作的青少年都正看著相似的場景，心中無不想要放下手邊工作去打球、聽音樂、和朋友出去玩，或是做些年輕人會做的事。這位在佛羅里達州棕櫚灘遊艇俱樂部的洗碗工，也想要做這些青少年喜歡的事。但是他並沒有草率完成他的工作，少年湯瑪士・凱勒認為盡自己全力將這些碗盤洗乾淨，就是離花花世界最近的捷徑。

　　他發現快速完成工作的第一個條件，就是動作要小而**有效率**。想要有效率，動作就必須重複，也因為如此凱勒開始看重，甚至愛上**重複**、反覆不斷地做同一件事。動作重複性高的前提，就是碗盤要排列**整齊**，以可以預期的模式堆疊──放麵包的盤子放一起、料理的盤子在這邊、點心盤在那邊。他也要求服務生把盤子收回來時，按照他習慣的方式疊好。

　　凱勒認為洗碗的目標就是確實洗乾淨。如果碗盤上有殘渣，那就必須重洗一遍，他沒事為什麼要增加自己的工作量？他喜歡這個工作的其中一個原因，就是不需要猜測自己做得好不好，因為碗盤乾不乾淨**一看就知道**，要是他沒有確實堆疊碗盤、刮掉殘渣、刷淨、沖洗，然後正確地檢查碗盤，洗碗機一打開他馬上就可以看見成果。洗碗對他來說成了一種比賽，凱勒不喜歡輸，所以他不斷修正做法。

　　每種比賽都有一套流程，而洗碗工的**流程**對凱勒來說成了工作所

必不可少的：每天早上第一件事就是打掃洗手間；每兩個小時換一次洗碗機的水；在固定時間補充清潔劑；在固定時間倒垃圾；在固定時間掃地。最關鍵的就是準確：如果他沒有在特定的時間開始、結束某個任務，後面一連串的任務就會被延誤，導致工時變長、效率變差。如果他沒有定期換洗碗機的水，洗碗機的濾心就會積滿食物殘渣，洗出來的碗盤上面會有沉澱物，他就必須重新再洗一次。如果他沒有定時倒垃圾，垃圾桶就會滿出來，讓環境變得更髒亂。他發現如果他開始偷懶、不遵循這一套流程，原先的節奏就會被打亂。就算垃圾桶沒有滿，他也照樣清空。他不會拿時間開玩笑，因為不按部就班的結果顯而易見。

凱勒也意識到在這目標是餵飽顧客的產業中，自己也是團隊裡非常重要的一分子。顧客想要吃喝；吧檯需要用到杯子；廚師需要用到碗盤；上菜時需要備好餐具 —— 而凱勒就是為這一切做好準備的人，沒有他便成就不了任何事。

凱勒從洗碗工這個工作學到了很多東西 —— 組織、效率、回饋、流程、重複和團隊合作。從洗碗工升格到廚師時，他沒忘了這些事。隻身搬到羅德島、遇到他人生第一位導師羅蘭·艾寧（Roland Henin）時，他也將這些事記在心裡。這些做事原則成了他在紐約數個高級餐廳工作的強大助力，更幫助他當上知名餐廳的主廚。後來他不願意妥協該餐廳的一些做法，毅然決然離開，這些原則也是支撐著他走下去的信念。這些原則將他引領到加州，他在納帕酒鄉（Napa Valley）發現一家叫做「法國洗衣坊」的餐廳。他的原則讓他籌到了足夠的經費買下餐廳、陪著他熬過經濟拮据的那幾年，然後和他一起迎接了餐廳第一個佳評和他第一顆米其林星星。這些原則讓他在獲得

美國美食界最高榮譽「詹姆士比爾德基金會獎」時，仍舊虛懷若谷。因為這些原則，即使他在全國上下開了許多餐廳，成為了自己事業的行政主廚，行事依然腳踏實地。對凱勒而言，他口中的洗碗工六大原則，從一開始便引領著他向前行，直至今日。

首先是組織，「法國洗衣坊」講求合理。凱勒如果看什麼東西不順眼，或是覺得不對勁，他就會問自己要怎麼改進，他會不斷地提出質疑直到找到答案、直到事情變得合情合理為止。他質疑任何事，連廚房裡最神聖的東西他都有意見——主廚和廚師的工具。廚師很寶貝自己的刀具，凱勒自己也很珍惜用了十幾年的湯匙，「天曉得弄丟了我會多難過。」他說。廚師將這些珍貴的工具收在刀具收納袋帶著走，每天光是打開就宛如一個神聖的儀式。但是凱勒認為這種收納方法不僅不美觀還沒效率，一整包放在廚師工作台上方的櫃子，綁繩還老是垂下來，所以他決定禁用刀具收納包。他在每一個工作台設計了專屬的刀具抽屜，然後要求他的廚師將工具留在廚房。

將心愛的刀具留在廚房中沒上鎖的抽屜過夜，對廚師來說是很難想像的概念，但是凱勒這麼做的目的不只是為了組織，更是為了打造一個團隊。「這些人是你的同事，」他說，「為什麼不能給予信任？如果你因為某些原因跟我借了一把刀，我自然相信你會善待我的刀具，而且還會確實清洗乾淨、歸還到我的抽屜中。」

凱勒要求他的廚師遵守各種習慣，如「開工收工握握手」，廚師進到廚房的第一件事就是一一和同事握手問好。「**這是我們的家，**」他說，「**在這裡我們尊重彼此。**」離開廚房的時候也不例外，如果某個廚師沒有和大家握手說再見，其他廚師都會發現。

凱勒就連對效率的看法都很不一樣，比起生產力，效率更是個人

成長的一種體現，廚房時鐘底下寫著「急迫感」的牌子，不是為了擺出來催促廚房做菜給顧客用的。那是為了廚師的職涯發展而存在。「利用廚房裡的急迫感，讓自己在該完工以前就完成自己的工作，」凱勒說，「假如說你的目標和野心是成為魚類廚師，如果你提早完成工作，就能騰出十五、二十分鐘的時間，到魚類料理區幫忙廚師、邊做邊學。升格的方法就是在機會出現以前，讓自己先有足夠資格，因為當我環視廚房時，我的目光會停留在已經做好準備的人身上。這樣的『就位』之道就是種個人的『就位』，」凱勒說，「這就是**職涯發展的『就位』。**」

凱勒重視重複性，每當他聽到年輕學徒抱怨工作無趣時，他都無法置信。「**你是個廚師，**」他說，「**早點看清，你這輩子就是要一直重複做這些事。**」凱勒會特意將新進廚師安排到廚房後面的房間，讓他們在晚上獨自一人做過濾高湯、準備黑松露焗蛋的蛋殼、切蔬菜等工作，這種晚班一點也不輕鬆，是整整五小時勞力密集的工作，還要應付出餐服務時廚房隨機提出的要求。凱勒說這就是廚師的生活：在「必須完成的分內工作」和「頻繁的干擾和新要求」之間，永無止盡地追求平衡。雖然埋首在各種任務中，學徒還是會引頸翹望廚房裡的動靜，他們想要成為廚房中的一分子，但是凱勒告訴他們：「**專注你眼前的工作就能學到東西。你學的是重複的功夫、是責任、是自我激勵和如何接收干擾，並準備好面對各種未知數。**」

然而在這些原則之中，凱勒清楚最難習得、最難教的就是「接受批評和給予回饋」的能力。凱勒告誡年輕的廚師：「**你整天都會聽到別人批評你，但是得把那當作單純的資訊，而不是針對你本人的批評。你不能因為被講了幾句就一蹶不振，而必須從挫敗中成長。**」

但同時凱勒也鼓勵他的主廚和主管們「輕聲細語」，是真的說話小聲，凱勒說：「如果我輕聲細語，他們自然會湊過來，他們會靠得更近、聽得更仔細。如果你總是用喊的，他們只會遠離你。給予廚師重要回饋的時候，你希望他們是靠向你的，小聲說『我對你感到很失望』──他們反而會覺得：天啊，字字句句如雷霆般衝擊。」

湯瑪士・凱勒仍舊把他的工作當成一種比賽，但是他已經從選手晉升為教練了：他培養、訓練、挖掘團隊中無數的人才；他教的是「洗碗工的原則」，也是「就位」的原則。凱勒說：「我認為這些原則幾乎可以適用在每一種職業上。」

這些原則的副產品就是卓越，代價則是不中斷的專注力。「你無時無刻都必須問自己：『怎麼做可以變得更好？』」凱勒說，「一旦你停止自問這個問題，便一輩子都做不到。」

然而在凱勒廚房以外的世界，似乎愈來愈少人願意將心力花在準備、程序和臨在上。

「平庸成了可以接受的標準，」凱勒說，「而且很多人甚至嚮往平庸。」

得過且過、錢多事少離家近，甚至不用工作都是很多人夢寐以求的美國夢。

凱勒──美國最優秀的主廚──追求的卻是平庸的另一極端。卓越就是一如往常地工作：他環視廚房，看到任何不乾淨的碗盤，捲起袖子就洗；看到骯髒的地面，二話不說便拿起掃把，自己動手打掃。

採訪

　　誠摯感謝每位接受採訪的主廚、廚師、烘焙師、主廚指導、廚藝學校教職員、廚藝學校學生、主管、服務生、創業人士、餐廳業者。感謝你們在採訪或是電話中無私分享自己的見聞、經驗和個人的行事作風。雖然這本書主要鎖定幾位特定人士的論述，但本書所奠基其上的思想原理，有賴於所有人的貢獻。

Ilan Ades
Chris Albert
Carlos Arciniega
Candy Argondizza
Greg Barr
Denise Bauer
Riccardo Bertolino
Rachel Black
Ari Bokovza
Caitlyn Borgfeld
Jimmy Bradley
Elizabeth Briggs
Eric Bromberg
Matt Campion
Hailey Catalano
Dominick Cerrone
Richard Coppedge
Juanito Cordero
Chris Cosentino
Jessica Crochet
Lucian Davis
Marc Djozlija
Sarah Donnegan

Zoe Dries
Wylie Dufresne
Josh Eden
Mark Erickson
Gerard Fischetti
Michael Gibney
Gary Giudice
Marcus Gleadow-Ware
Melissa Gray
Michael Guerriero
Jawed Halepota
Rob Halpern
Dorothy Cann Hamilton
Ronald Hayes
Sam Henderson
Avi Hoffer
Ryan Hunter
Joel Javier
Charlene Johnson-Hadley
Liam Kamp
Thomas Keller

Ryan Kemp
Andrew Kochan
Shuichi Kotani
Keith Krajewski
Tim Lanza
Matthew Lightner
Toni Linen
Dwayne LiPuma
Malcolm Livingston
Arbil Lopez
Elise Macur
Noah Marion
David McCue
Randy McNamara
Sam Mendes
Misel Mendoza
Kathleen Merget
Rossi Morillo
Sara Moulton
Chris Muller
Rahmie Munther
Ayanna-Tamar Mutaz
Francois Nadon

Kaitlyn Ngo
Kelly O'Connor
Ronald Ohler
Charlie Palmer
Michael Pardus
Ryan Pascullo
David Pasternack
Jacques Pépin
Alexander Phillips
Brian Plant

Alfred Portale
Larissa Raphael
Eric Ripert
Katie Ritter
Michael Ruhlman
Scott Samuel
Marcus Samuelsson
Yukihiro Sato
Ralph Scamardella
Andi Sciacca

Jason Sheehan
Reggie Soang
Andres Soltner
Fritz Sonnenschmidt
Angelo Sosa
Rudy Speckamp
Masa Takayama
Erica Tatham

以上列出的名單不包含與我有短暫交談的廚房員工和學生（人數繁多不及備載）。

以下人士雖然非出自廚藝界、但是他們在工作場域觀察到的組織現象使我獲益良多：Andrea Duncan Mao、Tori Horowitz、Jozen Cummings、Mary Pryor、Mark Brodie 以及 Rachel Sullivan。

特別感謝約瑟夫·勒杜克博士（Joseph LeDoux）澄清、解說許多我對神經科學中關於人類學習方式的疑惑。

欲更進一步瞭解《就位》一書完整的參考書籍以及文獻、請造訪以下網站 workclean.com/endnotes。

致謝

　　感謝在初稿第一個字都還未下筆以前就已經幫助我構思、創造這本書的人：Larry Lieberman、Sara Moulton、David Dunton、Harvey Klinger。感謝羅戴爾有限公司的團隊：Jen Levesque、Mollie Thomas、Mary Ann Naples、Yelena Gitlin Nesbit、Hope Clarke、Chris Gaugler、Gail Gonzales、Bob Niegowski、Jean Lee。感謝 Jeff Levine 一路上在 CIA 提供我的資源、感謝 Tim Ryan、Michael Sperling 以及 CIA 的教職員和學生。感謝國際烹飪中心（ICC）以及 Dorothy Cann Hamilton。感謝 Michael Ruhlman 為我提供榜樣和鼓勵。感謝為我敞開餐廳大門的業者：Chloe Mata Crane、Jeannette Park、Margarita Sullivan、Nancy Aranson、Kimberly Blanchot、Jaime Caldwell、Jetty-Jane Connor、Lynne Estes、Irene Hamburger、Jacqueline Hensel、Stacy Himes、Benjamin Kemper、Michelle Lipa、Ron Longe、Dana Meeks、Griffin Parker、Liz Pierson、Jessica Rosen、Meghan Sherrill、Lina Varriale、Christa Weaving、Richard Kashida 以及 Steven Charron。感謝西點陸軍軍官學校的 Ruth Beitler 博士以及 Erin Hadlock 少校。感謝全國公共廣播電台（NPR）的 Tom Cole、Nina Gregory、April Fulton、Maanvi Singh 以及 Frannie Kelley。感謝提供我協助和回饋的 Marshall Malin、David Tischman、Christian Moerk、Milind Shah、John Mietus、Jon Smith、Phonte Coleman、Marc Gerald、T-Love、Tamara

Palmer、Gabriel Tolliver、Charlie Stettler、Jarobi White 以及 Kamilah Rouse。感謝我在紐約大學克萊夫戴維斯學院（Clive Davis Institute、NYU）的同事 Jeff Rabhan、Nick Sansano、Jason King、Jeff Peretz、Jim Anderson、Bob Christgau、Bob Power、Errol Kolosine、Lauren Davis、Michael McCoy、Nora York、Matthew Morrison、Brianne Powell Hayes、Nikki Mirasola、Alan Watson、Chelsea Falato、Marat Berenstein、Ashley Kahn、Vivien Goldman、Harry Weinger以及我們優秀的學生。感謝 Allyson Green、Sheril Antonio以及Dan O'Sullivan。感謝VH1電視台影集《The Breaks》製作團隊的同事：Maggie Malina、Bill Flanagan、Seith Mann、Darren Goldberg、Gary Guidice、感謝 Jason Goldberg、Doug Herzog、Chris McCarthy 以及 Amy Doyle，感謝優秀的演員陣容。感謝Laurie Pozmantier、John Buzzetti、Jake Stein以及Scott Pris。感謝我的創意團隊和他們為這本書投注的心力和支持，最後感謝Joe Schloss、Jay Smooth、Jeff Chang、Adam Mansbach、Sophia Chang、Joan Morgan、Miri Park、Oliver Wang、Elizabeth Mendez Berry、Shawn Setaro、Brian Coleman、Adisa Banjoko、Aliya S. King、Erik Parker、Elliot Wilson、Jerry Barrow、Michael Berrin、Dvora Myers、Chris Faraone、Stephen Henderson、Michaelangelo Matos。感謝所有的主廚：Sylvester Burke、Ophelia Barnes、Phillips Peters、Bill Stephney、Bill Adler、Cory Robbins、Tom Silverman、Manny Bella、Rick Rubin、Russell Simmons、Forest Whitaker、Jim Biederman、Jesse Collins、Ryan Dadd、Stephen Murray、Michelle Kerrigan、Nat Robinson、Mel Klein、Kim Nauer、Sam Freedman、June Cross、David Blum、Julie Hartenstein、Rich

Lieby、Josh du Lac、Jonathan Shecter、Joe Boskin、Floyd Barbour、Hubert Walters、Adelaide Gulliver、Murray Levin、Howard Zinn、Jim Curtan、Santokh、Suraj Khalsa、Gurmukh、Gurushabd Khalsa、Shakti Parwha Kaur Khalsa、Kartar Khalsa、Siri Ved、Gurujodha Khalsa以及 Harbhajan Singh Khalsa Yogiji。感謝讓我和我太太心情輕鬆開朗的朋友們、感謝我的父母還有友愛的親戚們。感謝我最棒的太太、最棒的編輯、我的知己與摯友 ——Wendy S. Walters，最後感謝我的兒子 Isaac，是你為我們的生活帶來了有益身心的混亂和非凡的秩序。